高速公路改扩建成套技术系列丛书

Gaosu Gonglu Gaikuojian Gongcheng Jiulu Gaishan Jishu

高速公路改扩建工程旧路改善技术

徐 强 等 编著

人民交通出版社

内 容 提 要

本书依托河南省高速公路改扩建实体工程，对旧路检测评价、旧路整体补强设计、旧路病害处治和旧路再生技术等关键技术问题进行了探索和研究。书中着重介绍了改扩建旧路检测评价内容及方法、旧路改善设计内容和相应的施工技术，列举了河南省高速公路改扩建工程中旧路改善的设计和施工实例。

本书可作为公路工程设计和施工技术人员的参考书，也可供相关专业大专院校的师生参考。

图书在版编目（CIP）数据

高速公路改扩建工程旧路改善技术/徐强等编著.
—北京：人民交通出版社，2011.9
（高速公路改扩建成套技术系列丛书）
ISBN 978-7-114-09414-9

Ⅰ.①高… Ⅱ.①徐… Ⅲ.①高速公路-改建-道路工程 ②高速公路-扩建-道路工程 Ⅳ.①U418.8

中国版本图书馆 CIP 数据核字（2011）第 194639 号

高速公路改扩建成套技术系列丛书
书　　名：高速公路改扩建工程旧路改善技术
著 作 者：徐　强　等
责任编辑：丁润铎　李　喆
出版发行：人民交通出版社
地　　址：(100011) 北京市朝阳区安定门外外馆斜街 3 号
网　　址：http://www.ccpress.com.cn
销售电话：(010) 59757969，59757973
总 经 销：人民交通出版社发行部
经　　销：各地新华书店
印　　刷：北京鑫正大印刷有限公司
开　　本：720×960　1/16
印　　张：14.5
字　　数：254 千
版　　次：2011 年 9 月　第 1 版
印　　次：2011 年 9 月　第 1 次印刷
书　　号：ISBN 978-7-114-09414-9
定　　价：35.00 元
（如有印刷、装订质量问题的图书由本社负责调换）

《高速公路改扩建成套技术系列丛书》
编写委员会

主 任 委 员：范跃武

副主任委员：徐　强　常兴文　王　丽　王世杰　李　智
　　　　　　吉维萍

《高速公路改扩建工程旧路改善技术》
编写委员会

主　　编：徐　强

副 主 编：王　丽　王笑风　丁智勇　杜战军

编写成员：韩文涛　齐　苏　黄　岩　李斐然　杜　鹏
　　　　　岳建光　李秋生　楚　斌　杜小素　陈　晓
　　　　　张忠民　胡征宇　张　倩　金继伟　刘　亮
　　　　　李晓伟　耿蕴华　孟胜利

前　　言

高速公路已经成为推动一个国家经济发展的主要因素，然而随着全球经济的飞速发展和交通运输需求的急剧增长，一些国家早期修建的高速公路都存在不同程度上的不适应性，需要进行扩建或改建来满足高速增长的公路运输及交通出行需求。河南省地处我国中部，是连接东西南北的交通枢纽。G30 高速公路刘江至广武段改扩建工程建成通车，宣告了河南省首条高速公路改扩建工程正式投入运营。2010 年 10 月 G4 高速公路安阳至新乡段和郑州至漯河段改扩建成八车道顺利通车，河南省境内的 G4 和 G30 其他路段的加宽扩建工程也已全面启动，计划五年内将目前的四车道高速公路扩建为八车道高速公路。

本书以多项改扩建工程项目为依托，重点研究了高速公路改扩建工程中旧路改善技术。全书分为八章，分别从旧路检测评价、旧路整体补强设计、旧路病害处治和旧路再生技术几个方面分析了高速公路改扩建工程旧路改善技术，并推荐了高速公路改扩建旧路改善设计实例。考虑到本书是介绍高速公路改扩建实践的著作，面向的读者对象多为从事工程设计和施工的技术人员，因此本书以介绍经验为主，辅以计算和理论分析，力图深入浅出、通俗易懂。为了方便广大读者理解涉及到的工程问题，书中大量采用了河南省境内高速公路改扩建的工程实践资料。

本书由河南省交通规划勘察设计院有限责任公司组织编写，在编写过程中，得到了河南省交通运输厅及交通系统各单位的支持与帮助，在此表示感谢。

编著者

2011 年 8 月

目　录

第1章　概　　述

1.1　高速公路改扩建旧路改善技术

自1988年我国大陆建成第一条高速公路——沪嘉高速公路二十多年来，我国高速公路的建设从无到有，发展迅速，年均里程增长率为21.6%。截至2010年年底，全国高速公路总里程突破7.32万km，仅次于美国，位居世界第二位。《国家高速公路网规划》中“7918”的布局规划：未来我国将投资建成7条射线、9条纵线、18条横线，高速公路总里程达到8.6万km，接近高速公路里程目前位居世界第一的美国(8.8万km)的规模。表1-1列出了2020年前我国公路建设规划。

我国公路建设规划　　表1-1

年份(年)	各种等级公路		高速公路	
	总里程(km)	新建里程(km/年)	总里程(km)	新建里程(km/年)
2002	1 760 000	60 000	25 200	6 800
2003	1 810 000	50 000	29 800	4 600
2004	1 870 000	60 000	34 300	4 500
2005	1 919 000	49 000	41 000	6 700
2010	2 300 000	76 000	65 000	4 800
2020	3 000 000	70 000	86 000	2 000

高速公路已经成为推动一个国家经济发展的主要因素，然而随着全球经济的飞速发展和交通运输需求的急剧增长，一些国家早期修建的高速公路都存在不同程度上的不适应性，需要进行扩建或改建来满足高速增长的公路运输及交通出行需求。20世纪70年代先后建成高速公路网的发达国家，在80年代初先后调整了本国高速公路发展的政策和策略，将高速公路建设事业的重心由高速公路的新建转移到高速公路的改扩建上。

1.1.1 国外高速公路改扩建旧路改善技术

美国、日本、欧洲等发达国家和地区高速公路的发展历史较长，随着经济的快速发展和交通量的急剧增大，相继进行了高速公路的改扩建工程。国外高速公路改扩建工程较多注重对旧路面病害原因的探索、新的筑路材料的开发与应用以及对废旧材料的再生利用等。

(1)旧路面检测技术的应用

道路进行改扩建之前，要对旧路进行功能性与结构性性能的检测，以确定最佳的改扩建时机与旧路的改善方案。计算机的广泛应用加快了路面检测技术的发展。近年来，国外对旧路面的检测技术有：①用落锤式弯沉仪(FWD)对路面弯沉进行检测，评价结构的承载力；②用智能多功能检测车与人工目测相结合的方法对路面破损状况进行检测，评价路面的功能性；③运用探地雷达(GPR)对路面结构内部进行检测，可以直观地反映路面内部各层的层位关系，并判断是否产生新的界面，通过与正常路段相比，确定路面内部结构是否发生病害，如基层与面层脱空、基层不密实、基层有空洞等病害。

(2)新材料在改扩建路面中的应用

发达国家在道路改扩建工程中十分重视采用和推广新技术、使用新材料，以提高效率。例如，日本在新的筑路材料利用方面积累了不少成功的经验，最典型的是路面铺设采用排水性沥青混凝土。

目前日本正在全国范围内大力推广排水性沥青混凝土路面。其路面结构为4cm 排水性沥青混凝土面层＋6cm 沥青防水层＋10～20cm 沥青再生基层＋10～20cm 水泥处治底基层。其面层所用石料一般选用坚质砂岩，其中 10～13mm 粒径石料占 70%～80%，砂占 10%～15%，矿粉占 5%，树脂沥青占 5%，面层空隙率达20%。从面层渗透的水通过防水层表面排至路基边沟。尽管此种路面结构的建设成本比一般沥青路面高，但由于排水性沥青混凝土路面的摩擦系数较高且能降低行车噪声，消除车辆在雨天行驶产生的尾雾现象，并具备较高的抗车辙能力，从而提高了道路的安全系数和行车的舒适性。

(3)废旧沥青及沥青混合料的再生利用

关于沥青路面再生利用的试验，美国最早在 20 世纪初开始进行研究。但此阶段美国处于大规模的新路建设时期，沥青路面再生利用技术没有引起足够的重视，发展较缓慢。到了 20 世纪 70 年代中期，欧洲的一些发达国家如原联邦德国、芬兰、荷兰相继进行沥青路面再生应用的试验研究，并在高速公路和一些等级公路上有所应用。日本同期也开始进行沥青路面再生技术的研究。由于资源匮乏及环保等原因，日本沥青路面再生利用技术发展较快。从1976年至今，日本路面废料再生利用率已超过70%，在旧沥青性能再生恢复上，一般采用一些石油系的矿物油、重油等。

1.1.2 国内高速公路改扩建旧路改善技术

在高速公路改扩建过程中，国内针对旧路改善设计主要考虑以下几个方面：旧路改扩建路面的处理，旧路改扩建结构的调整，新材料或新技术在旧路改扩建中的应用等。

1)沈阳至大连高速公路改扩建工程

原沈阳至大连高速公路起点(K0+000)位于沈阳市，终点(K374+918.65)在大连市，全长374.919km，双向四车道。该路于1984年6月开工，1990年9月全线建成通车。建成后经过十余年的通车运行，路面逐渐出现了不同程度的病害，影响到行车的舒适性和安全性。原双向四车道的路面不能满足日趋增长的交通量的需求，2002年5月开始进行改扩建，由原双向四车道扩建为双向八车道。

(1)对旧路面的补强

沈大高速公路经过多年的运行，在重复荷载作用下，路基已趋于稳定，若将旧路面挖除重铺路面，不但破坏了原路面结构层，而且原有路基因受到扰动，其强度将会大大降低，甚至部分路段的路基CBR值过低，需要经过处理才能满足强度要求。因此，工程中采取加铺的方法对旧路面进行补强。加铺方案保证了原有路基的稳定性，对旧路面的扰动较少，充分利用了原有路基，避免了翻修方案。旧路面的加铺方案如下。

①当原路面弯沉$L_0<50(0.01mm)$时，对原路面的局部病害进行处理之后，直接加铺18cm沥青混凝土对原路面进行补强，路表面设计弯沉值采用柔性基层的系数进行计算。

②当原路面弯沉$50(0.01mm)<L_0<110(0.01mm)$时，在原路面上先加铺28cm的半刚性基层，分层摊铺碾压，上层为18cm的水泥稳定碎石，下层为至少10cm的水泥稳定类或二灰稳定类半刚性找平层，然后再做18cm的沥青面层。

③当原路面弯沉$L_0>110(0.01mm)$时，在原路面上先加铺35cm的半刚性基层，分层摊铺碾压，上层为18cm的水泥稳定碎石，下层为至少17cm的水泥稳定类或二灰稳定类半刚性找平层，局部病害特别严重的路段需要对路面进行翻修处理。

(2)加宽路面结构的选择与路面材料的选用

沈大高速公路建设较早，路面的典型结构如表1-2所示。

沈大高速公路旧路路面结构

表 1-2

路面结构层位	层位厚度(cm)	材　料
表面层	4 或 5	中粒式沥青混凝土
中面层	5	粗粒式沥青混凝土
下面层	5 或 6	沥青碎石
基层	20	路拌水泥稳定砂砾(或矿渣)
垫层	20	天然砂砾(或矿渣)

在沈大高速公路改扩建工程中,新建路面结构的表面层全部采用改性沥青 SMA 结构。路面表面层集料采用坚硬耐磨的玄武岩,中下面层采用石灰岩,表面层、中面层的沥青混凝土采用 SBS 改性沥青。其新建路面的路面结构如表 1-3 所示。

沈大高速公路新建路面结构

表 1-3

路面结构层位	层位厚度(cm)	材　料
表面层	4	SMA-13
中面层	6	AC-25 粗粒式沥青混凝土
下面层	8	AC-30 粗粒式沥青混凝土
上基层	18	5.5%水泥稳定砂砾掺破碎砾石
下基层	18	5.0%水泥稳定砂砾
底基层	18	4.5%水泥稳定砂砾

(3)新旧路面的连接

由于旧路面硬路肩未经过行车荷载的作用,并且旧路面硬路肩的路面设计强度相对于行车道较低,因此在路面加宽设计中将旧路面硬路肩全部或部分挖除,开挖成台阶以利于新旧路面衔接。为了增强沥青面层抵抗开裂的能力,在路面结构层中铺设玻璃纤维格栅或土工布。

2)沪宁高速公路改扩建工程

沪宁高速公路作为上海与南京的主要交通干线,主线全长 248.216km,是江苏省交通主干线。自 1996 年通车后,沪宁高速公路为苏南地区的经济发展起到了重要的促进作用。但随着地区经济的跨越式发展和交通量的急剧增加,沪宁高速公路已无法适应经济进一步发展的需要。2003 年年底,沪宁高速公路扩建工程开始实施,将原双向四车道扩建为双向八车道高速公路。

(1)改建路面结构

①旧路原罩面实测代表弯沉值不大于 0.25mm 且无路面病害路段。原沪宁

高速公路苏州段旧路面2003年已加铺4cm的SMA-13罩面，根据路面调坡后纵断面的高程差h（h为路面设计高程与旧路面罩面高程之差），旧路面超车道（包括路缘带）和行车道进行铣刨和加铺补强的原则如表1-4所示。

旧路面铣刨和加铺补强原则 表1-4

填挖高(cm)	旧路面超车道	旧路面行车道
$h<-1$	铣刨原有罩面、旧路沥青面层及小部分基层，保证加铺层总厚为18～20cm，改铺4cmSMA-13＋6～8cmSUP-20＋8cmSUP-25补强	铣刨原有罩面、旧路沥青面层及小部分基层，保证加铺层总厚为18～20cm，改铺4cmSMA-13＋6～8cmSUP-20＋8cmSUP-25补强
$-1\leqslant h\leqslant 2$	超车道原有罩面原则上不铣刨，尽量利用旧路面	铣刨原有罩面＋4cm上面层＋6cm中面层，改铺3～6cmSMA-13＋10cmSUP-20补强
$2<h\leqslant 6$	铣刨旧路4cmSMA罩面＋4cm上面层，改铺4cmSMA-13＋6～10cmSUP-20补强	铣刨旧路4cmSMA罩面＋4cm上面层，改铺4cmSMA-13＋6～10cmSUP-20补强
$6<h\leqslant 10$	铣刨原有罩面，改铺4cmSMA-13＋6～10cmSUP-20补强	铣刨旧路4cmSMA罩面，改铺4cmSMA-13＋6～10cmSUP-20补强

②旧路原罩面实测代表弯沉值大于0.25mm路段和路面病害路段。对代表弯沉值大于0.25mm路段，根据旧路实测弯沉值和结构层施工需求，按旧路面补强原则，计算确定旧路面的铣刨层和路面加铺沥青混凝土厚度结构及组合方案；对路面病害路段，按旧路路面病害处理原则，确定旧路面的铣刨层和路面加铺沥青混凝土厚度结构及组合方案。

③原桥面沥青混凝土铺装层（含部分小桥原罩面层）全部铣刨，统一改铺4cmSMA-13＋5cmSUP-20。

(2)新旧路面横向拼接和路床处理

为了提高旧路路基强度，保证新建路面下路基强度的均匀性，将原旧路土路肩和硬路肩全部挖除。硬路肩与第三、第四车道全部新建路面，并对旧路路肩下路床进行处理，在旧路土路肩下路床中开挖深20cm、宽5.25m的沟槽。用铣刨机将旧路床的石灰土铣刨堆放在新路基一侧，掺2%水泥拌和、补水，并对刨槽静压2～3遍。在沟槽底部铺设一层4m宽的单向土工格栅，再将一侧拌和好的水泥土推到槽中，初平稳压、精平振压成型。

(3)旧路面材料的再生利用

为了减少旧路面废料对环境的污染，降低路面工程造价，在高速公路扩建工程中对旧路面的材料进行回收并充分利用。原路面铣刨的沥青混凝土旧料和基层旧料分开堆放，把沥青混凝土旧料、基层旧料、石屑和水泥按一定的配合比（由现场试验确定）掺和进行再生利用，作为新建路面的底基层。原路面铣刨的底基层材料作为新建路面路床的调平层。

3)广佛高速公路改扩建工程

广州至佛山高速公路主线于1989年建成通车，全长13.838km。旧路面采用如表1-5所示的结构形式。

广佛高速公路原路面设计结构 表1-5

路面结构层位	厚度(cm)	材　　料
表面层	4	中粒式沥青混凝土
中面层	5	粗粒式沥青混凝土
下面层	6	沥青碎石
基层	25	水泥稳定石屑
垫层	28	水泥稳定土

广佛高速公路在1993年初加铺了4cm的PE改性沥青罩面层，加铺罩面后尽管局部出现了坑槽、松散等病害，但处理后的数年内路况基本保持良好。随着经济的飞速发展，广佛高速公路交通量急剧增加。为缓解交通压力，广佛高速公路于1999年10月进行了加宽扩建(单向四或三车道)。加宽扩建后运营至2001年，道路状况急剧下降。经过对初步设计方案及施工图设计多次评审，广佛高速公路改扩建工程于2002年年底开始施工。旧路病害处治方案遵循“局部开挖补强与全线罩面10cm沥青混凝土”的设计原则。

(1)旧路面的补强与路面新材料的利用

旧路面的补强采用“局部开挖补强与全线罩面10cm沥青混凝土”的方法。路面局部开挖后，路面基层、底基层分别采用6%、4%的水泥稳定级配碎石分层回填到旧路面指定高程。如果开挖长度较短，不能满足机械化施工的要求，即采用C15贫混凝土回填到指定高程。加铺层的沥青全部采用改性沥青。在旧路面处理完后，在顶部加铺一层玻璃格栅纤维以延缓反射裂缝的产生，并可提高沥青混凝土加铺层抵抗裂缝的能力。

(2)废旧沥青混合料的再生利用

广佛高速公路改扩建工程产生了约9万t废沥青混合料，在废旧沥青混合料的再生利用方面作了一些研究。研究主要包括旧沥青混合料厂拌热再生应用技术，沥青路面厂拌热再生施工质量控制以及旧沥青混合料厂拌冷再生应用技术等。

1.2 旧路改善关键技术

高速公路改扩建工程旧路改善技术主要包括旧路路况检测评价技术、旧路病害处治技术与旧路加铺补强设计。另外，在公路改扩建过程中，旧沥青路面的再生利用关系到公路建设的节能减排与可持续发展，也越来越引起人们的关注。

1.2.1 旧路检测评价技术

在高速公路改扩建工程中，旧路检测与评价的目的是通过对旧路检测来评价旧路的承载能力，同时为旧路病害处治和补强设计提供依据。进入 20 世纪 90 年代后，随着计算机的广泛应用与先进检测设备的开发与利用，高速公路改扩建工程旧路检测技术主要有：采用落锤式弯沉仪（FWD）对路面弯沉的检测；采用地质雷达对路面结构内部面层、基层、基层以下路基及原状地基进行检测，尽早发现路面结构内部存在的病害隐患；采用道路综合测试车与人工目测相结合的方法对路面破损状况进行检测等。

（1）采用落锤式弯沉仪（FWD）对路面弯沉进行检测

落锤式弯沉仪（FWD）能够模拟行车荷载作用，检测路面的动态弯沉盆。落锤式弯沉仪检测路面弯沉如图 1-1 所示。

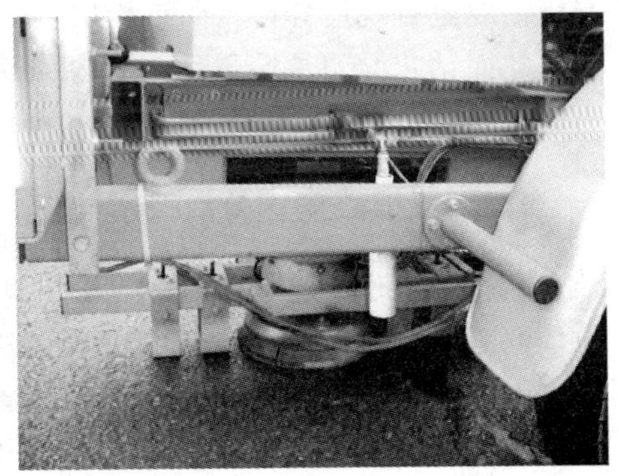

图 1-1 落锤式弯沉仪对路面弯沉的检测

我国的路面设计方法采用的是静态设计理论，国外不少设计方法已采用动态设计参数。为了使我国沥青路面的设计参数能更好地反映路面结构的实际工作状况，与国际路面设计状态接轨，有必要系统地进行材料动态性能的研究和动态参数试验。路面结构动力参数可通过室内试验和室外试验两类方法测定。室内测定方法有重复加载法、共振法和波传法,国外一些著名的试验方法都采用这些形式。室外试验用来分析材料的动态参数,主要有两类:一类是基于 FWD 实测弯沉的反算方法,另一类是基于应力波的反算方法。利用 FWD 实测弯沉盆来反算路面各层的动态模量参数,在公路检测中具有一定优越性。我国现行规范《公路路基路面现场测试规程》(JTG E60—2008)已将 FWD 列为弯沉检测设备。

(2)采用地质雷达对路面结构内部进行检测

探地雷达方法可有效克服现行钻孔法的缺陷。检测中不仅能准确地反映层和基层厚度变化的真实情况,为施工提供可靠参数;同时通过改变天线频率,可以检测基层以下路基及原状地基土内存在的病害隐患。

(3)采用道路综合测试车与人工目测相结合进行检测

我国对路面破损状况的测定采用道路综合测试车与人工目测相结合的方法。道路综合测试车包括中央数据采集系统、智能录像控制装置、距离测量装置、车辙测量系统、激光平整度测量系统、路况摄像系统、路面破损测量系统、GPS 系统等。道路综合测试车具有检测道路平整度、纹理、车辙,路面破损调查,道路几何线形分析等多种用途。

(4)路面钻芯检测

落锤式弯沉仪与地质雷达检测技术属于路面的无损检测。但是,在某些情况下需要更直观地分析路面结构层次,运用路面有损检测的方法进行观察与分析。路面钻芯检测是检测路面结构层厚度、探明病害发生层位及破坏机理的最直观方法。

1.2.2 旧路病害处治技术

高速公路改扩建是在旧路的基础上进行的改造工程。改扩建旧路改善设计应依据旧路检测资料,充分利用旧路剩余寿命。在河南省高速公路改扩建工程项目中,旧路路面结构包含了 RCC 复合式沥青路面、水泥混凝土复合式路面以及半刚性基层沥青路面等多种路面结构形式。不同的旧路路面结构,其病害类型也不尽相同。因此在进行旧路整体补强设计之前,必须根据既有旧路的路面结构类型,结合其病害表现形式进行有针对性的病害处治设计。

1.2.3 旧沥青路面加铺设计

沥青路面的加铺设计主要是补强设计。起初加铺层类型和厚度的确定主要依靠工程经验判断。随着无损检测技术的发展和广泛应用,现在更多的做法是依据检测结果进行旧路面现场评估，也总结出了许多合理的加铺层设计方法。

对于沥青加铺层的设计，不同的国家和部门有不同的方法。目前有关沥青加铺的设计方法主要分为三种类型：有效厚度法、弯沉法和力学—经验法。

(1)有效厚度法(组分分析法)

这类方法需要从现有路面采样、试验室测试或无损检测来反算路面材料的设计参数(设计参数包括土基强度、路面材料的模量及路面的损坏情况等)，同时还要调查设计交通量以及地区环境因素。

(2)弹性层状体系弯沉设计法

弯沉表征的是路面表面的垂直应变。当弯沉较大时，路面和土基强度较弱，因而需要较厚的加铺层。加铺层必须有足够的厚度，以使路表弯沉减小到允许范围内。美国沥青协会、加利福尼亚交通运输厅、美国陆军工兵团等对此都有较多的研究。每一个部门的设计程序均不同，但它们之间的基本元素是相同的，都是测量弯沉、评定路面状况和交通状况。加铺层厚度主要根据弯沉和现场经验关系确定，基本原则是将路面的弯沉降低到可接受的水平。不同的设计对容许弯沉及其他一些细节有不同的规定。

(3)力学—经验法

计算机技术的广泛应用极大地推进了路面力学的发展。它不仅使人们在很短的时间内得到路面结构内任何点的应力和位移的数值解，而且能快速计算出各种需要的数据，并在此基础上根据路况调查建立路面损坏与理论解的对应关系，使路面的加铺设计更加准确有效；同时依据一定的准则，还能根据实测的路表弯沉反算路面结构的回弹模量等参数。

1.2.4 旧沥青路面再生技术

沥青路面的再生，一般是采用专用机械设备对旧沥青路面或回收沥青路面材料进行处理，并掺加一定比例的新集料、新沥青、再生剂等以形成路面结构层的技术。掺入再生剂，可提高旧沥青的溶解能力，提高沥青的针入度和延度，使其恢复或接近原来的性能。沥青路面再生技术是一项应用广泛、具有良好发展前景的现代化技术。各种再生技术的使用条件不尽相同，我们需要经过仔细地调查研究，结合工程实际选择具体的沥青路面再生技术或将多项再生技术结合，从而节约资源和投资，实现道路建设的可持续发展。

第2章　高速公路改扩建旧路综合评价

近几年的改扩建工程多为20世纪90年代投入运营的高速公路，其路面结构主要基于当时的经济发展水平、交通量、设计理念、施工技术水平以及材料性能。随着经济的快速发展，重载交通逐年上升，这就对原有标准下的路面结构造成了不同程度的损坏。对旧路状况进行合理评价，尽可能准确地反映旧路实际状况，是旧路面病害处治的一个重要环节，更是提出经济合理并具有针对性病害处治方案的必要前提。

2.1　高速公路旧沥青路面病害分析

沥青路面病害成因不同，表现形式也多种多样。针对不同类型的病害，提出科学的治理方案逐渐成为道路工作者面临的问题。在路面病害治理之前，首先要对沥青路面病害状况进行调查，力求获得第一手真实可信的资料；其次以调查资料为基础，对病害成因进行探究，找到病害发生的机理；最后有针对性地提出科学合理的治理方案。

2.1.1　半刚性基层沥青路面常见病害分析

半刚性基层沥青路面是目前我国高速公路经常采用的路面结构形式。通常认为半刚性基层具有板体性强、承载能力和抗变形能力高、抗冻性好、造价低等优点。半刚性基层沥青路面结构常见病害总体可分为裂缝、车辙、沉陷以及沥青路面的水损害四类。

2.1.1.1　半刚性基层沥青路面裂缝病害分析

沥青路面裂缝的成因是所有病害形式中最复杂的。沥青路面裂缝大致可分为温度裂缝、反射裂缝和疲劳裂缝。

1)温度裂缝

通常认为，沥青面层的温度裂缝主要有两种形式。一种是由于气温骤降，沥青层内产生的温度应力超过沥青混凝土的抗拉强度造成的开裂。沥青混合料具有良好的应力松弛性能，温度升降产生的变形一般不会产生过高的温度应力。但当气温骤降时，由于沥青混合料的应力松弛赶不上温度应力的增长，超过混合料的极限拉伸应变，便产生开裂。此类裂缝多从路面表面产生，并向下发展。沥青路面的低温收缩裂缝是寒冷地区沥青路面特有的损坏模式。另一种是温度疲劳裂缝。由于气温的反复升降导致沥青混合料产生温度应力疲劳，混合料的极限拉伸应变减小，应力松弛性能降低，最后导致路面在并不太大的温度应力下发生开裂。此类裂缝主要发生在温度变化频繁的温和地区，且随着使用年限的延长而不断增多。沥青路面温度裂缝如图 2-1 所示。

图 2-1　沥青路面温度裂缝

如图 2-1 所示，温度裂缝一般垂直于路线方向，裂缝间距变化在数米至 100m 之间。当路面宽度大于裂缝间距时，还将产生纵向温度裂缝，从而形成块状裂缝。温度裂缝破坏了沥青路面的整体性及连续性，水分通过裂缝渗入基层并浸蚀路基，导致路面承载力降低，加速了路面破坏，同时为冻融提供了条件。

温度裂缝产生的原因如下：

(1)沥青材料的性能。沥青混合料的低温劲度是决定路面是否发生开裂的根本因素。沥青劲度又是决定沥青混合料低温劲度的关键。许多试验路段的结果证实，横向裂缝产生的原因与沥青劲度相关。此外，沥青感温性、低温延度以及沥青老化性能、含蜡量等都与低温缩裂有关。

(2)沥青混合料组成。沥青用量、矿料级配组成、集料品种都与低温缩裂有关。粒径粗、空隙率大的混合料内部微空隙较多，应力松弛以及温度降低，可减小温度应力。

(3)路面结构层的影响。半刚性基层与沥青面层的附着黏结性能比级配碎石、沥青稳定碎石等柔性基层差，尤其是材料本身收缩的附加影响，使路面产生更多的横向裂缝。

(4)环境因素的影响。降温是沥青路面产生温缩裂缝的直接原因,降温速率越大混合料收缩应变速率越大,路面越易产生开裂。即使一次降温未达到破坏,沥青混合料内部也将发生微裂纹,低温温度循环裂纹也不断扩展,直至发生开裂。

(5)施工工艺、交通量等其他因素,都对温缩裂缝有所影响。

2)反射裂缝

半刚性基层沥青路面反射裂缝是指沿开裂基层向上方扩展到沥青面层而形成的裂缝。显然,反射裂缝的产生首先归因于半刚性基层的开裂,然后再经行车荷载或温度、湿度变化引起沥青面层开裂。常见的沥青路面反射裂缝如图 2-2 所示。

图 2-2　沥青路面反射裂缝

根据开裂原因,半刚性基层裂缝可以分为两大类:荷载型裂缝和非荷载型裂缝。荷载型裂缝主要是由于行车荷载作用而产生的裂缝。在车轮荷载作用下,半刚性基层底部产生拉应力,当拉应力超过材料的抗拉强度时,半刚性基层底部发生开裂。正常条件下,我们更关注半刚性基层的非荷载型裂缝。其又包括温缩裂缝和干缩裂缝。

(1)温缩裂缝机理分析

在底基层和沥青面层的约束下,半刚性基层材料碾压成型后产生温差 ΔT,并引起温度收缩应变 $k\alpha_c\Delta T$($\sigma_c = kE_c\alpha_c\Delta T$)。当 $k\alpha_c\Delta T$ 超过半刚性基层材料的极限拉伸应变值 ε_p 时,基层便会出现裂缝。

$$k\alpha_c\Delta T \geqslant \varepsilon_p \tag{2-1}$$

式中:k——应力强度因子,取决于约束条件、徐变及塑性变形的系数;

α_c——基层材料温度收缩系数；

ΔT——基层材料温差值；

ε_p——基层材料的极限拉伸应变值。

上式可以改写成：

$$\Delta T \geqslant (\varepsilon_p / \alpha_c)/k = [T] \tag{2-2}$$

ε_p/α_c 为半刚性基层受到绝对约束并且完全没有徐变及塑性变形时所能抵抗的温差。实际上半刚性基层不可能受到绝对的约束，也不可能完全没有徐变和塑性变形，因此 k 值小于 1。

半刚性材料是由固相、液相、气相组成的三相体，其外观胀缩性是三相不同温度收缩性的综合效应结果。温度裂缝包括低温收缩裂缝和温度疲劳裂缝。低温收缩裂缝是由于基层在路面结构中受到约束，当气温大幅度下降时，基层材料中的拉应力或拉应变超过材料的抗拉强度或极限抗拉应变而引起基层的开裂。由于一般道路基层宽度都不大，收缩所受约束小，所以温度收缩裂缝主要是横向的。温度疲劳裂缝主要发生在太阳照射强烈、日温差大的地区。由于基层白天温度与夜间温度之差相当大，基层中产生较大的温度应力，日复一日地反复作用使基层产生温度疲劳开裂。

(2)干缩裂缝机理分析

半刚性基层材料在拌和压实之后，由于水分挥发和混合料内部发生水化作用，水分会不断减少。由此而发生的毛细作用、吸附作用、分子间力的作用、材料矿物晶体或胶体间水的作用和碳化收缩作用等会引起基层体积收缩，从而产生干缩裂缝。干缩应力可按式(2-3)计算。

$$\sigma = \bar{\alpha} \sum_{w_1}^{w_2} s_t \Delta w \tag{2-3}$$

式中：$\bar{\alpha}$——平均干缩系数；

w_1、w_2——含水率；

Δw——含水率的变化量；

s_t——基层劲度模量。

半刚性基层干缩开裂的发生程度、发生时间、裂缝数量(间距)以及裂缝宽度均与基层材料和施工有很大的关系。半刚性基层施工中混合料的含水率越大，基层的干缩变形越大；粒料越细，混合料要达到最佳含水率所需水量越大，产生的干缩变形就越大；粒料越粗，混合料要达到最佳含水率所需水量就越少，干缩变形就越小。另外，水泥剂量也是影响干缩的重要因素，在满足强度要求的前提下，不宜采用过大剂量水泥。

为了减少半刚性基层收缩裂缝的反射裂缝，应从以下几个方面进行改善：①沥青面层必须具有一定的厚度，能对半刚性基层起到足够的保温作用；②半刚性基层在组成中应有较多数量的粗集料，而且无机结合料的剂量不宜太高；③半刚性基层施工时含水率不能太大，并要进行良好的养生，沥青面层在半刚性基层尚未开裂之前必须铺筑。

3）疲劳裂缝

半刚性基层沥青路面裂缝病害除上述类型外，还有沥青路面的疲劳开裂，主要表现形式为网裂和龟裂。在车轮的长期作用下，网裂或者龟裂会顺着公路延伸方向呈狭长带分布。有的局部下沉近似圆形分布，有的路面基层严重下沉呈条状分布。疲劳开裂的裂缝宽度一般在3mm以上，出现面积在1m^{2}以上的网状裂缝，如图2-3所示。

图2-3　沥青路面网裂和龟裂

2.1.1.2　半刚性基层沥青路面车辙病害分析

车辙是一种常见的沥青面层病害形式，主要是由渠化交通而引起。对于高速公路和一级公路，车辆实行严格的渠化交通后，车辙逐渐成为严重的病害。

车辙一般是在温度较高的季节，在车辆反复碾压下沥青层产生塑性流动，表现在轮迹处明显出现下陷、沥青层向两边隆起、横断面成凹字形的现象。车辙产生的外因是渠化交通和荷载作用次数的增加，内因是沥青混合料高温稳定性和抗塑性变形的能力不足。对于半刚性基层沥青路面，由于半刚性基层具有较大的刚度，路面的永久变形主要发生在沥青面层。目前，根据车辙形成的原因不同将其分为以下四种类型。

(1)失稳型车辙

失稳型车辙也称为流动型车辙，是沥青路面在温度较高时，在车轮荷载作用下其内部材料发生流动变形，发生横向位移而产生的车辙。这类车辙主要取决于沥青混合料的流动特性，通常发生在上坡路段和交叉口附近，即车速慢、轮胎接地产生横向应力大的地方。失稳型车辙如图 2-4 所示。

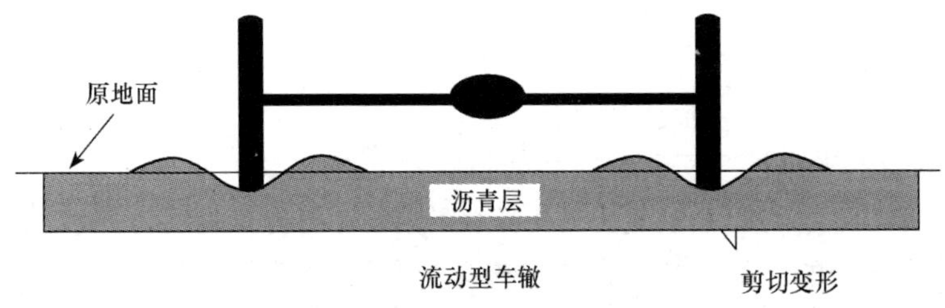

图 2-4　失稳型车辙

(2)结构型车辙

结构型车辙是由于路面结构在交通荷载作用下产生整体永久变形(主要是因为路基强度不足产生变形)，并传递到沥青面层而产生。结构型车辙宽度一般较大，两侧没有隆起现象，横断面成 V 字(凹)形，如图 2-5 所示。由于我国采用半刚性基层较多，因此这类车辙产生较少。

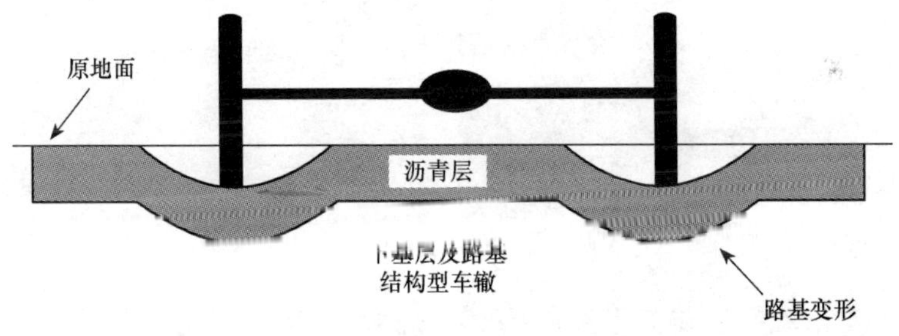

图 2-5　结构型车辙

(3)磨耗型车辙

磨耗型车辙是由于沥青路面结构顶层的材料在车轮磨耗和自然环境因素作用下持续不断的损失而形成。尤其是在汽车使用了防滑链和突钉(胶钉)轮胎后，这种车辙更容易产生。

(4)压实度不足引起的车辙

压实不足引起的车辙属于非正常情况车辙，是由于施工质量控制不严引起的。由于沥青面层本身压实不足，致使通车后的第一个高温季节混合料继续压密，在车辆荷载的反复碾压作用下，空隙率不断减少，达到极限残余空隙率后才趋于稳定。它不仅产生压密变形，而且导致路面平整度下降，形成明显的车辙。

这种由于施工不良造成的非正常性车辙，大多数是由于片面追求平整度而不充分碾压造成的。

影响沥青路面高温稳定性的因素很多，总体可归纳为内在因素与外在因素。内在因素主要包括路面材料质量和路面结构，外在因素则包括气候条件及交通条件等。内在因素进一步细分，则包括矿质集料特性、级配、沥青胶结料性能、沥青与矿料之间的相互作用及路面结构等。

2.1.1.3 半刚性基层沥青路面沉陷病害分析

路面沉陷是指路面上明显出现下陷的现象，常出现在高填方路段路基，一般路段也有小面积的沉陷。如果在路基施工过程中填料含水率偏大，同时路基填料中含有膨胀土，路基填料未得到充分的压实，在路基自重及车辆荷载作用下，路基会被进一步压实而下沉。一般路段的小面积沉陷主要是基层底部、顶部存在夹层、松散等结构软弱层，在重载车辆的反复作用下，沥青面层失去有效支撑而沉陷。对于半刚性基层路面，沉陷多由面层裂缝唧泥引起。常见的半刚性基层沥青路面沉陷病害现象如图 2-6 所示。

图 2-6 半刚性基层沥青路面沉陷

半刚性基层沥青路面沉陷通常是由于路基的不稳定造成的。从路基角度出发，产生沉陷的原因主要有以下几点。

(1)路基填筑材料控制不严格

一般公路路基在填筑的时候，为了降低填筑成本，多采取因地制宜、就近取材的方式，在路基填筑材料方面控制并不十分严格，使用不适宜的材料从而造成路基不均匀沉降，以致影响路面性能造成路面沉陷。

(2)湿软地基处理不当

在修建道路的过程中，有些路段不免会经过地基较软弱的地带，如水田、沼泽、深沟等。这些湿软地基给路基的稳定性带来了隐患，使成型的路基沉陷或滑移等，最终导致路面沉陷。

(3)填挖交界处压实不均匀

若在路基施工中未能按规范要求开挖台阶施工，容易造成路基在填料接缝接合部产生裂缝和沉降。

(4)桥涵及其他构造物处台背填筑不符合要求

桥涵及其他构造物台背在进行回填时，如果松散铺筑厚度未严格控制，使得回填材料无法压实到规定的密实度，路基的稳定性将受到影响，易造成台背沉陷，以致路面遭到破坏。

2.1.1.4　半刚性基层沥青路面水损害病害分析

我国许多高速公路在春融季节、梅雨季节及雨季，路面会出现麻面、松散、掉粒甚至坑槽等病害。沥青路面的水损坏已经成为高速公路沥青路面早期损坏的一种主要模式。沥青路面典型水损坏如图 2-7 所示。

图 2-7　沥青路面典型水损坏

沥青路面在有水的条件下，承受交通荷载和温度胀缩的反复作用，水分逐步浸入到沥青与集料的界面上。同时，由于水动力的作用，沥青膜渐渐地从集料表面剥落，导致集料之间的黏结力丧失而发生路面破坏。发生水损坏要具备两个条件：①水积聚在沥青路面内部不能及时排出，沥青混合料处于一定的水饱和状态。②由于沥青混合料内部构造特征，外界荷载作用和温度变化影响形成了孔隙水压力。

根据实地调查，我国半刚性基层沥青路面水损坏从发生的形式上主要分为两种类型：自上而下的路面水损坏和自下而上的水损坏。

(1)自上而下的水损坏

自上而下的水损坏是国际上通称的经典水损坏，是水使沥青膜从集料表面脱落并失去附着力的过程。当各种来源的路表水从路面向下渗透时，由于下层的沥青混合料密水性好，向下渗透相对比较困难，因此滞留在表面层沥青混凝土的空隙中。一旦水达到饱和，由于交通动荷载和温湿胀缩的反复作用，进入路面空隙的水不断产生动水压力或真空负压抽吸的循环作用。沥青膜渐渐从集料表面剥离，导致集料之间的黏结力丧失，继而发生沥青路面松散、掉粒并形成坑槽。

由此可见，自上而下的路面水损坏表现形式主要是表面松散和坑槽。如果及时修补，路面性能可以很快恢复。但是如果不及时维修，损坏部分将扩散很快。所以对该类水损坏要在其发生的初始阶段，尽快维修遏制其发展，尽量减小对路面的损坏。

(2)自下而上的水损坏

当半刚性基层沥青路面的沥青层较薄时，路面的水损坏经常是自下而上发展的。此类水损坏主要由于半刚性基层本身的强度较高，细集料含量又多，非常致密且透水性差，同时又存在一定的裂缝。水从各种途径进入路面并到达基层后，不能从基层迅速排走，只能沿沥青层和基层的界面扩散积聚。沥青层和基层之间的界面条件将从理想中的连续状态变为滑动状态或半连续半滑动状态，沥青层底部的弯拉应变将可能成为控制指标。在交通荷载作用下，下面层将有可能早于基层发生弯拉开裂，并逐渐向上扩展。而且由于半刚性材料本身的微裂，导致水在半刚性基层内流动，使得半刚性基层不断松散。

2.1.2 复合式路面常见病害分析

近年来，由于车辆的重载化和交通量的急剧增加，使得交通荷载不断增大，从而导致沥青路面车辙和早期破坏(使用年限达不到设计年限的 1/3 以上)以及水泥混凝土路面断板现象日益突出。复合式路面逐渐引起道路工作者的关注并运用到实践中。所谓复合式路面，是指面层由两层不同材料类型和力学性质的结构复合而成的路面。

水泥混凝土板提供高强度的基层，沥青混凝土面层提供平整而不反光的表面结构层。复合式路面与单一路面相比，路面结构中的沥青面层缓和冲击能力强，能减少水泥混凝土板破坏的发生，同时也具有行车舒适、施工期短、养护方便的优点，并且降低了轮胎磨耗、货损等费用。根据对京港澳 G4 高速公路郑州至许昌段复合式路面病害调查，可以深入分析复合式路面常见病害的原因。郑许高速公路旧路原路面结构如表 2-1 所示。

路面钻芯检测是检测路面结构层厚度、探明病害发生层位、研究破坏机理的

郑许段路面结构现状一览表　　表 2-1

结　构　层		郑州至新郑段	新郑至许昌段
后期加铺层	2007 年	西半幅精铣刨并加铺 4cmAC-16；东半幅局部处治	西半幅精铣刨并加铺 5cmAC-16；东半幅局部处治
	2004 年	东、西半幅 4cmAC	东、西半幅 4cmAC＋东、西半幅 4cmSMA＋1.5cm 应力层
	面层	5cmAC	5cmAC
	刚性基层	23cmRCC	25cmCCP
	联结层	沥青下封层	沥青下封层
	基层	15cm 水稳碎石	20cm 水稳碎石
	底基层	15cm 水泥石灰土	15cm 水泥石灰土
现有路面结构总厚度		66cm(62cm)	78.5cm(74.5cm)

注：现有路面结构总厚度括号外数字适用于西半幅路面，括号内数字适用于东半幅路面。2007 年东半幅除个别段落精铣刨 1cm，加铺 5cmAC-16 外，其余间断性采用了 1cm 表处层，为方便统计及确定路面高程，东半幅不计该年养护加铺值。

最直观手段。在上述路段上，采用全线均布钻芯和典型路段钻芯相结合的方式，对路面出现裂缝、车辙和沉陷等病害处进行检测，检测深度至路面结构层底部。路面钻芯结果如图 2-8 和图 2-9 所示。

图 2-8　横向裂缝钻芯取样

图 2-9　沉陷处钻芯取样

综合分析复合式路面主要病害类型及成因如下。

(1)郑许段路面以横向裂缝为典型病害，一般较为密集，裂缝方向基本垂直于道路中心线。图2-10为横向裂缝密集段统计数据，裂缝平均间距主要为5～8m，而单块水泥板块长度为5m。通过硬路肩开挖断面观察发现(图2-11)，横向裂缝从下向上发育，即多为反射裂缝，主要产生在水泥混凝土板接缝或裂缝的对应位置处，主要是由水泥混凝土板在接缝和裂缝处的水平和竖向位移所致。产生这种位移的原因，通常认为当汽车荷载作用在混凝土板时，会在接缝、裂缝处形成较大的弯拉应力和剪应力，使得两侧混凝土板产生垂直方向的相对位移；同时，由于外界温度和湿度对混凝土板的循环作用，引起混凝土板反复胀缩而产生水平方向的位移。这使得沥青罩面层在接缝和裂缝处产生较大的剪、拉应力，当它们超出沥青混凝土的容许值时，就会在罩面层底部产生细小裂缝。在

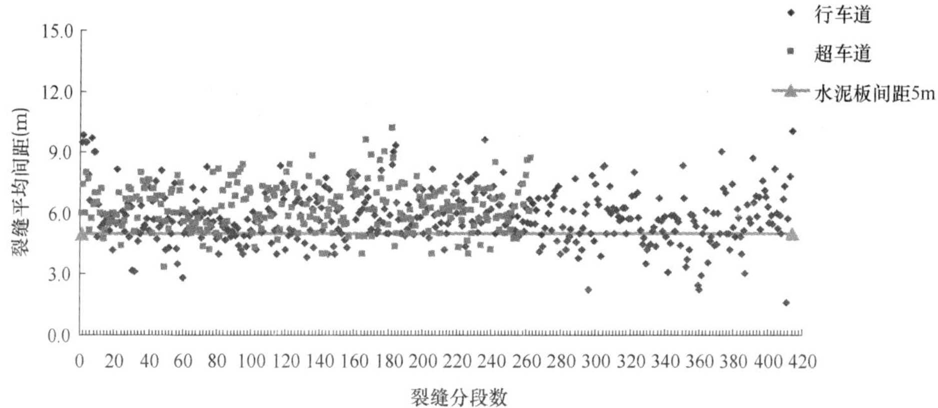

图2-10 复合式路面横向裂缝间距统计

图2-11 硬路肩开挖断面观察图

外部因素的共同作用下，裂缝不断向上发展，最终在罩面层表面以反射裂缝的形式表现出来。

(2)部分路段存在长短不一的纵向裂缝，病害程度大部分较轻。此类裂缝发生的原因较多，通过钻芯取样分析主要归纳为两种：一是道路使用后期，单车道经铣刨后重铺的施工缝，在温度变化和动荷载的影响下，在渗水的副作用下，施工缝左右沥青面层开始开裂。由此原因引起的纵向裂缝为主要病害形式，从钻芯取样看多从上而下，发生层位深度不一，部分深度达到混凝土板等；二是连续混凝土板断裂引起的纵向裂缝，这种原因造成的病害所占比例不大。

(3)根据现场观察发现，部分路段产生较为严重的龟裂，如图 2-12 所示。

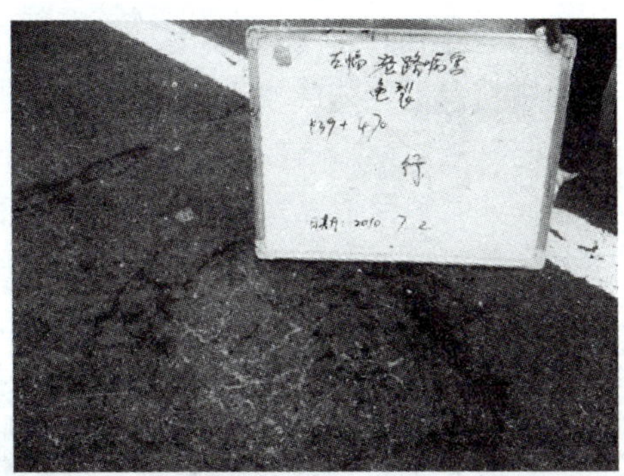

图 2-12　复合式路面严重龟裂

根据现场对龟裂部位大量取芯观察及分析，大部分龟裂发生在沥青上面层，也有少部分影响到了沥青中面层。龟裂病害主要是由于沥青表面层空隙率较大，沥青老化、原施工混合料离析、大型超载车辆反复作用，以及局部受力不均导致沥青路面先出现细微裂缝，日积月累使沥青表面出现疲劳裂缝，加之雨水及车辆荷载作用，逐渐形成疲劳破坏。其最初的形态是一条或几条平行的纵缝，随着荷载重复作用次数的增加，平行纵缝间出现了横向、斜向连接缝，行成了龟裂的裂缝形式。龟裂也可能是由于基层软化、稳定性不良等原因引起的。此外，沥青路面施工温度过高、老化变脆等原因也可发展成网状裂缝。

(4)经钻芯取样，可以发现有少部分路段存在路面沉陷。一般路段出现沉陷的主要原因是道路使用初期产生一些细微的裂缝，水通过裂缝渗入到路面基层，导致基层、底基层产生水损害。在车辆荷载作用下，基层、底基层进一步破坏造成基层唧泥脱空，水泥混凝土板断裂，从而产生路面沉陷。复合式路面沉陷如图 2-13 所示。

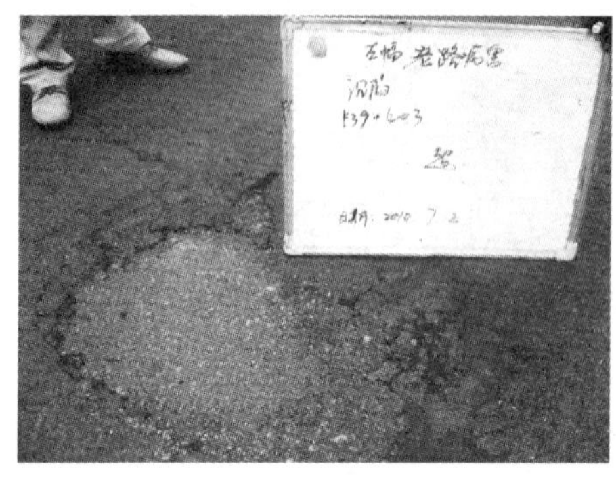

图 2-13　复合式路面沉陷

(5)在路面病害调查中发现,在水泥混凝土面板完好地段,当车辆经过时,板缝内有白色的浆体或粉土以沥青面层裂缝处冒出。初步判断是由于水泥混凝土面板与基层之间形成脱空现象,在车辆荷载作用下,混凝土板与基层出现摩擦、撞击。从某些路段钻芯取样和勘察看,有些地方水泥混凝土面板基本完好,而基层和底基层已经开裂,同时伴随板底脱空、水流下渗以及底基层的轻微软化和沉陷等现象。复合式路面板底脱空钻芯如图 2-14 所示。

图 2-14　复合式路面板底脱空

(6)对全路段检测时,某些路段存在水泥混凝土板角断裂的现象,如图 2-15 所示。

混凝土板板角断裂通常是由于路面板施工时板块厚度不足,在重车荷载作用下,板角竖向位移过大,引起路面基层或土基发生塑性变形,使路面板角失去支撑,造成混凝土路面板板角表面拉应力过大,超过疲劳极限而断裂。

(7)全路段路面影响使用功能方面的病害主要为坑槽、麻面等,如图 2-16 所示。

图 2-15　复合式路面板角断裂

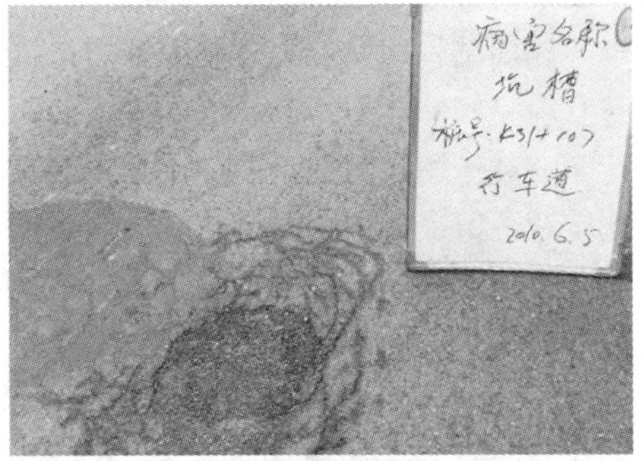

图 2-16　复合式路面坑槽

坑槽产生的主要原因是在降雨过程中，雨水进入并滞留在沥青混凝土的空隙中。在大量快速行车荷载的作用下，反复多次产生的动水压力（孔隙水压力）使沥青从碎石表面剥落下来，局部沥青混凝土变得松散，碎石被车轮甩出之后路面产生坑槽。复合式路面产生坑槽的主要原因与半刚性基层沥青路面出现坑槽病害的原因相似，均属于路面表面功能性的破坏。

对产生麻面的沥青面层进行仔细观察，发现其主要集中在某几段路段内。通过与非麻面路段进行对比，发现麻面路段内沥青面层使用的石料与其他路段有很大不同。产生麻面路段使用的石料风化变质现象较严重，在荷载的不断作用下，路表面集料颗粒逐渐散失、集料外露，从而加速了沥青混合料的老化，最终导致路面出现孔洞、沉陷、坑槽等病害。

2.2　高速公路改扩建旧路路况评价

在实施改扩建工程之前，首先要对旧路的结构强度和路用性能等进行调查和检测，然后在此基础上采用合理有效的评价指标对旧路路况进行评价，为旧路改善方案的设计提供决策依据。我国现行《公路技术状况评定标准》(JTG H20—2007)和《公路沥青路面养护技术规范》(JTJ 073.2—2001)对路面破损的评价采用综合性指标PCI，但其难以反映出路面不同类型损坏的具体程度。所以在改扩建工程中需采用单项评价指标，如路面弯沉或弯沉差、车辙、裂缝率、路面破损率等指标来客观地反映旧沥青路面某类型病害的破损程度，并为旧路改善方案设计提供可操作性强的评价指标，提高旧路改善方案设计的针对性。

2.2.1 基于改扩建旧路改善的路况评价指标

2.2.1.1 路面弯沉或弯沉差

路面结构承载能力是路面结构抵抗外部荷载及环境因素的共同作用，保持自身状况完好的能力。其通常可描述为路面在到达预定损坏状况之前，还能承受的行车荷载作用次数，或还能使用的年数。通常采用贝克曼梁法或落锤式弯沉仪法测定弯沉值来评定路面结构的承载能力，即依据弯沉值(转化为结构强度系数)大小判定路面的剩余寿命。路面结构承载能力是路面服务功能的基础，与损坏状况有内在的联系。在使用过程中，路面承载能力逐渐下降，与此同时损坏程度逐步加大。

路面弯沉不仅反映路面各结构层及土基的整体强度和刚度，而且与路面的使用状态存在一定的内在联系。沥青路面路表弯沉作为设计指标，较好地反映了实际荷载作用下路面结构的整体强度，当路面弯沉增大时，需要对路面进行重新铣刨和加铺。根据我国《公路沥青路面设计规范》(JTG D50—2006)的规定，当强度不足时应进行补强设计，设计方法与新建路面相同。当路面强度不足时，应采用合理有针对性的修复方式进行补强。

依托郑州至漯河高速公路许漯段改扩建工程，采用落锤式弯沉仪(FWD)对许漯高速(K762+000～K815+000)双幅超车道、行车道、硬路肩进行弯沉检测。落锤式弯沉仪的落锤质量为200kg，冲击荷载为50kN，承载板直径为30cm，弯沉传感器为9支，各传感器距测点中心分别为：0、203mm、305mm、457mm、610mm、914mm、1 219mm、1 524mm、1 829mm。依据《公路路基路面现场测试规程》(JTG E60—2008)，以每1 000m为一评定路段，计算评定路段的弯沉平均值、标准差、变异系数及代表值，同时针对我国沥青路面设计体系为静态弯沉的现状，将FWD测定的动态总弯沉换算成静态回弹弯沉。许漯段路面弯沉检测汇总如图2-17所示。

从弯沉检测结果可以看出，硬路肩平均弯沉值小于超车道，超车道平均弯沉值小于行车道，西半幅弯沉值小于东半幅。总体来看，绝大部分路段代表弯沉值较小[FWD弯沉值小于20(0.01mm)]，表明该旧路经过近十年的运营及后期维

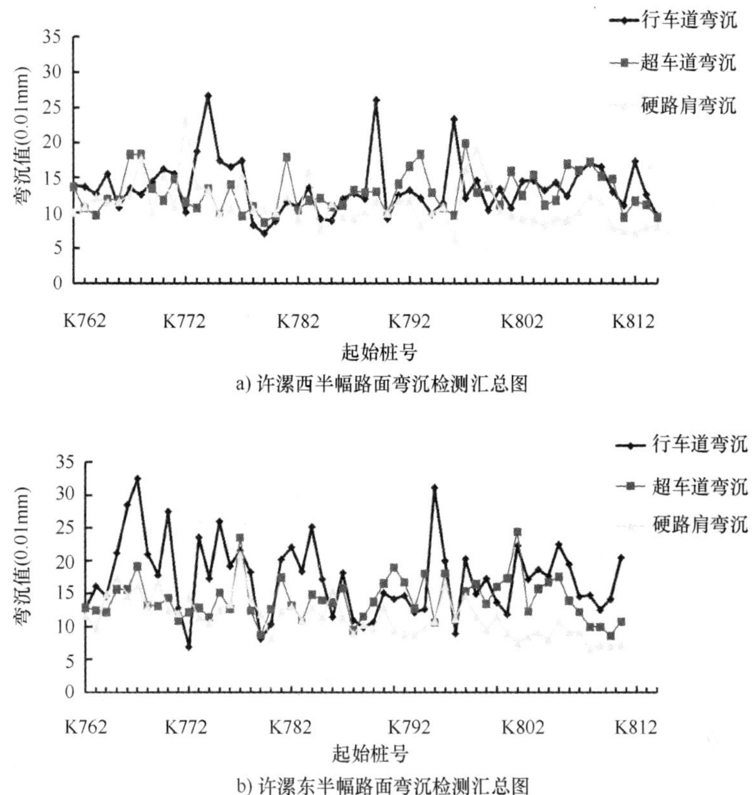

a) 许漯西半幅路面弯沉检测汇总图

b) 许漯东半幅路面弯沉检测汇总图

图 2-17　许漯段路面弯沉检测汇总图

修养护，路基已沉降稳定，路面整体结构具有较强的承载能力。个别路段代表弯沉值较大[大于 25(0.01mm)]，主要是因该路段个别检测点位于病害处所致。通过对病害的处治，可提高该路段的代表弯沉值。

郑州至许昌段路面结构为复合式路面，典型病害为横向裂缝。混凝土板块接缝处在沥青面层底层在荷载作用下，产生应力集中并向上发展，最终在接缝对应位置处形成上下贯通的反射裂缝。《公路沥青路面设计规范》(JTG D50—2006)规定水泥混凝土路面加铺沥青面层，对于接缝或裂缝的板边弯沉差和传荷系数，推荐采用弯沉差为 0.06mm 进行控制，此时对应的传荷系数仍为 75%。在进行加铺时，两个控制指标的其中一个应满足最低要求。但是对于复合式路面再次加铺设计而言，板边弯沉差的测定是在以前加铺的沥青层顶面，因此需要考虑原有的沥青加铺层对弯沉值测定的影响。

为了给旧路路面改扩建横向裂缝处治提供设计依据，采用落锤式弯沉仪对复合式路面横向裂缝处进行弯沉差检测，以了解混凝土板块接缝处脱空状况及板间传荷能力。本次检测全线选取横向裂缝较为密集的3个典型路段的70道横向裂缝进行弯沉检测。根据裂缝的外观，裂缝可分为轻度裂缝和重度裂缝。轻度裂缝定义为无支缝，缝壁无破碎的横向裂缝；重度裂缝定义为有支缝或缝壁有破碎的横向裂缝；其中重度横向裂缝所占比例为52.8%。

横向裂缝两侧弯沉差为板缝一侧受力时，板缝受力一侧与未受力一侧竖向变形的差值$\Delta l=\mathrm{d}L-\mathrm{d}w$。落锤式弯沉仪位移传感器布置如图2-18所示。检测时每个检测点设置四级冲击荷载，落锤5次(其中第一级荷载落锤2次，第一次为稳压)。

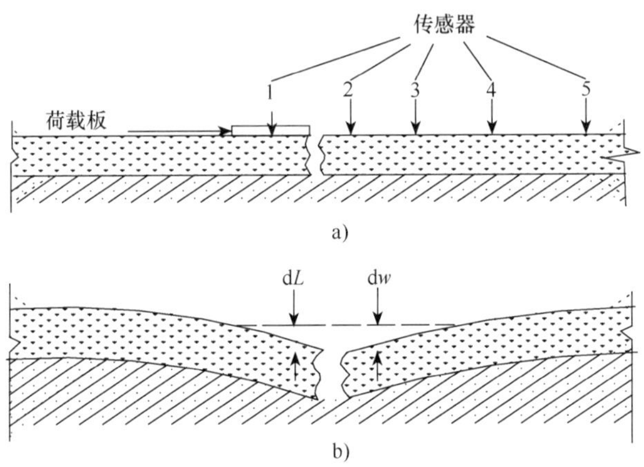

图2-18　落锤式弯沉仪位移传感器布置示意图

对所检测的典型路段弯沉检测值进行整理，分析结果见表2-2。

弯沉检测分析结果　　表2-2

序号	裂缝两侧弯沉差(0.01mm)	包含重度裂缝数量百分比(%)	重度裂缝所占比例(%)	最大传荷系数(%)	最大弯沉平均值(0.01mm)
1	>6	100	100	47.2	22.9
2	>5	100	94.80	58.20	22.9
3	>4.5	100	89.70	58.9	22.9

分析结果显示：

(1)针对弯沉检测数据，分别对裂缝两侧弯沉差大于0.06mm，大于0.05mm和大于0.045mm的横向裂缝进行统计。三个统计结果中，重度裂缝的涵盖率达到了100%，在弯沉差大于0.05mm的横向裂缝统计结果中包含了5.2%的轻度横向裂缝。三种统计结果的横向裂缝最大传荷系数均不到75%。

(2)考虑到复合式路面原有沥青加铺层对整体强度的增强作用，如果沿用

《公路沥青路面设计规范》(JTG D50—2006)规定，以接缝或裂缝的板边弯沉差 0.06mm 和传荷系数 75%作为控制指标显得不太合适。

(3)虽然对裂缝进行的分级定义是定性描述，但统计结果显示裂缝开裂的严重程度与裂缝两侧弯沉差存在一定的相关性。即裂缝两侧弯沉差越大，裂缝开裂程度越严重，传荷系数越小。

(4)综合考虑各种因素，确定本项目横向裂缝处治控制指标为裂缝两侧弯沉差大于 0.05mm，另外结合裂缝外观描述(凡重度横向裂缝均需进行处治)，75%的传荷系数不作为控制指标。

路面弯沉的测定主要用于加铺层的路面结构设计和面层与基层病害的检测处治。采用弹性层状体系理论程序计算设计层的厚度或进行结构验算，对季节性冰冻地区的中、潮湿路段还应该验算防冻厚度。最后进行技术经济比较，确定最终的补强设计方案。

2.2.1.2　路面车辙状况评价

车辙等沥青混凝土路面的流动变形是最常见的沥青混凝土路面损坏现象。根据国际有关机构的统计，在沥青混凝土路面的维修养护中，约 80%是因为车辙变形。与裂缝和其他破损相比，车辙的危害性最大，直接威胁交通安全。路面上的车辙达到一定深度后，遇雨天辙槽内容易积水而影响车辆行驶安全。有关调查和试验表明，当路表积水深度达 7.6mm，车速超过 80km/h 时，车辆有发生侧滑的危险。当路表积水深度为 10mm，车速超过 100km/h 时，车轮与路面之间的摩擦系数接近于零，可以认为车辆行驶已发生漂滑。考虑到车辙槽内完全积水的概率很小，可以认为对路面行驶安全性有显著影响的车辙深度应为 7.6～10mm。此外，当车辙深度超过 15mm 时，由于前轮转向性能降低和车辆横向颠簸，行车不适感显著增加。

车辙影响交通安全的主要因素是它的深度，所以路面车辙状况的评价指标应该是一个与车辙深度相关的量。然而，采用路面最大车辙深度和路面平均车辙深度所反映的路面车辙状况都是不全面的，因此参照路面弯沉的评价方法，以路面代表车辙深度 D_r 作为路面车辙状况的评价指标。路面代表车辙速深计算公式如下所示。

$$D_r = \overline{D} + S\frac{t_\alpha}{N} \tag{2-4}$$

式中：$\overline{D}$——评定路段内车辙检测值的平均值，mm；

S——评定路段内车辙检测值的标准差，mm；

N——评定路段内车辙检测的断面总数；

α——置信水平(保证率),一般取95%或90%;

t_α——t分布表中随自由度(N-1)和置信水平α(保证率)而变化的参数。

路面车辙宜采用快速检测设备,可结合路面损坏和路面平整度一并检测。路面车辙检测设备必须定期标定,每年至少标定一次。车辙轻重程度划分如表2-3所示。对于辙槽深度为10～15mm的轻度车辙,损坏按长度计算,检测结果要用影响宽度(0.4m)换算成面积。对于辙槽深度15mm以上的重度车辙,损坏按长度计算,检测结果要用影响宽度(0.4m)换算成面积。

车辙状况评价标准 表2-3

评价标准	轻	重
车辙深度(mm)	10～15	>15

2.2.1.3 路面裂缝状况评价

公路沥青混凝土路面建成通车以后,一般都会不同程度地产生各种形式的裂缝。初期产生的裂缝通常对沥青混凝土路面的使用性能无明显影响,但是它的产生破坏了路面的连续性和整体性。尤其是当雨水从裂缝处不断进入路面后会使道路基层甚至路基软化,从而导致路面承载力下降,在行车荷载作用下产生冲刷和唧浆现象。这种现象往往会使裂缝附近的沥青混凝土面层发生碎裂、沉陷,严重影响沥青混凝土路面的使用性能,并加速沥青混凝土路面的破坏。因此,国内外通常都将裂缝看作是沥青混凝土路面的主要病害之一。

一般认为,沥青混凝土路面的裂缝破损面积除了能表征路面现有裂缝病害状况,还能够间接地反映路面未来的破损趋势。因此,国际上一般都以裂缝率C_k作为对沥青混凝土路面裂缝状况评价的主要指标。事实上,在我国早期的《公路养护技术规范》(JTJ 073—85)中,也曾以裂缝率作为一项单独的评价指标,但在以后的《公路沥青路面养护技术规范》中却把这个指标取消了,并把各类破损换算成一定破损面积后,统一计算出一个PCI值。然而,单独采用PCI值对路面状况进行评定会丢失对路面各类破损情况描述的大量有用信息。因此,仍可采用裂缝率C_k对高速公路沥青混凝土路面的破损状况进行评价,计算方法如下。

1)裂缝面积计算

裂缝面积计算依据《公路技术状况评定标准》(JTG H20—2007)方法进行,具体的计算方法如下。

(1)龟裂:龟裂均按损坏按面积计算。

(2)块状裂缝:块状裂缝均按损坏按面积计算。

(3)纵向裂缝:损坏按长度(m)计算,检测结果用影响宽度(0.2m)换算成面积。

(4)横向裂缝:损坏按长度(m)计算,检测结果用影响宽度(0.2m)换算成面积。

2)计算裂缝率

测量裂缝实际长度,并根据裂缝类型计算其换算成面积,采用式(2-5)计算裂缝率。

$$C_k = \frac{C_A + C_m}{A} \tag{2-5}$$

式中:C_k——沥青路面裂缝率,%;

C_A——龟裂和块状裂缝总面积,m^2;

C_m——纵向和横向裂缝的换算面积,m^2;

A——评价路段路面面积,m^2。

根据河南省高速公路改扩建工程沥青混凝土路面典型路段(裂缝较多和较少路段)的裂缝调查结果,参考国内其他高速公路沥青混凝土路面的调查统计数据,确定高速公路沥青混凝土路面的裂缝状况评价标准采用表 2-4 所列数据为参考值。

裂缝状况评价标准 表 2-4

评价标准	优	良	中	次	差
裂缝率 C_k(%)	≤0.5	(0.5,3.5]	(3.5,10]	(10,25]	>25

2.2.1.4 路面破损率

现阶段,我国高速公路沥青混凝土路面早期破坏现象是比较普遍的,如松散、坑槽、拥包、泛油等种类的破损。这些破损严重威胁高速公路上高速行驶车辆的安全。所以在高速公路的日常养护工作中,必须及时地对它们加以修复处理。

在高速公路旧路路况评价中,有必要将路面破损率 DR 作为一个单项指标,直接反映路面的破损情况。其计算方法可参照《公路技术状况评定标准》(JTG H20—2007)。路面破损率计算如式(2-6)所示。

$$DR = 100 \times \frac{\sum_{i=1}^{i_0} W_i A_i}{A} \tag{2-6}$$

式中:A_i——第 i 类路面损坏的面积,m^2;

A——调查的路面面积(调查长度与有效路面宽度之积),m^2;

W_i——第 i 类路面损坏的权重,沥青路面按表 2-5 取值;

i——考虑损坏程度(轻、中、重)的第 i 项路面损坏类型;

i_0——包含损坏程度(轻、中、重)的损坏类型总数,沥青路面为21。

沥青路面损坏类型及权重　　表2-5

类型(i)	损坏名称	损坏名称	权重(w_i)	计量单位
1 2 3	龟裂	轻 中 重	0.6 0.8 1.0	面积,m^2
4 5	块状裂缝	轻 重	0.6 0.8	面积,m^2
6 7	纵向裂缝	轻 重	0.6 1.0	长度,m (影响宽度:0.2m)
8 9	横向裂缝	轻 重	0.6 1.0	长度,m (影响宽度:0.2m)
10 11	坑槽	轻 重	0.8 1.0	面积,m^2
12 13	松散	轻 重	0.6 1.0	面积,m^2
14 15	沉陷	轻 重	0.6 1.0	面积,m^2
16 17	车辙	轻 重	0.6 1.0	长度,m (影响宽度:0.4m)
18 19	波浪拥包	轻 重	0.6 1.0	面积,m^2
20	泛油	—	0.2	面积,m^2
21	修补	—	0.1	面积,m^2

2.2.2 旧路面检测方法

为了给改扩建工程施工图设计提供现有路面准确、可靠的基础数据,高速公路改扩建工程需要建立在对旧路路面状况全面检测的基础上。旧沥青路面状况检测主要包括路面破损状况检测、路面车辙检测、路面弯沉检测、路面内部缺陷检测、路面结构层厚度检测以及路面钻芯检测。针对路面状况检测内容,必须采取相应的检测方法与检测设备。

1)路面破损状况自动检测技术

道路检测车采用高性能的车载计算机配合各种传感器采集与储存数据,完全实现数据采集的自动化,消除手动操作的人为误差,提高了检测准确性。路面检测采集速度可达80km/h,提高了工作效率。使用检测车检测时不影响道路正常交通,减少因交通封闭或交通堵塞造成的经济损失,并降低了人工测量的劳动强度和作业的危险性。道路智能检测车如图 2-19 所示。

图 2-19　道路智能检测车

该车在正常行驶状态下，具有自动完成路面破损状况图像采集、激光车辙数据采集和平整度数据采集三大功能，因此可以完成路面破损状况检测、路面平整度检测以及路面车辙检测。

2）路面弯沉检测方法

路面弯沉是我国柔性及半刚性基层路面强度检测的一项主要指标。路面弯沉是指在规定的标准轴载作用下，路面表面轮隙位置产生的总垂直变形或垂直回弹变形值。

落锤式弯沉仪（FWD）是通过计算机控制下的液压系统，启动落锤装置，使一定质量的落锤从一定高度自由落下，产生的冲击力作用于承载板上并传递到路面，导致路面产生弯沉。分布于距测点不同距离的传感器检测结构层表面的变形，并通过记录系统将信号输入计算机，从而得到路面测点弯沉值及弯沉盆。FWD 系统构成及工作原理如图 2-20 和图 2-21 所示。

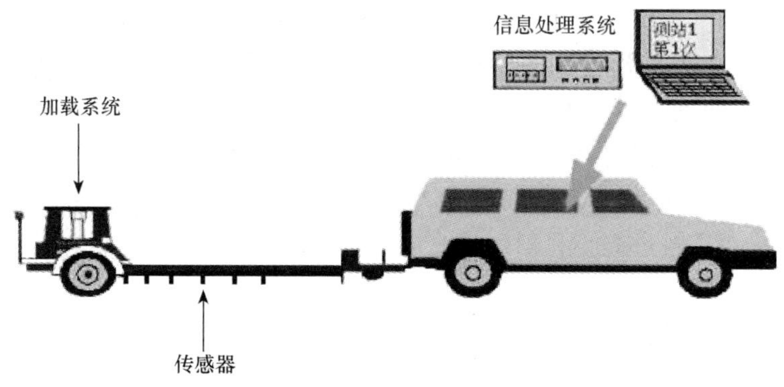

图 2-20　Dynatest 8000 FWD 系统构成

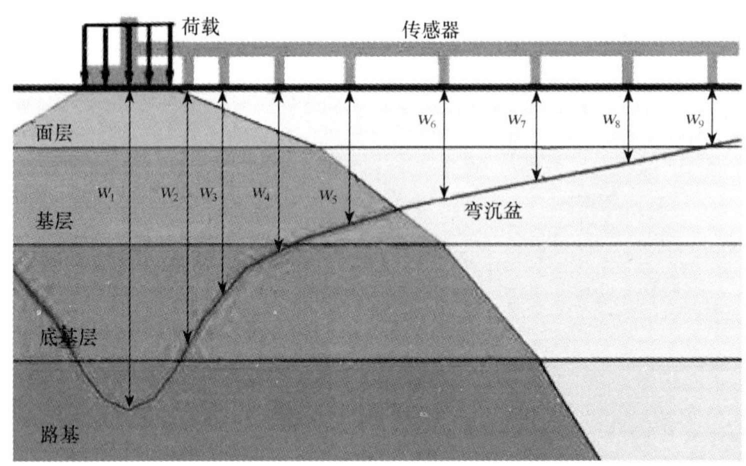

图 2-21 落锤式弯沉仪(FWD)工作原理

FWD 测量使用计算机自动采集数据,速度快,精度高。最大检测速度可达 80km/h,内置式落锤弯沉仪的牵引速度可大于 100km/h。因此该方法是一种理想的动态无损检测方法。

路面弯沉的检测还有很多方法,比较典型的是贝克曼梁法、激光弯沉测定仪法以及自动弯沉测定仪法。

(1)贝克曼梁法

贝克曼梁法是一种在我国曾被一度广泛使用,并且目前也在使用的弯沉检测方法。该方法操作简单,但整个测试过程全是人工操作,测试结果受人为因素的影响较大,而且测试速度较慢。该方法的应用范围是:①测定各类路基、路面的回弹弯沉,用以评定其整体承载能力,可供路面结构设计使用。②测定路基、柔性路面的回弹弯沉值可供交工和竣工验收使用。③沥青路面的弯沉以标准温度 20℃为准,在其他温度下进行的测试需要进行温度修正。

(2)激光弯沉测定仪法

采用该方法测定时,将测定仪固定在路面汽车的后轮隙中。利用汽车驶离被测点时的路面回弹,带动原固定于地面上的硅光电池测头向上升起,使激光器发出的激光束通过进光小孔射到硅光电池上产生光电流,并根据光电流的大小来计算路面回弹变形的数值,即路面回弹弯沉值。

这种弯沉仪操作简易、精度高、读数稳定、体积小、质量轻、造价低且容易研制。另外,由于该测定仪依靠光线作为臂长,可以射得很远,加上激光发射角窄,光点小而红亮,10m 之远仍能清晰可见,可用于重刚度路面弯沉检测。

(3)自动弯沉测定仪法

该测定仪在检测路段上牵引车的作用下以一定的速度行驶，将测定仪的弯沉测定梁放在车辆底盘的前端并支于地面保持不动，当后轴双轮隙通过测头时，弯沉通过位移传感器等装置被自动记录下来。这时，测定梁以 2 倍的牵引车速度被拖到下一测点，周而复始地向前连续测定。通过计算机可输出路段弯沉检测统计结果。整个测定是在测定车连续行驶的情况下进行的。它可对路面进行高密集点的强度检测，适用于路面施工质量控制、验收和路面养护管理。

3)路面内部缺陷及路面结构层厚度检测方法

路面内部缺陷及路面结构层厚度检测可以采用地质雷达完成。地质雷达观测系统示意图如图 2-22 所示。

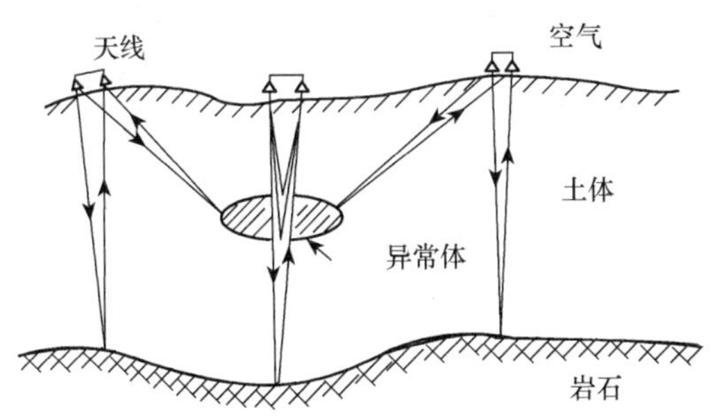

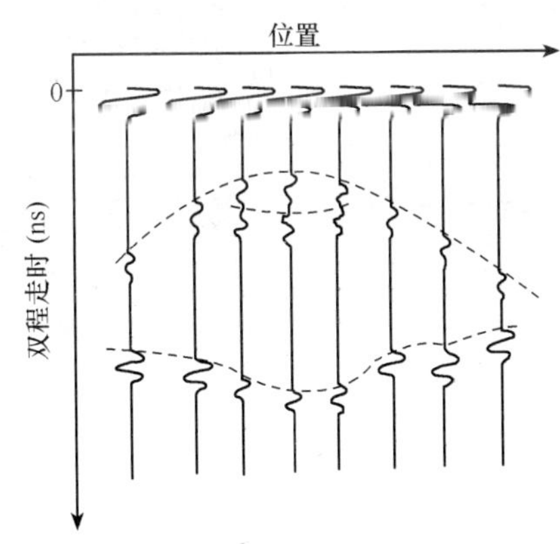

图 2-22　地质雷达观测系统示意图

地质雷达的检测原理：地质雷达是将高频电磁波以短脉冲形式由地面通过天线 T 送入地下，经地下目的层或目的体(如溶洞)反射后返回地面，被另一天线 S 所接收。电磁波信号由监视器(笔记本电脑)显示和存储，以便室内资料处理时调用。通过脉冲波行程需时的精确测定，可准确求出地下反射体深度。脉冲波行程需时为：$t=\sqrt{4z^2+x^2}/v$，当地下介质中的波速 v 为已知时，可根据测到的精确 t(ns)值($1\text{ns}=10^{-9}\text{s}$)，求出反射体的深度 z(m)。式中 x(m)值在剖面探测中是固定的，v 值(m/ns)可以用宽角方式直接测量，也可以根据 $v\approx c/\sqrt{\varepsilon}$ 近似算出（当介质的导电率很低时）。式中 c 为光速($c=0.3\text{m/ns}$)，ε 为地下介质的相对介电常数，可利用已知数据或测定获得。

雷达图像以脉冲反射波的波形形式记录。波形的正负峰分别以黑、白色表示，或者以灰阶、彩色表示。各种缺陷典型雷达剖面图如图 2-23～图 2-26 所示。地质雷达检测结构层厚度工作原理如图 2-27 所示。

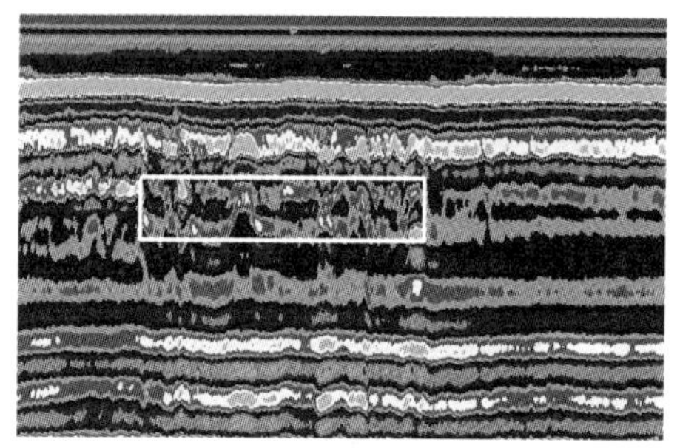

图 2-23　基层沉陷典型雷达剖面图

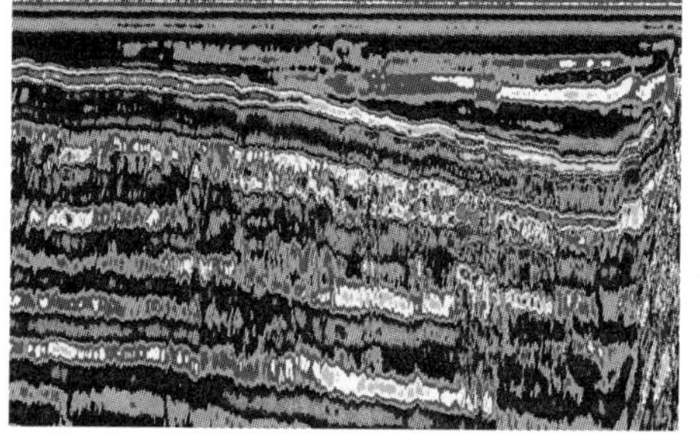

图 2-24　基层松散典型雷达剖面图

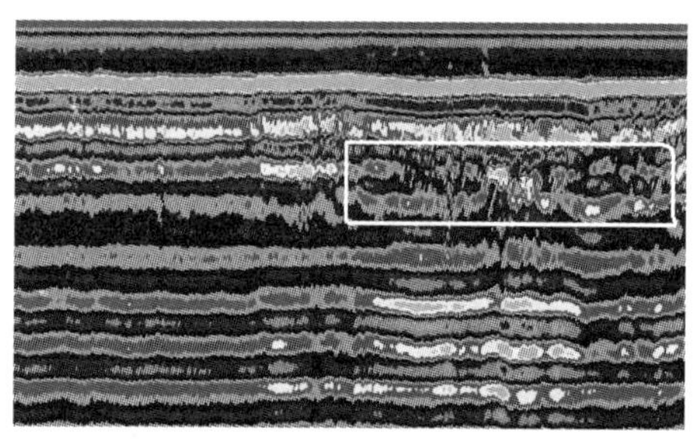

图 2-25　局部脱空典型雷达剖面图

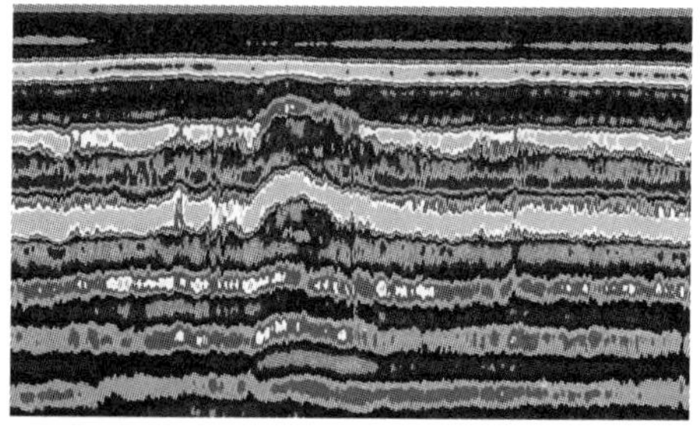

图 2-26　基层破碎典型雷达剖面图

这样，同相轴或等灰色、等色线即可形象地表征出地下反射面。在波形记录图上各测点均以测线的铅垂方向记录波形，构成雷达剖面。通过逐点探测，地下目的体的形态、空间分布就会在计算机屏幕上显示。该方法采集便捷，成图直观、数据分辨能力强，但抗电磁干扰能力弱。采用不同分辨率天线可以精确探清 1～10m 范围内岩土结构的分层、构造及异常体的分布情况。

路面结构层厚度检测原理：路面各结构层可以根据其电磁特性来区分，当相邻结构层材料的电磁特性不同时，就会在其界面间影响射频信号的传播，即会发生雷达信号的透射和反射。

雷达波的反射发生在不同介电常数物质的界面，介电常数与物质的导电性有关。路面地质雷达利用反射波波幅来推求各结构层的介电常数，根据介电常数即可推求结构层厚度。地质雷达检测结构层厚度工作原理如图 2-27 所示。

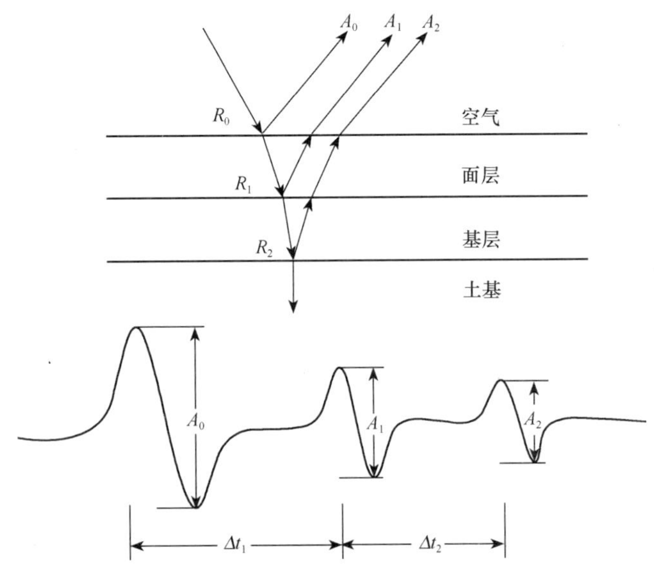

图 2-27　地质雷达检测结构层厚度工作原理

A_0-电磁波于空气—路表界面产生的反射波幅，V；A_1-面层—基层界面产生的反射波幅，V；A_2-基层—土基界面产生的反射波幅，V；Δt_1-电磁波在面层中的往返时间，ns；Δt_2-电磁波在基层中的往返时间，ns；A_0、A_1、A_2、Δt_1、Δt_2可由计算机自动搜寻得到

(1)介电常数计算

反射界面上下层材料的介电常数与界面的反射系数 R 之间存在一定关系。

$$\sqrt{\varepsilon_{r2}} = \sqrt{\varepsilon_{r1}}\,\frac{1+R}{1-R} \tag{2-7}$$

式中：ε_{r1}——上层材料的介电常数；

ε_{r2}——下层材料的介电常数；

R——反射系数，为反射波幅 A 与全反射波幅 A_m的比，即：

$$\frac{A}{A_m} = R \tag{2-8}$$

第一次反射时，上层空气介电常数为 1，即：

$$R_0 = \frac{A_0}{A_m} \tag{2-9}$$

故：
$$\sqrt{\varepsilon_{r2}}=\frac{1+R_0}{1-R_0}=\frac{1+\dfrac{A_0}{A_m}}{1-\dfrac{A_0}{A_m}} \tag{2-10}$$

第二次反射时，由于上层材料的介电常数已求得，同样可求出下一层的介电常数。此时，式(2-8)右边应乘以反射层的能量损失系数$(1-R_0^2)$，化简可得：

$$\frac{A_1}{A_0}=R_1(1-R_0^2) \tag{2-11}$$

所以可得：

$$\sqrt{\varepsilon_{r3}}=\sqrt{\varepsilon_{r2}}\,\frac{1+R_1}{1-R_1}=\sqrt{\varepsilon_{r2}}\,\frac{1-\left(\dfrac{A_0}{A_m}\right)^2+\left(\dfrac{A_1}{A_m}\right)}{1-\left(\dfrac{A_0}{A_m}\right)^2-\left(\dfrac{A_1}{A_m}\right)} \tag{2-12}$$

依次类推，可以求出不同层的介电常数。

(2)厚度计算

一旦各结构层介电常数已知，则厚度就很容易计算出来。电磁波在介质中的传播速度为：

$$v=\frac{c}{\sqrt{\varepsilon_r}} \tag{2-13}$$

c 是光速（理论值为 30cm/ns），速度 v 乘以电磁波在结构层中往返时间的一半即得各结构层厚度。

第一层（面层）：

$$h_1=\frac{c}{\sqrt{\varepsilon_{r1}}}\cdot\frac{\Delta t_1}{2} \tag{2-14}$$

第二层（基层）：

$$h_2=\frac{c}{\sqrt{\varepsilon_{r2}}}\cdot\frac{\Delta t_2}{2} \tag{2-15}$$

4)路面钻芯检测

路面钻芯检测是探测路面病害发展层位及机理最直观、最准确的方法。在路面破损检测的基础上，全线选取病害较典型、较严重路段，采用 Φ100mm 路面取芯机对旧路各种典型病害进行钻芯检测。比较常见的钻芯检测方式是：使用全线均布钻芯和典型路段钻芯相结合的方式进行检测，检测深度至路面结构层底部。全线均布钻芯选择在路面状况较好的位置布孔，主要检测路面各结构层厚度、各层胶结状况及各结构层力学性能。考虑到路面改扩建后，行车道和硬路肩（作为第三车道）行驶重车较多，而超车道主要行驶小车，全线均布钻芯仅对行车道、超车道和硬路肩进行检测。典型路段钻芯选择在路面破损较重的典型路段内，主要检测分析病害发展层位及破损机理。其中对于裂缝类病害采用骑缝钻芯，车辙病害分别在波峰、波谷处取样，龟裂及沉陷处在病害范围内取样；钻芯深度至路面结构层底部。通过现场钻芯检测并结合室内试验，分析各类病害发生的层位及破损机理。钻芯检测的检测程序如图 2-28所示。

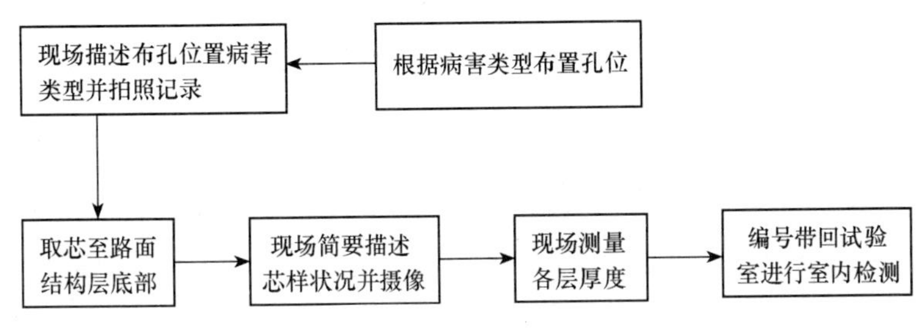

图 2-28　钻芯检测的检测程序

5）旧路结构层室内分析试验

针对钻芯取样获得的沥青面层与基层结构试样，对其进行室内检测。主要项目如表 2-6 所示。

旧路结构层材料室内检测项目　　表 2-6

样品	结构层层位	检测项目		检测方法
钻芯芯样	沥青面层	毛体积密度		T 0707—2000
		劈裂强度		T 0716—1993
	基层	劈裂强度		T 0806—1994
		抗压强度		T 0805—1994
挖取试坑代表性样品	沥青面层	抗车辙性能		T 0719—1993
		矿料级配、油石比		T 0721—1993
		沥青回收		T 0726—1993
		回收沥青的性能检测	针入度	T 0604—2000
			延度	T 0605—1993
			黏度	T 0622—1993
			软化点	T 0606—2000

室内试验还可进行模量的测试，即通过室内加载试验测定材料的应力、应变比（即模量）。动态锥入度仪（DCP）试验主要用于现场估算路面材料的弹性

模量。

6)旧路硬路肩开挖

在旧路面路况检测过程中,对路面硬路肩的检测也较为重要。路面硬路肩作为行车道的补充,承受一定的行车荷载,其路面结构层厚度与行车道相比略有不同。在高速公路改扩建过程中,将硬路肩开挖作为与扩建车道的结合部。硬路肩开挖后,要对路面各结构层存在的病害进行检测,主要观测硬路肩承载能力、硬路肩路面结构层、路基土的性能状况以及路面结构是否存在空洞、路面各结构层是否有悬空现象。硬路肩挖断面观察路基土性能和路面结构如图 2-29 和图 2-30 所示。

图 2-29 通过硬路肩开挖断面观察路基土性能

图 2-30 通过硬路肩开挖断面观察路面结构

另外,对复合式路面结构中基层、垫层下的脱空,基层混凝土板的可利用程度以及混凝土路面板的断裂等要严格进行检测,以全面评价新旧路面结合部的使用状态。路面结构中各结构层的典型损坏如图 2-31 和图 2-32 所示。

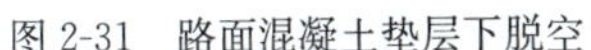

图 2-31 路面混凝土垫层下脱空

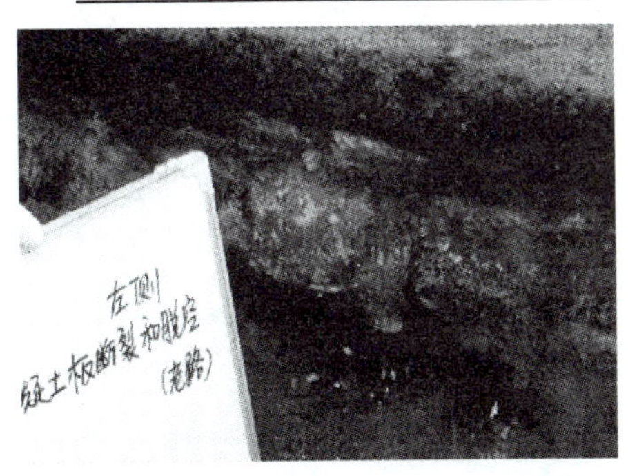

图 2-32 路面混凝土板断裂以及板底脱空

通过硬路肩开挖处路面结构损坏状况的检测，对新旧路结合部位的处理是旧路改扩建过程中必须解决的一个重要问题。如果处理不当，路面扩建后将会出现纵向裂缝，地表水极易透过裂缝侵入到路基的内部，对路基和路床产生浸泡和破坏作用，从而造成道路病害增多，缩短公路的使用年限。全面系统地了解和掌握现有硬路肩路基路面的质量状况，为改扩建加宽设计中充分合理利用当前路面结构和新旧路拼接方案的选择提供可靠的技术资料和参考依据。

2.2.3 检测数据处理方法

2.2.3.1 旧路检测数据处理方法

任何试验或者待检测量的检测次数总是有限的，对总体 x 的认识与分析只能通过其样本来进行。为了反映样本的性质，需要对样本数据进行分析与处理，可以用样本的均值 $\overline{x}$、中值 $\tilde{x}$ 等作为样本的代表值，用样本的方差 S^2、极差 r 等作为样本变异程度的描述；采用上四分位数以及样本均值作为样本的两个代表值，采用样本均值进行相邻段的显著性分析。在数据处理方面，需要用到的统计学知识包括样本均值的分布、样本均值差的分布、定常观测数据的粗差判别等。

(1)样本均值的分布

假定总体 x 的期望值已知为 μ，$(x_1, x_2, \cdots, x_n)$ 是它的一个随机样本，该样本的均值为 $\overline{x} = \frac{1}{n} \cdot \sum_{i=1}^{n} x_i$，样本方差为 $S^2 = \frac{1}{n-1} \cdot \sum_{i=1}^{n} (x_i - \overline{x})^2$。当总体 x 的方差 σ^2 未知，此时用样本方差 S^2 替代总体方差 σ^2，计算统计量 $t = \frac{\overline{x} - \mu}{S/\sqrt{n}}$。而当总体 x 为任何分布时，根据中心极限定理和大数定律，在 $n \geqslant 30$ 时统计量 t 近似服从于标准正态分布，即 $t \approx t(n-1)$ 近似成立。

(2)样本均值差的分布

假定两个总体 x、y 的期望值分别为 μ_1、μ_2，x 的一个随机样本为 $(x_1, x_2, \cdots, x_{n1})$，该样本的均值为 $\overline{x}=\frac{1}{n_1}\cdot\sum_{i=1}^{n_1}x_i$，样本方差为 $S_1^2=\frac{1}{n_1-1}\cdot\sum_{i=1}^{n_1}(x_i-\overline{x})^2$。$y$ 的一个随机样本为 $(y_1, y_2, \cdots, y_{n2})$，该样本的均值为 $\overline{y}=\frac{1}{n_2}\cdot\sum_{i=1}^{n_2}y_i$，样本方差为 $S_2^2=\frac{1}{n_2-1}\cdot\sum_{i=1}^{n_2}(y_i-\overline{y})^2$。当两总体方差 σ_1^2、σ_2^2 未知，且 $n_1\geqslant30$、$n_2\geqslant30$ 时，可用 S_1^2、S_2^2 分别替代 σ_1^2、σ_2^2 计算统计量：$z=\frac{(\overline{x}-\overline{y})-(\mu_1-\mu_2)}{\sqrt{\frac{S_1^2}{n_1}+\frac{S_2^2}{n_2}}}$。无论两个总体为何分布，统计量 z 将近似服从标准正态分布，即 $Z\sim N(0,1)$ 近似成立。对于给定的风险率 $\alpha(0<\alpha<1)$ 可以计算出两总体均差 $(\mu_1-\mu_2)$ 的 $(1-\alpha)\cdot100\%$ 的置信区间为：$[(\overline{x}-\overline{y})-k,(\overline{x}-\overline{y})+k]$，其中 $k=A_z\left(\frac{\alpha}{2}\right)\cdot\sqrt{\frac{S_1^2}{n_1}+\frac{S_2^2}{n_2}}$。

(3)异常值的判别

受主客观因素的影响，任何试验或者测量都会受到干扰，使观察数据带有误差。在试验或测量中，由于测量值读数和记录的失误，或者由于仪器仪表的突然波动以及试验条件的突然变化，都会造成异常的观测结果，这种数据称为异常数据。它们的误差称为粗差。如果在一组观测值中混入含有粗差的异常数据，对它们进行分析时，必然会得出与客观实际相悖的结论。因此，从观测值中判别异常数据十分重要。

采用三倍标准差判别法(又称拉依达准则)进行异常数据判别。若对某一定常型对象作 n 次独立的观测，得到一观测样本 $x_1, x_2, \cdots, x_n$，首先求得样本平均值：$\overline{x}=\frac{(\sum_{i=1}^{n}x_i)}{n}$，以及每个个体对样本平均值的误差，即残差：$e_i=x_i-\overline{x}$，$i=1, 2, \cdots, n$，然后再计算出样本标准差：$S=\sqrt{\frac{\sum_i e_i^2}{n-1}}$。三倍标准差方法的判别准则认为：若某个观测值 x_j 的残差 $e_j(1\leqslant j\leqslant n)$ 满足 $|e_j|>3S$，则 x_j 是含有粗差的异常数据，应予以判别。在判别出已找出的异常数据后，对余下的数据按上述准则继续予以判别。

(4)上四分位数的保证率分析

我国规范中对于路段代表弯沉值按式(2-16)确定。

$$l_0 = (\overline{l_0} + \lambda\sigma)K_1K_2K_3 \tag{2-16}$$

式中：$\overline{l_0}$——路段各测点弯沉平均值，0.01mm；

σ——该路段弯沉值测定标准偏差，0.01mm；

λ——控制保证率的系数，保证率为 50%时，$\lambda=0$；保证率为 90%时，$\lambda=1.282$；保证率为 95%时，$\lambda=1.64$；保证率为 97.7%时，$\lambda=2.00$。

在路面检测弯沉数据处理中，保证率通常取为 50%，即 $\lambda=0$。若弯沉数据为正态分布，把弯沉代表值取为按降序排列的上四分位数，即保证率取为 75%左右；若不为正态分布，则以上四分位数反映整个路段的数据性质。上四分位数在有极端数据存在的情况下相对平均值而言，对整个数据段的反映更为合理。

假设存在一组检测数据为 1、1、1、1、1、1、1、1、1、10。若取上四分位数则为 1；而平均值为 1.9，标准差 σ 为 2.846 0。若取保证率为 50%，则该组数据代表值为 1.9；若取保证率为 90%，则该组数据代表值为 5.548 6。显然这种情形下(即存在较大数据值)，上四分位数更能反映整组数据的特点。

2.2.3.2　旧沥青路面弯沉检测数据的处理分析

对于使用落锤式弯沉仪 FWD 等仪器而言，由于弯沉测量数据比较丰富，最大弯沉值以及弯沉盆曲线根据不同的路段(即一般路段以及特殊路段)上不同的路况特点，使用不同的路况评价指标。对于特殊路段，由于路面状况比较差，弯沉值等通常较大，此处的检测指标可代表整个路段的极限状态。因此，检测数据选取极大值与极小值，在判别异常数据后取平均值，便得到整个路段处于较差路况段的弯沉代表值。这些数据被用来作为旧路改扩建的依据。

(1)分段单元的确定

根据《公路技术状况评定手册》，采用每 20m 为单位进行弯沉检测。当以每 20m 为单位进行检测时，确定每 600m 为一个分段长度。因为 600m 意味着一共有 30 个测试数据。对于统计分析理论而言，当样本容量 n 足够大(工程上通常$\geqslant$30)时，无论总体为何分布，样本均值及统计量都很好地近似于正态分布。因而，这样的分段方法对于检测能够很好地进行统计分析，而且精度比较高。此外，600m 一个分段能够较为充分地对整条道路进行分段处理。若一条道路只有 10km 也能够分为 20 段左右，样本量是足够的。基于此，将弯沉检测的分段长度确定为 600m。

(2)各分段长度数据统计分析

在弯沉检测过程中，会遇到一些与路面状况不是特别吻合的检测点。图 2-33 是两种极端情形(其中椭圆代表检测点，星星代表病害)。

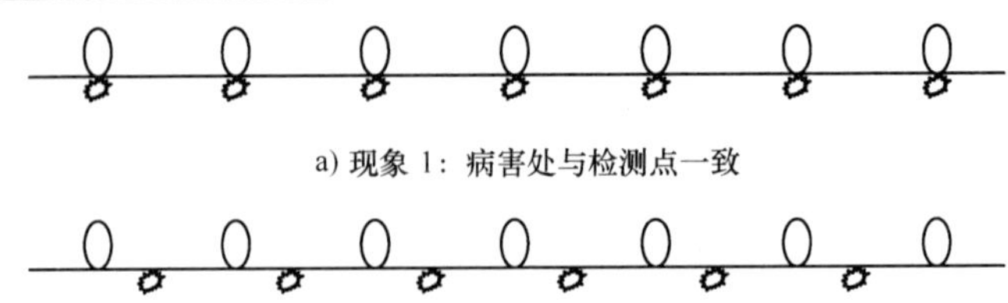

a) 现象 1：病害处与检测点一致

b) 现象 2：病害处与检测点避开

图 2-33 病害与检测点吻合情况

从上图可以看出：在弯沉检测中，有可能会遇到上述两种极端情况，即检测点与病害点（可能是弯沉极大值）完全一致或者完全避开。这样就导致弯沉平均值总体偏大或者偏小。如果病害特别严重，检测点与病害处完全一致或完全避开两种情形会导致测试结果相差很大。因此，有必要针对此极端情况进行分析，以便更合理地反映路段的路面状况。

此时，首先应该进行数据检验分析。如果出现图 2-33a）现象 1，则弯沉值相对相邻路段可能过大。若检测点与病害处没有完全一致的话，会出现数据离散性比较大的情形。反之，完全不一致的情形下可能会出现离散性比较小但检测数据大的情形。其次，将各检测指标如路面破损或车辙深度等互相进行对比。如果检测数据结果与病害处一致，比如车辙深度值较大处正好完全吻合路面破损处，则表明需要进行非病害处的弯沉检测。如果出现图 2-33b）现象 2，则弯沉值可能相对过小。同理，在现象 2 这种情况下，如果离散性比较小，说明该组数据规律性很好，则可能是病害处与检测点完全避开。

两种现象中，若离散性比较大，则该组数据规律性不好，可能存在奇异点。因此，有必要对奇异点进行分析。奇异点造成测量值离散度较大，不趋向于一致，为数据分析提供了丰富的信息。在排除检测错误的情形下，它表明检测点处不同于其他检测点。当离散性比较大，经过异常点检验分析的情形下，奇异点数据代表大值水平或者小值水平。如果出现现象 1 和现象 2，需要进行补测；出现奇异点且未能通过异常数据检测，与路面状况不一致，同样需要进行补测。

（3）补测点的设置及补测后的数据处理

设置补测点应该对照路面状况以及前期所测点进行，做到补测后所有测点应能表征病害处和无病害处，并且测点密度比例同病害处与非病害处是相当的。比如对于图 2-33 提到的现象 1 中，病害处与检测点完全一致的情形下，需要进行非病害处的补测，而且补测点的密度做到均匀。首先，通过前面的分析，认定补测位置是合理的，补测后的总数据能够充分涵盖路面信息。对于补测后的总数据，分三步进行分析：①对所有数据排序，提出极大值与极小值；②采用能够涵盖病害处与非病害处的同一距离进行数据抽取，进行数据总体分布、平均值及异常数据判的别分析；③得到本分段的检测数据结论。

2.2.3.3　旧沥青路面车辙深度检测数据的处理分析

对于高速公路，车辙深度的检测属于连续性检测。因此，检测数据样本是足够的，基本可以反映路段总体的车辙深度（永久变形）状况。对于检测数据，首先应进行统计分析，取极大值、极小值与中间值等，分析出整个路段车辙深度的分布状况。其次，相对应于弯沉的划分路段，求出每个划分路段车辙极大值与极小值；在判别异常数据后，求出平均值及上四分位数。在车辙深度的检测数据中，可以认为极大值与上四分位数是划分路段中车辙数据的代表值。

（1）以某高速公路旧路上行超车道的检测数据为例进行车辙数据分析

该路段是上行超车道，桩号为 K762＋000～K762＋300，每 10m 测量左右车辙深度，并取其中的大值作为该断面的代表车辙。该路段车辙数据如表 2-7 所示。

某高速公路桩号 K762＋000～K762＋300 车辙测试值（mm）　　表 2-7

5.44	5.67	4.61	4.62	4.22	4.24	4.06	4.48	4.16	4.50
4.50	4.64	4.32	4.39	4.31	4.63	4.05	4.49	4.27	4.22
5.00	4.93	4.53	4.12	4.26	3.94	4.21	4.68	4.15	4.71

求得 30 个车辙值的平均数为 4.46mm，最小值为 3.94mm，最大值为 5.67mm，中位数为 4.46mm。由于中位数与平均值相差较小，可知此组数据分布比较均匀。本组数据方差为 0.156，标准差为 0.396。采用拉伊达准则判别异常数据，此组数据中只有最大值 5.67mm 为异常数据。在这里，异常数据最大值 5.67mm 可以作为车辙状况的最不利情形，进行路况评价。判别后，该组数据平均值为 4.41mm，上四分位数为 4.61mm，最大值为 5.44mm，可以认为后两个数代表了本路段的车辙值。

（2）相邻段显著性分析

以某高速公路旧路上行超车道的车辙检测数据为例，进行不同路段车辙数据显著性分析。以桩号 K762＋000～K762＋300 的西半幅超车道处和桩号 K762＋610～K762＋910 的西半幅超车道处的检测数据为例。第二组数据如表 2-8 所示。

某高速公路桩号 K762＋610～K762＋910 车辙测试值（mm）　　表 2-8

4.51	5.76	4.75	5.17	4.51	4.65	4.67	4.63	4.11	4.19
4.42	4.32	4.59	4.14	4.00	4.30	4.44	4.16	4.12	4.40
4.47	4.89	4.89	4.50	4.08	4.34	4.23	4.36	4.13	4.10

对第二组数据进行分析，判别异常数据后，可知其平均值为 4.46mm，最小值为 4.00mm，最大值为 5.76mm，中位数为 4.42mm，上四分位数为 4.59mm。两组数字作差后的平均值为 $\overline{d}=0.00$，方差为 $S_d^2=0.15335$。由统计学知识可知，当两组数据量 $n_1 \gg 30$，$n_2 \gg 30$ 成立，而两总体为任何分布时，此时随机变量 $z=\dfrac{(\overline{x}-\overline{y})-(\mu_1-\mu_2)}{\sqrt{\dfrac{S_1^2}{n_1}+\dfrac{S_2^2}{n_2}}}$ 近似地服从标准正态分布，也即 $Z \sim N(0,1)$ 近似成立。对于给定的风险率 $\alpha(0<\alpha<1)$ 可以计算出两总体均差 $\mu_1-\mu_2$ 的 $(1-\alpha)\cdot 100\%$ 的置信区间为：$[(\overline{x}-\overline{y})-k,(\overline{x}-\overline{y})+k]$，其中 $k=A_z\left(\dfrac{\alpha}{2}\right)\cdot\sqrt{\dfrac{S_1^2}{n_1}+\dfrac{S_2^2}{n_2}}$。取风险率 $\alpha=0.1$，则从正态分布表上可查得：$A_z(0.05)=1.65$，所以置信区间的半长为：$K=A_z\left(\dfrac{\alpha}{2}\right)\sqrt{\dfrac{S_1^2}{n_1}+\dfrac{S_2^2}{n_2}}=0.1338$；所以其均值差 μ_d 的 $(1-0.1)\cdot 100\%$ 置信区间为 $[0-0.1338,0+0.1338]$，其间包含 0。因此这两路段能用一个车辙代表值代替。

2.2.3.4 旧路面回弹模量试验测定与数据分析

模量的测试分为室内试验与现场测试两种。室内试验是指通过室内加载试验测定材料的应力应变比即模量。但由于路面材料性能与试验所用材料性能之间存在一定的差距，因此需要对室内材料与路面材料进行对比分析，通过采用室内材料模拟路面材料来表征其结构性能。现场测试主要指在现场采用落锤式弯沉仪等仪器直接测量计算出模量，或者采用承载板法测量模量。

1)现场测试旧路面回弹模量

目前国内对旧路强度的评价主要基于路表弯沉的检测，在进行结构层计算时根据路面弯沉所反映的路表综合模量，采用双层体系进行加铺层设计。由于旧路在日后的工作状态下同样是多层体系的联合作用，不同材料间模量差异较大，同时加铺层设计更多地需要结合旧路病害对旧路进行一定深度的铣刨，因此仅仅依靠路表弯沉反算的模量进行加铺层设计显得并不充分。

为了更直观地反映出原路面结构各层的强度，为旧路的改建提供充分的设计依据，可根据旧路病害发育情况和路表弯沉测试结果，在不同路面结构段落选取位置，对旧路面层顶面、基层顶面、路基顶面及路基顶面以下 50cm 进行分层弯沉测试。建议测试点分别位于车辙、裂缝发生区域及强度不足段落。分层测试旧路回弹模量如图 2-34 所示。表 2-9 为旧路回弹模量分层测试结果。

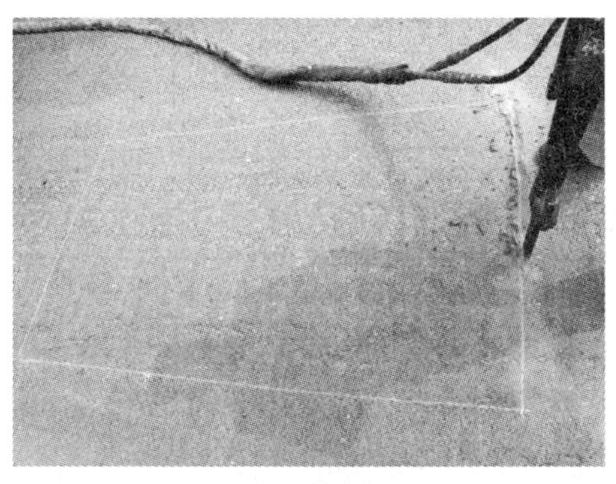

a) 沥青路面表面

b) 上基层表面

c) 路床表面

d) 土基层下50cm

图 2-34　分层测试旧路回弹模量

从表 2-9 可以看出，面层顶面回弹模量达到 728MPa，基层顶面回弹模量比较低，仅为 448MPa，说明旧路的面层强度较强，基层强度较薄弱。

某旧路面回弹模量分层测试结果　　表 2-9

路面层面	测试深度(m)	承载板直径(cm)	泊松比	荷载压强(MPa)	回弹模量(MPa)
面层顶面	0	30	0.3	1.62	728
基层顶面	0.18	30	0.3	2.46	448
底基层顶面	0.43	30	0.3	1.42	206
路基顶面	0.77	30	0.3	1.40	72
顶面以下 50cm	1.27	30	0.3	1.10	55

分层测试提供了测试点位各层顶面的回弹模量。如果将各层顶面回弹模量

进行反算，即可由弯沉等效原则得到面层、基层、路基等各层材料的回弹模量。根据表2-9现场分层测试结果，采用弯沉等效的换算方法换算出该路面结构层各层模量结果如表2-10所示。

各层回弹模量　　表2-10

结构层	面层	基层	路基
回弹模量值(MPa)	1 000	800	72

由各层材料回弹模量及试验检测得到的面层和基层劈裂强度，可通过新建沥青路面设计方法计算旧路加铺层厚度。与规范中沥青路面加铺层设计方法将旧路路面作为单层考虑不同，这种分层考虑旧路各层设计参数，计算加铺层厚度的方法，可以更直观反映出路面的结构强度。

2)通过钻芯取样测试旧路面回弹模量

(1)模量的检测位置选取与测试

沥青混合料模量的大小采用现场路面钻取的芯样模量表征。现场的芯样钻取基于以下几个原则进行。

①芯样钻取位置的选取是基于路面状况的。即钻取的芯样能够代表整个路面状况的结构性能。

②钻取的芯样经过处理，规格上基本应该能够满足试验规程要求，否则误差很大不容易测量。

芯样钻取位置的选取，需要通过对整个路面状况进行弯沉、路面破损等检测后进行。通过对检测数据进行分析，根据数理统计分析结果划分路段。钻芯路段与前面所述的弯沉、车辙模量划分路段一致，但路段内的钻芯段落并非同弯沉测定一样选取固定距离，而是针对每一路段分析其路面状况数据，根据分析数据结果选取钻芯点。同时，为了满足芯样的代表性与对特殊路况信息的表征，基于改扩建较多强调路面结构性能的低值，特殊路况钻芯点密度较一般路况段应稍微提高。

(2)芯样模量测试需要解决的几个问题

①模量的测试层

沥青路面一般分为几层，在同一测试条件下，每一个结构层都对应一定数值的模量，而整体结构层的模量可被用来做结构层补强设计。因此，需要进行整体结构层的模量测试。对于各单独结构层，模量测试比较复杂。各单层结构内部的完整性不一，可能出现层内松散碎裂等情形，因而导致单层结构不方便测试。但在条件允许的情况下，可以进行分层的模量测试。

②模量值的修正

芯样模量测试的相关因素较多，比如温度、湿度、高度等。当钻取的芯样规格不一时，需要进行切割以保证规格的统一。但这种情形下，可能导致各层状组成比例的改变，给整个结构层的模量值测试带来偏差。因此在条件允许的情形下，有必要对模量与各因素之间的回归关系进行分析计算，以减少规格不同造成的测量误差。

③芯样室内模拟试验

为了评价沥青混合料的疲劳寿命，在得到不同路段芯样的模量后，需要确定一个统一的标准来评价取芯的强度。采用室内制配的芯样来进行模量的测试。室内制配的芯样采用与设计施工类似的结构与材料，压实方式采用相似度较高的旋转压实。

在室内对沥青混合料 AC-16 旋转压实 75 次，压实之后对试件进行切割。切割成高度分别为 4cm、6cm、8cm、10cm，直径为 10cm 的芯样。芯样共分 4 组，每组 6 个。其中 3 个进行抗压强度试验，3 个进行抗压回弹模量试验。所得试验数据如表 2-11 所示。

AC-16 不同高度抗压强度与回弹模量值　　　　表 2-11

高度(cm)	强度(kN)	回弹模量(MPa)
4	106.7	2 038.3
6	65.4	1 815.5
8	54.1	1 089.8
10	53.7	1 428.2

不同芯样高度与抗压强度的回归曲线如图 2-35 所示。

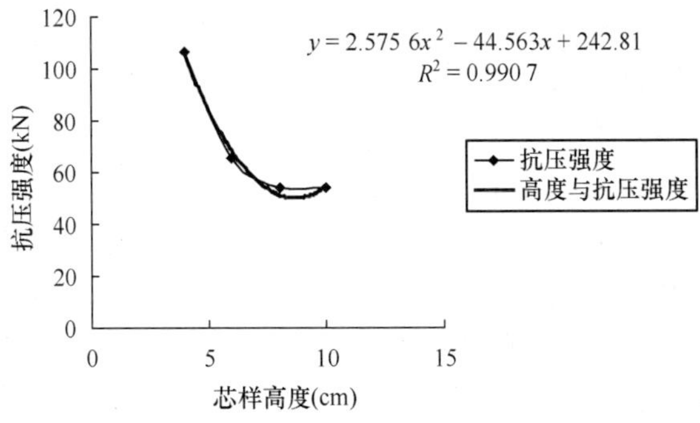

图 2-35　不同芯样高度与抗压强度回归曲线

不同芯样高度与回弹模量的回归曲线如图 2-36 所示。

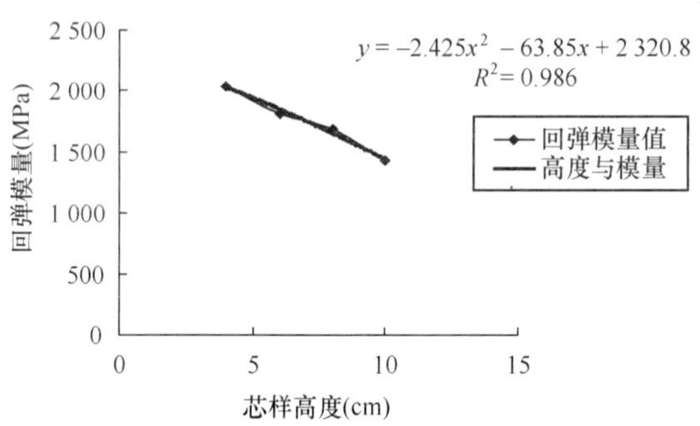

图 2-36 不同芯样高度与回弹模量回归曲线

④试验结果分析

通过对试验数据进行分析可知，不同高度下同一类型芯样的抗压强度值与回弹模量值是不同的。高度越小，强度值与模量值越大，且高度与两者之间有一定相关关系。众所周知，在进行混凝土强度试验时，试件尺寸、形状、表面状态、含水率以及试验加荷速度等试验因素都会影响混凝土强度试验的测试结果。试件尺寸不同、形状不同，会影响试件的抗压强度测定结果。因为混凝土试件在压力机上受压时，在沿加荷方向发生纵向变形的同时，也按泊松比效应产生横向膨胀。而钢制压板的横向膨胀较混凝土小，因而在压板与混凝土试件受压面形成摩擦力，对试件的横向膨胀起着约束作用，这种约束作用称为“环箍效应”。由于混凝土受压破坏，在进行强度试验时，试件尺寸越大，测得的强度值越低。这包括两方面的原因：一是“环箍效应”；二是由于大试件内存在的孔隙、裂缝和局部较差等缺陷的几率大，从而降低了材料的强度。在试验中，没有对压头进行涂油处理，芯样受到了一定的环箍作用，导致高度值较小的芯样抗压强度与回弹模量较大。因此，试验数据在一定程度上是环箍效应与试件内部纹理缺陷等的反映。

在现场取芯过程中，取出的芯样往往是不规则的，高度不一定能满足试验规程的要求，而且通常小于规程要求的 10cm。不同高度芯样的抗压强度与回弹模量可以通过本次试验结果所得的回归式进行换算，得到标准高度下的强度值与模量值。这就可以利用现场取出的芯样评价沥青混凝土路面的结构性能，也即通过分析换算得到标准试件下的强度与模量来评价芯样的破坏程度与路面的结构性能。

2.3　旧路检测实施方案

2.3.1　旧路检测报告编制

对计划进行改扩建的高速公路进行旧路路况检测，并为改扩建设计提供科学可信的旧路检测报告，应该采用合理的检测实施方案。根据对工作实践的总结，本丛书建议采用如下目录编制旧路检测报告。

一、引言

(1)工程概况

(2)旧路面结构

(3)旧路检测背景

二、旧路调查与检测内容

三、旧路检测评价依据

四、旧路检测主要设备

五、旧路检测方法与检测频率

(1)路面破损状况检测

(2)路面车辙检测

(3)路面弯沉检测

(4)路面雷达检测

(5)路面钻芯检测

六、检测结果分析及建议

2.3.2　郑漯旧路检测方案实例

2.3.2.1　引言

(1)工程概况

郑州至漯河高速公路是国家重点建设项目之一，是京珠国道主干线河南省中部的重要一段，为京珠国道主干线河南省境内交通最为繁忙的路段之一。郑州至漯河高速公路改扩建项目北起新郑国际机场，南止漯河市郾城李村，沿线经新郑、长葛、许昌、临颍、郾城、漯河等市县，路线全长 119.638km。全线采用平原微丘区高速公路标准设计，双向四车道，全封闭、全立交。

(2)路面结构

①郑州至新郑段：(K695＋066～K716＋806)全长 21.74km

路面结构从下到上：15cm 水泥石灰土＋15cm 水稳碎石＋23cmRCC＋5cm 沥青混凝土＋养护加铺层(西幅 4cm＋4cm/东幅 4cm)。

②新郑至许昌段：(K716＋806～K761＋956)全长 45.15km

路面结构从下到上：15cm 水泥石灰土＋20cm 水稳碎石＋25cmPCC＋5cm 沥青混凝土＋养护加铺层(西幅 4cm＋4cm＋4cm/东幅 4cm＋4cm)。

③许昌至漯河段：(K761＋956～K810＋906)全长 48.95km

路面结构从下到上：35cm 水泥石灰土＋25cm 水稳碎石＋6cmAM-30＋6cmAC-25＋4cmAC-16＋养护加铺层(西幅 4cm＋4cm/东幅 4cm＋部分 4cm)。

④漯河南段：(K810＋906～K814＋616)全长 3.71km

路面结构从下到上：36cm 水泥石灰土＋20cm 水稳碎石＋7cmAC-30＋5cmAC-25＋4cmAC-16＋养护加铺层 4cm。

(3)检测背景

为了全面系统地掌握现有路面的质量状况，为改扩建工程提供可靠的技术资料，需要对旧路路面进行详细、系统的检测。

2.3.2.2 旧路调查和检测的内容

郑漯旧路检测和评价的重点包括以下几个方面：

(1)资料收集(路面设计、历年来养护及近期路面检测资料)。

(2)旧路路面状况评价。

(3)路面典型病害发展层位及机理分析。

(4)旧路承载能力评价。

(5)路面结构层内部缺陷评价。

2.3.2.3 旧路检测评价依据

旧路面检测与评价的依据，包括各类标准、规程以及旧路的各类图纸与资料如表 2-12 所示。

旧路面检测与评价依据 表 2-12

规 程 标 准	旧路各项资料
《公路工程质量检验评定标准》(JTG F80/1—2004)	原设计图纸
《公路沥青路面养护技术规范》(JTJ 073.2—2001)	原竣工图纸
《公路路基路面现场测试规程》(JTG E60—2008)	旧路养护记录
《公路技术状况评定标准》(JTG H20—2007)	交通量观测资料
《公路沥青路面设计规范》(JTJ D50—2006)	—
《公路沥青路面施工技术规范》(JTJ F40—2004)	—

2.3.2.4　旧路检测思路

(1)旧路路面状况检测

针对旧路检测特点，主要对路面破损状况和路面车辙深度两项指标进行检测。由于本次旧路路面改善原则上采用平均加铺 10cm 沥青层设计，路面抗滑性能及平整度两项指标对方案选择影响不大，故本次不再进行检测。

由于路面破损状况指数 PCI 为各类路面破损综合性指标，对改善方案选择缺乏指导性，结合国内外旧路改善检测经验，提出裂缝率、路面破损率、车辙深度三个参数作为分析路面病害轻重的依据。

(2)路面典型病害检测

针对旧路病害类型对路面改善措施的影响，主要对路面裂缝类(纵缝、横缝、龟裂)及变形类(车辙)病害进行仔细检测，勘探不同类型病害发展层位及破损机理，为提出针对性的病害处治措施提供依据。

(3)路面承载能力检测

路面弯沉是评价路面结构强度的重要指标，同时也是旧路设计划分不同路段的重要依据。采用落锤式弯沉仪(FWD)对路面进行弯沉检测，同时采用每公里代表弯沉值显著性检验的数理统计分析方法，对检测路段进行分段。

(4)路面结构层内部缺陷检测

采用地质雷达检测路面结构层内部特别是路面基层、底基层的缺陷。

(5)路面破坏标准的建立

①复合式路面接缝或裂缝弯沉差临界值的建立

选取典型路段，首先采用地质雷达探测复合式路面接缝处路面结构层内部脱空、松散状态；再借鉴旧混凝土路面加铺沥青混凝土层前检测评价混凝土路面接缝弯沉差的方法，用 FWD 弯沉仪在接缝的一侧(距接缝边缘 15cm)进行不同冲击能量下(0.2MPa/0.4MPa/0.7MPa/1.3MPa)的弯沉检测，得出不同冲击荷载能量下复合式路面接缝两侧的弯沉差；最后再在接缝两侧布孔，钻芯检测复合式路面接缝处两侧结构层内部脱空、松散状况，同时验证雷达检测结果的正确性。

依据探地雷达、钻芯检测结果，同时借鉴旧混凝土路面加铺层设计中对接缝两侧弯沉差的评价方法，确定复合式路面接缝两侧弯沉差控制临界值。

②基层、底基层需处治路段模量的建立

选取病害不同发育程度的典型路段，首先采用探地雷达检测病害处路面结构层各层状态；再在病害处进行弯沉检测，采用模量反算软件反算路面结构层各层模量；最后采用钻芯或小型探坑的方法勘探病害处各结构层的状况。

根据弯沉检测反算的各结构层模量大小，与路面病害实际各结构层破损状况建立数理统计关系，拟确定需处治基层、底基层模量界限值。

2.3.2.5　检测方法与检测频率

(1)路面破损状况检测

采用车载智能路面自动检测车检测路面的破损状况，并以每10m为单元对路面破损各种病害进行统计，计算每公里路面状况指数PCI，同时找出全线裂缝较密及修补较多的病害严重路段。

检测频率：双幅行车道、超车道连续检测。

(2)路面车辙检测

采用车载智能路面自动检测车检测路面车辙深度，并以每10m作为一个保存单元，计算每公里车辙深度指数(RDI)，同时找出全线车辙较深(>10mm)的路段。

检测频率：双幅行车道、超车道连续检测。

(3)路面弯沉检测

采用落锤式弯沉仪(FWD)对路面双幅行车道、超车道、硬路肩进行承载能力检测。

检测频率：行车道1点/100m，超车道1点/100m，硬路肩1点/200m。

依据《公路技术状况评定标准》(JTG H20—2007)，沥青路面检测间距不大于20m。此次弯沉检测是在分析路面破损检测和雷达检测结果的基础上，对雷达和破损检测病害较多的路段进行加密检测(1点/20m)，路况较好路段采用上述检测频率。复合式路面不进行弯沉检测。

(4)路面雷达检测

采用地质雷达检测路面结构层内部缺陷。

检测频率：全线双幅行车道、超车道、硬路肩连续检测。

(5)路面钻芯检测

郑漯旧路采用全线均布钻芯和典型路段钻芯相结合的方式进行检测。均布钻芯选择在路面状况较好的位置，主要检测路面各结构层厚度，各层胶结状况及芯样各结构层的力学性能。典型路段钻芯选择在路面破损较重的路段，在典型病害处钻芯，分析病害发展层位及破损机理。两种钻芯检测方法的检测深度均为路面结构层底部，其中典型病害取芯对裂缝类病害进行骑缝钻芯，对车辙病害分别在波峰和波谷处钻芯。

检测频率：均布钻芯为行车道和硬路肩，每2～3km检测一处。典型病害钻芯由路面病害实际状况现场确定。考虑到路面改扩建后，行车道和硬路肩(作为第三车道)行驶重车较多,而超车道主要行驶小车,同时 2006 年曾对郑漯全线行车道和超车道进行钻芯检测,因此本次仅选择行车道和硬路肩进行检测,检测频率适当降低。

2.3.2.6　旧路检测主要仪器设备与成果

根据以上测试和调查内容,郑漯旧路检测主要仪器设备如表 2-13 所示。

郑漯旧路检测主要仪器设备　　表 2-13

郑漯高速道路检测主要仪器设备				主 要 成 果
序号	设备名称	型号	用途	路面破损状况检测报告
1	车载智能路面自动检测车	ZOYON-RTM	路面破损状况、车辙检测	路面车辙检测报告
2	落锤式弯沉仪	Dynatest-8000	路面弯沉检测	路面弯沉检测报告
3	地质雷达	LTD-2000	路面结构层内部缺陷检测	路面雷达检测报告
4	路面取芯机	HZ-20	结构层钻孔取芯	路面钻芯检测报告

2.4　小　　结

高速公路旧路改扩建工程实施之前,需要对旧路路况进行有效的检测和评价。评价结果是后续进行旧路改善方案设计的重要依据。

本章分析了半刚性基层沥青路面和复合式沥青路面常见病害类型和形成机理。结合工程实践,提出在旧路路况评价时采用弯沉或弯沉差、车辙、裂缝率、路面破损率等单项评价指标,并介绍了数据处理方法。最后,推荐了旧路检测报告编制目录,介绍了郑漯旧路检测方案实例。

第3章 旧沥青路面剩余寿命分析

沥青路面在使用一段时间后其使用品质会有一定的下降，了解道路剩余寿命对改扩建旧路改善设计具有非常重要的意义。本章主要介绍不同类型的剩余寿命评价模型与如何选取合理的评价模型，并通过实例计算沥青路面的剩余寿命。通过对旧沥青路面剩余寿命的分析，可以从理论上预估沥青路面继续使用的时间，为制定沥青路面改扩建设计方案提供依据。

3.1 剩余寿命评价方法

沥青路面剩余寿命的计算模型建立方法有以下几类：

(1)基于经验的预测方法：根据试验室和现场大量的试验结果与经验积累，对使用寿命进行半定量预测，包含了经验知识与推理。

(2)基于类比的预测方法：假设沥青路面在某一期限内是耐久的，则相似环境下的相似沥青路面将有同样的寿命。

(3)基于加速试验的预测方法：沥青混凝土结构的耐久性试验多采用加速试验，依据试验后的损伤程度对使用寿命进行预测。这种方法的应用范围有所限制。

(4)基于数学理论模型的预测方法：对所评估的结构研究的比较透彻，通过建立计算寿命的模型，并结合测试数据进行计算，推断其剩余寿命。

(5)基于力学理论模型的预测方法：采用路面设计图标或者力学分析公式，结合实际路面各项参数，计算得到结构的剩余寿命。

(6)基于概率分析的预测方法或基于灰色理论的预测方法等。

3.1.1 剩余寿命计算模型及原理介绍

1)利用弯沉预测沥青路面剩余寿命

(1)利用沥青路面的弯沉值同标准轴载累计作用次数和路面损坏临界状态间的关系曲线，通过路段的代表弯沉值和路面已承受的标准轴载累计作用次数，确定现有路面结构的剩余寿命。

(2)根据力学模型结合路面参数，计算得到现阶段的结构计算弯沉值，并与路面弯沉临界值进行对比；或者通过实测弯沉值与弯沉临界值进行对比，结合弯沉计算公式确定。

2)利用车辙预测沥青路面剩余寿命

(1)采用车辙预估模型，结合试验等求得模型所需参数，反算剩余寿命。影响沥青路面车辙的因素可以简单归纳为：路面温度 t；路面厚度 h；荷载作用次数 N；混合料抗剪强度 τ_0 以及路面中生产的剪应力 τ 等几个因素。其次建立这些因素与车辙深度关系的模型。

(2)采用有限元模型计算标准轴载作用下达到临界车辙深度的荷载作用次数。通过当前车辙深度与临界车辙深度对比，计算路面剩余寿命。

3)利用沥青混合料疲劳寿命预测路面剩余寿命

(1)确定沥青混合料疲劳曲线的简化方法

壳牌法在试验的基础上建立的关系式如式(3-1)所示。

$$\varepsilon_t = (0.856V_B + 1.08)S_{mix}^{-0.036}N^{-0.2} \tag{3-1}$$

式中：ε_t——允许拉应变；

V_B——沥青体积百分比，%；

S_{mix}——特定加载时间温度下混合料劲度，MPa；

N——荷载作用次数。

诺丁汉大学通过对各类沥青混合料的室内疲劳试验，建立了考虑拉应变疲劳曲线作用次数与沥青含量和软化点的关系式，如式(3-2)所示。

$$\lg N(\varepsilon_t = 100 \times 10^{-6}) = 4.13\lg V_B + 6.95\lg T_{R\&B} \tag{3-2}$$

式中：ε_t——允许拉应变；

N——荷载作用次数；

V_B——沥青体积百分比，%；

$T_{R\&B}$——沥青软化点，℃。

根据疲劳曲线在双对数坐标图上成直线的特性，由上述两式即可得到沥青混合料的疲劳曲线。当拉应变为 100×10^{-6}时，混合料的疲劳寿命同沥青用量和软化点之间的经验关系(沥青协会得到的关系式)如式(3-3)所示。

$$\lg N(\varepsilon_t = 100 \times 10^{-6}) = 4.13\lg V_B + 6.95\lg T_{R\&B} \tag{3-3}$$

式中：N——试件在常量应变 100×10^{-6}时达到破坏的加载次数；

V_B——沥青百分比，%；

$T_{R\&B}$——沥青软化点，℃。

沥青协会得到的关系式如式(3-4)所示。

$$N = 18.4C[4.325 \times 10^{-3}(\varepsilon_t)^{-3.291}](S_{mix})^{0.354} \tag{3-4}$$

式中:C、M——$C=10^M$,$M=4.84\left(\frac{V_B}{V_V+V_B}-0.69\right)$;

N——荷载作用次数;

ε_t——允许拉应变;

V_V——空隙率,%;

V_B——沥青体积百分比,%;

S_{mix}——特定加载时间温度下沥青混合料劲度模量,MPa。

上述所有关系中沥青性能对疲劳的影响表现在软化点或沥青劲度上。应该说明的是这些公式都是近似关系式,仅仅在路面设计时考虑使用,而不能用于混合料的评价。

(2)用现象学法预测沥青混合料疲劳寿命

应用现象学法进行疲劳试验,通常采用控制应力和控制应变两种不同的加载模式。控制应力方式是指反复加载过程中所施加荷载(或应力)的峰谷值始终保持不变,随着加载次数的增加最终导致试件断裂破坏。试验结果如式(3-5)所示。

$$N_f = k\left(\frac{1}{s}\right)^n \tag{3-5}$$

式中:N_f——试件破坏时的加载次数;

k、n——取决于沥青混合料的成分和特性的常数;

s——每次对试件施加的应力水平值,即每次施加常量应力的最大幅值与相同试验条件下的强度之比,也称为应力比。

由上式可知,当对应力水平值 s 和疲劳寿命 N_f 进行双对数回归时,函数关系为直线型。疲劳方程的两个参数 k、n 即为直线的截距和斜率。沥青混合料的疲劳性能通过疲劳方程的两个参数 k、n 来反映。n 值越大,疲劳曲线越陡,疲劳寿命对应力水平变化越敏感。k 值表示疲劳曲线线位的高低,k 值越大,疲劳曲线线位越高,疲劳耐久性越好。

控制应变方式是指在反复加载过程中始终保持挠度或试件应变峰谷值不变。由于在这种控制条件下试件通常不会出现明显的断裂破坏,因此一般以沥青混合料劲度下降到初始劲度的50%或更低为疲劳破坏标准。试验结果常用式(3-6)表示。

$$N_f = c\left(\frac{1}{\varepsilon}\right)^m \tag{3-6}$$

式中：N_f——沥青混合料劲度下降到初始劲度的 50%或更低时的次数；

c、m——取决于沥青混合料的成分和特性的常数；

ε——每次对试件施加常量应变的最大幅值。

通过不同应力水平或不同应变水平条件下的疲劳试验曲线拟合，得到疲劳方程的参数，疲劳方程曲线即为传统的 S-N 曲线，从而可以利用该方程对不同应力水平或应变水平条件下的沥青混合料疲劳寿命进行预估。

(3)诺谟图法预测沥青混合料的疲劳寿命

F. F. 钠波尔研究了其他作者在各种疲劳试验中的几十根应力-应变疲劳曲线，提出了用混合料劲度模量等复合参数预测沥青混合料疲劳寿命的诺模图。

(4)用耗散能原理预测沥青混合料疲劳寿命

沥青混合料是一种黏弹性材料，它的力学特性依赖于荷载作用的时间和温度。它的复模量是由储存模量(弹性部分)和耗散模量(黏性部分)组成的。这两部分分别对应于复模量的实部和虚部。根据 Van Dijk 等人的研究，沥青混合料的疲劳强度主要取决于耗散模量和应力应变循环过程中的能耗。沥青混合料的疲劳寿命 N 与达到疲劳破坏时的总能耗 W 之间的简单关系如(3-7)所示(即疲劳方程)。

$$W_f = AN_f^B \tag{3-7}$$

式中：A、B——试验中确定的材料参数，因沥青混合料的不同而不同。

如果假定疲劳过程中损伤是线性的，即符合 Miner 线性理论，每一循环的损伤量相等，则疲劳破坏时的总耗散能 W_f 可表示为式(3-8)。

$$W_f = N_f w_0 \tag{3-8}$$

式中：W_f——每一循环的耗散能。

将式(3-8)代入式(3-7)得：

$$W_f = N_f w_0 = AN_f^B \tag{3-9}$$

由式(3-9)可得疲劳寿命如式(3-10)所示。

$$N_f = 10^{\frac{\lg w_0 - \lg A}{B-1}} \tag{3-10}$$

通过试验确定参数 A、B、w_0 后，就可以进行沥青混合料的疲劳寿命预估分析。

(5)用断裂力学方法预测沥青混合料的疲劳寿命

根据 P. C. Paris 的裂纹扩展公式，可将材料的疲劳寿命表示为式(3-11)。

$$N_f = \int_{C_0}^{C_f} \frac{1}{AK_1^n} dC \tag{3-11}$$

式中：N_f——疲劳寿命，次；

C_0——初始裂缝长度，cm；

C_f——临界裂缝长度，cm；

A、n——材料常数。

式(3-11)表示在一定荷载 P 作用下，初始裂缝长度 C_0 的固有裂痕按 $\frac{dC}{dN}=AK^n$ 裂缝扩展规律发展，直至达到相应破坏标准的临界尺寸 C_f 所能经受的荷载作用次数。其中对于小于 0.5cm 的初始裂缝 C_0，可按照从第一次荷载循环开始就符合裂缝扩展公式的假定，将 Paris 公式按 $N=1$ 用外推法求得。初始裂缝 C 即为式(3-12)所示。

$$C_0 = C_f - \int_1^{N_f} AK_1^n dN \tag{3-12}$$

通常沥青砂和沥青混凝土的 C 值为 0.635～2.54mm。临界裂缝长度 C_f，对于厚的路面体系或在低温试验的试件下，由断裂判据 $K_1=K_{1c}$ 来确定。应力强度因子 K_1 可以通过能量法和有限元法求得。路面材料的临界应力强度因子或断裂韧性 K_{1c} 可由试验确定，其大小受沥青用量、黏度、集料级配、空隙率等影响。C. L. Monismith 对有缺口的梁式试件弯曲试验所得的结果如式(3-13)所示。

$$K_{1c} = \frac{6M_c a^{1/2}}{bh^2} f(a/h) \tag{3-13}$$

式中：M_c——临界破坏强度，MPa；

a——槽口深度，mm；

b——梁宽，mm；

h——梁高，mm。

$f(a/h)$ 可由式(3-14)给出的标定函数计算。

$$f(a/h) = 1.99 - 2.47(a/h) + 12.87(a/h)^2 - 23.17(a/h)^3 + 24.80(a/h)^4 \tag{3-14}$$

但是对于薄的路面体系，试验温度较高时，断裂并不是由临界应力强度因子所控制，临界裂纹深度可以超过试件厚度。在这种情况下，c_f 应取为路体系的厚度。将上述参数代入式(3-11)就可以预测沥青混合料的疲劳寿命。

(6)用损伤力学方法预测沥青混合料的疲劳寿命

在外载和环境的作用下，由于细观结构的缺陷(如微裂纹、微空洞等)引起材料或结构的劣化过程称为损伤。损伤力学认为，材料内部存在着分布的缺陷如位错、微裂纹、微空洞、剪切带等，这些不同尺度的细结构是损伤的典型表现，损伤在热力学中视为不可逆的耗散过程。

损伤力学可大致分为连续损伤力学、细观损伤力学和基于细观的唯象损伤力学。损伤力学研究的主要内容是采用损伤力学的分析方法研究疲劳损伤问题,关键在于找到一个物理意义明确,易于测定的损伤变量来构造表征疲劳损伤程度的损伤函数,并建立其与疲劳损伤演化之间的联系。

目前工程上采用的损伤测试方法,如弹性模量法、循环塑性响应法、剩余强度法、延性耗散法、累计应变和物理参数法等都是基于这种伴随参量的测量。研究表明,循环塑性变形及其累积是导致疲劳损伤的基本原因,塑性应变能即通常所说的耗散能是描述疲劳损伤的一个重要参量。循环耗散能是疲劳过程中材料每一循环所吸收的应变能,通过疲劳试验时的应力应变曲线比较容易测定。它综合反映了循环应力(强度)和循环应变(延性)两个方面的影响,因此用它作为损伤变量定义损伤函数不仅具有明确的物理意义,而且能反映循环变形过程中材料的非线性效应对疲劳损伤演化规律的影响,从而弥补了 Miner 线性疲劳损伤理论的不足。

3.1.2　常用沥青路面疲劳寿命方程的修正

由于室内沥青混合料的疲劳特性试验与道路路面实际情况差别较大,所以由室内疲劳试验所获得的疲劳方程并不能直接应用于实际路面的疲劳寿命预估,必须进行必要的修正和调整。P. S. Pell 根据研究指出,将疲劳方程由室内的试验结果转化为实际路面上的应用,可能要乘以一个 5～700 的系数,主要考虑的影响因素有荷载间歇时间、裂缝扩展、荷载横向分布和不利季节天数等。

荷载间歇时间的影响:由于室内疲劳试验的荷载没有设置间歇时间,而实际的路面情况是车辆荷载之间是间隔的,所以室内的疲劳试验条件比较苛刻,得到的疲劳寿命将明显小于实际路面的疲劳寿命。布朗认为,前者约为后者的 1.5 倍。Vandijk W 等人的试验也表明在温度为 10℃,应变为 200uε,沥青针入度为 40～50(0.1mm)的条件下,当间歇时间与荷载作用时间的比值超过 1 时,疲劳寿命的比值稳定为 5。Verstraeten 在室内试验中引入间歇时间后,则可使容许加载次数增大 20 倍。

裂缝扩展的影响:沥青混合料是一种非均匀的复合材料,室内的疲劳试验结果也会受到裂缝扩展的影响。裂缝扩展会造成同一种沥青混合料的疲劳寿命结果相差数倍甚至更大。S. F. Brown 认为由于裂缝扩展的影响,可使室内疲劳试验结果与实际路面寿命相差 20 倍。沥青路面设计规范取此修正系数为 40 倍。

荷载横向分布系数的影响:壳牌沥青路面设计法采用横向分布系数 0.4,英国诺丁汉路面设计采用 0.9。对于分车道行驶的 50cm 宽的轮迹,荷载横向分布频率最高为 57%。

不利季节天数的影响:环境温度的变化通常会对沥青混合料的特性有极大影响。在不同温度下,沥青混合料劲度模量、抗拉强度及疲劳特性等均有很大变化。根据 Miner 法则,各地月平均气温资料及其对应温度下的疲劳关系,得到不同月份温度下路面结构的疲劳破坏,进而推出疲劳损坏当量温度,在设计中考虑这个最不利温度以达到路面结构安全耐久。根据哈尔滨工业大学的研究成果,推荐的当量温度为 15℃,不利季节天数在我国一般按 60d 计。

考虑荷载间歇时间、裂缝扩展、荷载横向分布系数的影响,美国地沥青协会 AI 的疲劳方程中考虑了 18.4 倍的修正系数,而英国诺丁汉大学的研究则认为沥青路面达到临界状态时采用的修正系数应为 77。综合考虑上述因素,可使沥青路面的疲劳预估寿命增加很多倍。但不同研究工作者考虑的倍数有很大的差别,实际的路面预估寿命也有很大差别。目前而言,疲劳寿命预估方法仍是初步的,把其用作不同路面结构疲劳寿命的相对比较可能更合适些。

3.2 剩余寿命评价模型的选用

上一节通过对评价模型的介绍,对沥青路面剩余寿命的评价模型有了一定的了解。结合模型的应用精度以及参数获取的难易程度,初步选取永久变形模型以及疲劳寿命模型计算剩余寿命。

3.2.1 常用剩余寿命模型

损伤分析包括疲劳开裂和永久变形两方面。疲劳开裂破坏极限用式(3-15)表示。

$$N_f = f_1(\varepsilon_t)^{-f_2}(E_1)^{-f_3} \tag{3-15}$$

式中: N_f——防止疲劳开裂的允许荷载重复作用次数;

ε_t——沥青层底部的拉应变;

E_1——沥青层的弹性模量,MPa;

f_1、f_2、f_3——由试验室疲劳试验取得的常数,f_1 还需根据野外性能观察加以修正。美国沥青学会在其解析解设计方法中,对 f_1、f_2 和 f_3 的取值分别为 0.0796、3.291 和 0.854;壳牌公司对其相应的取值为 0.0685、5.761 和 2.363(shook 等,1982 年)。

由于薄层沥青由开始开裂到极限破坏状态所需的荷载重复作用次数比厚层沥青要少,克罗斯(craus)等建议地沥青学会对厚度小于 102mm 的 HMA 的设计,f_1 值减为 0.0636。

永久变形的破坏极限可用式(3-16)表示。

$$N_d = f_4(\varepsilon_c)^{-f_5} \tag{3-16}$$

式中：N_d——限制永久变形允许通过的荷载重复作用次数；

ε_c——土基表面的压应变；

f_4、f_5——由道路试验或野外性能确定，f_4和f_5的值，美国沥青协会建议为1.365×10^{-9}和4.477，壳牌公司建议为6.15×10^{-7}和4.0。

3.2.2 Kenlayer程序设计与疲劳寿命计算

Kenlayer程序计算机程序可用于无接缝或无刚性层的柔性路面。Kenlayer程序的主框架是圆形荷载作用下的弹性多层体系。求解时对于多轮荷载采用叠加法，对于非线性层采用迭代法，对于黏弹性层采用不同历时的配置方法，因此Kenlaye程序适用于单轴双轮、双轴双轮或三轴双轮荷载作用下的层状体系。各层的性质也可以是不同的，可以是线弹性、非线性弹性或黏弹性的层状体系。为了进行损伤分析，将一年划分为24个时段，每个时段的材料性质可以是不同的，每个时段最多可有24组单轮或多轮荷载。将每个时段所有荷载组因疲劳开裂或永久变形造成的损伤累加起来，确定其设计寿命。

在疲劳分析中用水平方向的最小主应变，而不采用总的最小主应变。所谓最小应变是因为假设拉应变为负。水平方向最小主拉应变，即为导致沥青层底部开裂的应变。水平方向的主拉应变如式(3-17)所示。

$$\varepsilon_t = \frac{\varepsilon_x + \varepsilon_y}{2} - \sqrt{\left(\frac{\varepsilon_x - \varepsilon_y}{2}\right)^2 + \gamma_{xy}^2} \tag{3-17}$$

式中：ε_t——沥青层底部的水平方向主拉应变；

ε_x——x方向应变；

ε_y——y方向应变；

γ_{xy}——x平面内y方向的剪应变；

E——弹性模量，MPa；

ν——泊松比，且有如式(3-18)所示的关系。

$$\begin{cases} \varepsilon_x = \dfrac{1}{E}[\sigma_x - \nu(\sigma_y + \sigma_z)] \\ \varepsilon_y = \dfrac{1}{E}[\sigma_y - \nu(\sigma_x + \sigma_z)] \\ \gamma_{xy} = \dfrac{2(1+\nu)}{E}\tau_{xy} \end{cases} \tag{3-18}$$

采用 Kenlayer 程序进行疲劳性能分析需要进行几方面。

(1)土基材料性能分析,包括粒状材料及细粒土的弹性模量分析

粒状材料的回弹模量随着第一应力不变量的增加而增加,Kenlayer 程序中使用以下比较常用的关系式:

$$E = k_1 \theta^{k_2} \tag{3-19}$$

式中:k_1、k_2——试验得到的常数;

θ——应力不变量,是三个法向应力 σ_x、σ_y 和 σ_z 之和,或是三个主应力 σ_1、σ_2 和 σ_3 之和,可按下式计算。

$$\theta = \sigma_x + \sigma_y + \sigma_z = \sigma_1 + \sigma_2 + \sigma_3 \tag{3-20}$$

若考虑层状体系的质量,则:

$$\theta = \sigma_x + \sigma_y + \sigma_z + \gamma z(1 + 2K_0) \tag{3-21}$$

式中:γ——平均单位体积质量,N/m^3;

z——模量计算点离地表面的距离,cm;

K_0——静土压力系数。

上式中没有用 σ_1、σ_2 和 σ_3 的原因,是这些应力与土压力的作用方向不一定相同。Kenlayer 采用土力学中应力和应变的常用符号,因此受压时 θ 为正,受拉时 θ 为负。众所周知,很多粒状材料不能承受一点拉力。可是当其用在软弱土基上作为基层或底基层时,这些材料底部的水平应力很可能是受拉。Kenlayer 中有两种非线性分析方法。方法一将非线性粒料层再划分成若干层,用每层中间高度的应力来确定其模量。若包括土压应力在内的水平应力是负,表示受拉,则令其为零。这样修正应力是为了避免 θ 出现负值。方法二将所有粉状材料看作是一层,取适当点,通常是取该层上面 1/4 和上面 1/3 之间的点计算模量值。因为所选的点在该层的上部,很少出现负 θ 的可能,因此应力不需修正。如果 θ 结果是负时,则给它一个任意的或极小的模量(EMIN)。

细粒土的回弹模量随着偏应力 σ_d 的增加而减小。在试验室三轴试验中 $\sigma_2 = \sigma_3$,因此偏应力可定义为 $\sigma_d = \sigma_1 - \sigma_3$。在层状体系中 σ_2 可能不等于 σ_3,因此以 σ_2 和 σ_3 的平均值作为 σ_3。考虑层状体系的质量在内,$\sigma_d = \sigma_1 - 0.5(\sigma_2 + \sigma_3) + \gamma z(1 - K_0)$。

因此,细粒土回弹模量与偏应力的一般关系可用式(3-22)和(3-23)表示。

当 $\sigma_d < K_2$:

$$E = K_1 + K_3(K_2 - \sigma_d) \tag{3-22}$$

当 $\sigma_d > K_2$:

$$E = K_1 - K_4(\sigma_d - K_2) \tag{3-23}$$

式中:K_1、K_2、K_3、K_4——材料常数。

(2)沥青层回弹模量研究

对于沥青层的回弹模量测试,各国设计方法采用的模量与试验方法略有不同。我国路面设计规范现阶段主要采用单轴压缩试验得到抗压回弹模量。所以,为保证试验方法与参数的连贯性,本次 Kenlayer 程序进行的损伤分析也采用抗压回弹模量。对于抗压回弹模量,采用现场钻芯芯样的室内回弹试验取得。

(3)荷载作用方式的确定

由于两轴间的间距大,多轴荷载作用下的极限拉应变和压应变与单轴荷载作用下的效果差别很小。如假设一组多轴荷载通过一次算一个重复作用次数,则由 80kN(18kip)单轴荷载造成的损伤与 160kN(26kip)双轴荷载或 240kN(54kip)三轴荷载造成的损伤几乎相同。如果假设双轴荷载通过一次算两个重复作用次数,三轴荷载通过一次算三个重复作用次数,则由 160kN(36kip)双轴荷载和 240kN(54kip)三轴荷载造成的损伤是 80kN(18kip)单轴荷载造成损伤的 2 倍和 3 倍。两种假设显然都不确切。美国沥青学会建议双轴当量系数取 1.38,三轴当量系数取 1.66。

Kenlayer 程序用以下方法分析由双轴荷载产生的损伤。首先,确定双轴双轮下三个点的拉应变与压应变,求出哪一点拉应变最大,哪一点压应变最大。然后用这些最大应变,确定第一组轴载允许的荷载重复作用次数。

第二步,确定两轴中间相应点的效应变和压应变。对第二组轴载进行损伤分析的应变为 $\varepsilon_a - \varepsilon_b$,对三轴荷载采用类似的但更近似的方法。当然,在本节路面寿命分析中,采用的我国标准轴载双轮组单轴轴载为 100kN,压强为 0.7MPa。因此,并没有进行如上所述的对荷载产生的应变进行叠加的情形。

3.3　小　　结

沥青路面剩余寿命的分析,可以从理论上预估沥青路面可以继续使用的时间,为制定沥青路面改扩建方案设计方案提供依据。本章主要论述了各种沥青路面剩余寿命的计算模型和方法,并介绍采用 Kenlayer 程序分析疲劳开裂和永久变形两方面的损伤,分析计算沥青路面剩余寿命。

第 4 章　改扩建旧路整体补强设计

在进行改扩建旧路改善设计时，需要考虑旧路的既有状况，以确定改扩建旧路整体补强方案。在进行高速公路改扩建旧路整体补强设计时，不仅要考虑旧路的既有状况，旧路的可利用价值，同时还要参考改扩建加宽路面结构，考虑旧路改造后与加宽车道的使用寿命协调性问题。本章主要阐述如何利用旧路检测资料进行改扩建工程中旧路补强设计，重点介绍半刚性基层沥青路面和复合式沥青路面的整体补强设计方法。第 5 章将阐述改扩建旧路改善设计的总体原则。

4.1　半刚性基层沥青路面整体补强设计

4.1.1　整体补强设计的原则和步骤

根据《公路沥青路面设计规范》(JTG D50—2006)，沥青路面整体强度不足需要加铺补强层时，原有沥青面层除回收再生利用外，一般可不铲除，但应对局部的松散、坑槽进行修补。裂缝严重的路段应在采取防止反射裂缝产生的措施后，再进行加铺。

加铺层设计步骤如下：

(1)对原有道路进行调查，掌握设计及养护维修的资料。

(2)按设计任务书的要求或交通量调查的有关资料，确定道路等级、面层与基层类型，计算设计弯沉值 L_d 与各整体性加铺层的容许拉应力。

(3)设计弯沉值 L_d(0.01mm)按式(4-1)计算。

$$L_d = 600N_e^{-0.2}A_cA_sA_b \tag{4-1}$$

式中：L_d——路面设计弯沉值，0.01mm；

N_e——设计年限内一个车道上的累计标准轴次；

A_c——公路等级系数，高速一级公路为 1.0，二级公路为 1.1，三四级公路为 1.2；

A_s——面层类型系数，沥青混凝土面层为 1.0；热拌沥青碎石、乳化沥青碎石、上拌下贯或贯入式路面为1.1；沥青表面处治为1.2；中、低级路面为1.3；

A_b——基层系数，按下述情况选取：①半刚性基层厚度大于或等于20cm时，$A_b=1.0$，小于20cm时，$A_b=1.6$；②路面结构为柔性结构时，或半刚性材料结构层上有大于30cm的柔性结构层时，$A_b=1.6$；③若半刚性材料结构层上有柔性结构层，其厚度小于或等于20cm时，$A_b=1.0$；④若半刚性材料结构层上的柔性结构层厚度为21～30cm时，$A_b=1.3$。

(4)测定分析路段的弯沉值，计算代表弯沉值。

(5)确定原路面的当量回弹模量。

确定原路面当量回弹模量时，应根据路段划分，分别计算各路段的当量回弹模量值。各路段的当量回弹模量应根据各路段的计算弯沉值，按式(4-2)计算。

$$E_t = 1\,000\frac{2p\delta}{l_0}m_1 m_2 \tag{4-2}$$

式中：E_t——原路面的当量回弹模量，MPa；

p、δ——分别表示标准车型的轮胎接地压强，MPa；当量圆半径，cm；

l_0——原路面的计算弯沉，0.01mm；

m_1——用标准轴载的汽车在原路面上测得的弯沉值与用承载板在相同压强条件下所测得的回弹变形值之比，即轮板对比值。比值m_1应根据在旧路面上进行对比试验确定，在没有对比试验资料的情况下，可取$m_1=1.1$(轮隙弯沉法)进行计算；

m_2——原路面当量回弹模量扩大系数。

计算与原有路面接触的补强层层底拉应力时，m_2按式(4-3)计算。计算其他补强层层底拉应力及弯沉值时$m_2=1.0$。

$$m_2 = e^{0.037\frac{h'}{\delta}\left(\frac{E_{n-1}}{p}\right)^{0.25}} \tag{4-3}$$

式中：E_{n-1}——与原路面接触层材料的抗压模量，MPa；

h'——各补强层相当于原路面接触层的模量E_{n-1}的等效总厚度，cm；h'按式(4-4)计算。

$$h' = \sum_{i=1}^{n-1} h_i (E_i/E_{n-1})^{0.25} \tag{4-4}$$

式中：E_i——第i层补强层材料的抗压回弹模量，MPa；

h_i——第i层补强的厚度，cm；

$n-1$——补强层层数。

(6)拟定几种可能的结构组合与设计层，并确定各加铺层的材料参数。

(7)根据加铺层设计方法计算设计层厚度,对季节性冰冻地区的潮湿、过湿路段还应验算防冻厚度。

(8)根据各方案的计算结果,进行技术经济比较,确定采用的加铺方案。

4.1.2 加铺层厚度计算方法

沥青路面上加铺沥青混凝土加铺层,是沥青路面翻修的主要形式。由于原有路面均采用柔性材料,可把原路面上测得的弯沉值换算为旧路面当量回弹模量,从而利用弹性层状体系理论计算加铺层厚度。

引用当量回弹模量的概念,可以把在现有路面上的测得的弯沉换算成假想的路基模量,从而用层状体系理论的弯沉公式进行加铺计算。所谓当量回弹模量,就是把本来是层状体系的现有路面,看作表面有相同弯沉的均质路基的弹性模量。

加铺设计时,首先计算原有路面的当量回弹模量。若加铺单层时,以双层弹性体系为设计计算的力学模型,加铺 $n-1$ 层时以 n 层弹性体系为力学模型计算。

加铺层设计时,仍以设计弯沉值作为路面整体刚度的控制指标。对沥青混凝土面层和半刚性材料的基层、底基层还应进行层底拉应力的验算。设计弯沉值、各加铺层层底拉应力和容许应力的计算方法及加铺层材料参数的确定与新建路面设计的各项规定相同。但当以路表回弹弯沉为设计指标时,弯沉综合修正系数有所不同。

路表弯沉值按式(4-5)计算。

$$l_s = 1\ 000\,\frac{2p\delta}{E_0}\alpha_c \cdot F \tag{4-5}$$

式中:l_s——路面实测弯沉值,0.01mm;

p、δ——分别表示标准轴载的轮胎接地压强,MPa;当量圆半径,cm;

α_c——理论弯沉系数;

$$\alpha_c = f\left(\frac{h_1}{\delta},\frac{h_2}{\delta},\cdots,\frac{h_{n-1}}{\delta},\frac{E_2}{E_1},\frac{E_3}{E_2}\cdots,\frac{E_0}{E_{n-1}}\right) \tag{4-6}$$

式中: E_0——土基回弹模量值,MPa;

E_1、E_2、E_{n-1}——各层材料抗压回弹模量值,MPa;

h_1、h_2、h_{n-1}——各结构层厚度,cm;

F——弯沉综合修正系数,采用式(4-7)计算。

$$F = 1.45\left(\frac{l_s}{2\ 000\delta}\right)^{0.61}\left(\frac{E_t}{p}\right)^{0.61} \tag{4-7}$$

式中:E_t——原路面的当量回弹模量,MPa。

加铺层厚度由路表实测弯沉值 L_s 等于设计弯沉值 L_d 的原则进行计算。设计层的厚度可采用弹性层状体系理论编制的设计程序进行。

层底拉应力验算如下：

层底最大拉应力 σ_m，按式(4-8)计算。

$$\sigma_m = p \cdot \overline{\sigma_m} \tag{4-8}$$

式中：$\overline{\sigma_m}$——理论最大拉应力系数，采用式(4-9)计算。

$$\overline{\sigma_m} = f\left(\frac{h_1}{\delta},\frac{h_2}{\delta},\cdots,\frac{h_{n-1}}{\delta},\frac{E_2}{E_1},\frac{E_3}{E_2}\cdots,\frac{E_0}{E_{n-1}}\right) \tag{4-9}$$

验算层底拉应力时，应满足下式要求：

$$\sigma_m \leqslant \sigma_R \tag{4-10}$$

容许拉应力 σ_R 按下式计算：

$$\sigma_R = \frac{\sigma_S}{K_s} \tag{4-11}$$

式中：σ_R——路面结构层材料的容许拉应力，MPa；

σ_S——沥青混凝土或半刚性材料的劈裂强度，MPa。对沥青混凝土为 15℃ 时的极限劈裂强度；对水泥稳定类材料为龄期 90d 的极限劈裂强度；对二灰稳定类、石灰稳定类的材料为龄期 180d 的极限劈裂强度；对水泥粉煤灰稳定类材料系指龄期为 120d 的极限劈裂强度；

K_s——抗拉强度结构系数。

对于沥青混凝土面层：

$$K_s = 0.09A_a \cdot N_e^{0.22}/A_c \tag{4-12}$$

式中：A_a——沥青混凝土级配类型系数，细、中粒式沥青混凝土为 1.0，粗粒式沥青混凝土为 1.1；

A_c——公路等级系数。

对无机结合料稳定集料类：

$$K_s = 0.35A_a \cdot N_e^{0.11}/A_c \tag{4-13}$$

对无机结合料稳定细粒土类：

$$K_s = 0.45A_a \cdot N_e^{0.11}/A_c \tag{4-14}$$

4.2　复合式沥青路面加铺设计

4.2.1　加铺设计原则与计算

对于沥青混凝土上面层与旧混凝土板组成的复合式面层，根据《公路水泥混凝土路面设计规范》(JTG D40—2002),沥青上面层的主要作用是提高路面的表面使用功能,对承载作用贡献不大。通过理论分析表明,增加 40mm 沥青混凝土上面层仅可减少 10mm 水泥混凝土下面层厚度。水泥混凝土板是主要承载层,其作用类似于普通混凝土面层。通过对有沥青混凝土上面层的水泥混凝土板的应力三维有限元分析,可算出荷载应力与温度应力的修正公式及有关计算系数,并绘制出计算诺谟图。计算时,应先求出无沥青混凝土上面层时水泥混凝土板的应力,然后再考虑沥青上面层的影响,从而得到有沥青上面层的混凝土板的荷载应力和温度应力。

加铺层铺筑前应更换破碎板,修补和填封裂缝,磨平错台,压浆填封板底脱空,清除旧混凝土面层表面的松散碎屑、油迹,剔除接缝中失效的填缝料和杂物,并重新封缝。

防止和控制反射裂缝是沥青混凝土加铺层设计的重点。反射裂缝是由旧混凝土面层在接缝或裂缝附近的较大位移引起其上方沥青加铺层内出现应力集中所造成的,它包括因温度和湿度变化而产生的水平位移,以及因交通荷载作用而产生的竖向剪切位移。旧混凝土面层的接缝传荷能力评定为中时,应根据气温、荷载、旧混凝土路面承载能力、接缝处弯沉差等情况选用下述减缓反射裂缝的措施:①增加沥青加铺层的厚度;②在加铺层内设置橡胶沥青应力吸收夹层、玻璃纤维格栅或者土工织物夹层;③沥青加铺层的下层采用由开级配沥青碎石组成的裂缝缓解层;④在沥青加铺层上,对应旧混凝土面层的横缝位置锯切横缝。

1)荷载应力分析

(1)选取混凝土板的纵向边缘中部作为产生最大荷载和温度梯度综合疲劳损坏的临界荷位。

(2)标准轴载 P_s 在临界荷位处产生的荷载疲劳应力按式(4-15)确定。

$$\sigma_{pr} = k_r k_f k_c \sigma_{ps} \tag{4-15}$$

式中:σ_{pr}——标准轴载 P_s 在临界荷位处产生的荷载疲劳应力,MPa;

σ_{ps}——标准轴载 P_s 在四边自由板的临界荷位处产生的荷载应力,MPa,按式(4-16)计算确定;

k_r——考虑接缝传荷能力的应力折减系数,纵缝为设拉杆的平缝时,k_r=0.87~0.92(刚性和半刚性基层取低值,柔性基层取高值);纵缝为不设拉杆的平缝或自由边时,k_r=1.0;纵缝为设拉杆的企口缝时,k_r=0.76~0.84;

k_f——考虑设计基准期内荷载应力累计疲劳作用的疲劳应力系数,按式(4-18)计算确定;

k_c——考虑偏载和动载等因素对路面疲劳损坏影响的综合系数，按公路等级查表 4-1 确定。

综合系数 k_c　　　表 4-1

公路等级	高速公路	一级公路	二级公路	三、四级公路
k_c	1.30	1.25	1.20	1.10

(3)标准轴载 P_S 在四边自由板临界荷位处产生的荷载应力按式(4-16)计算。

$$\sigma_{ps} = 0.077r^{0.60}h^{-2} \tag{4-16}$$

$$r = 0.537h\left(\frac{E_c}{E_t}\right)^{1/3} \tag{4-17}$$

式中：σ_{ps}——标准轴载 P_S 在四边自由板临界荷位处产生的荷载应力，MPa；

r——混凝土板的相对刚度半径，m，按式(4-17)计算；

h——混凝土板的厚度，m；

E_c——水泥混凝土的弯拉弹性模量，MPa；

E_t——基层顶面当量回弹模量，MPa，按式(4-20)计算。

(4)设计基准期内的荷载疲劳应力系数按式(4-18)计算确定。

$$k_f = N_e^{\nu} \tag{4-18}$$

式中：k_f——设计基准期内的荷载疲劳应力系数；

N_e——设计基准期内标准轴载累计作用次数；

ν——与混合料性质有关的指数，普通混凝土、钢筋混凝土、连续配筋混凝土 $\nu=0.057$；碾压混凝土和贫混凝土 $\nu=0.065$；钢纤维混凝土 ν 按式(4-19)计算确定。

$$\nu = 0.053 - 0.017\rho_f \frac{l_f}{d_f} \tag{4-19}$$

式中：ρ_f——钢纤维的体积率，%；

l_f——钢纤维的长度，mm；

d_f——钢纤维的直径，mm。

(5)公路的基层顶面当量回弹模量可按式(4-20)计算确定。

$$E_t = ah_x^b E_0\left(\frac{E_x}{E_0}\right)^{1/3} \tag{4-20}$$

$$E_x = \frac{h_1^2 E_1 + h_2^2 E_2}{h_1^2 + h_2^2} \tag{4-21}$$

$$h_x = \left(\frac{12D_x}{E_x}\right)^{1/3} \tag{4-22}$$

$$D_x = \frac{E_1 h_1^3 + E_2 h_2^3}{12} + \frac{(h_1 + h_2)^2}{4}\left(\frac{1}{E_1 h_1} + \frac{1}{E_2 h_2}\right)^{-1} \tag{4-23}$$

$$a = 6.22\left[1 - 1.51\left(\frac{E_x}{E_0}\right)^{-0.45}\right] \tag{4-24}$$

$$b = 1 - 1.44\left(\frac{E_x}{E_0}\right)^{-0.55} \tag{4-25}$$

式中：E_t——基层顶面的当量回弹模量，MPa；

E_0——路床顶面的回弹模量，MPa；

E_x——基层、底基层或垫层的当量回弹模量，MPa，按式(4-21)计算；

E_1、E_2——基层、底基层或垫层的回弹模量，MPa；

h_x——基层、底基层或垫层的当量厚度，m，按式(4-22)计算；

D_x——基层、底基层或垫层的当量弯曲刚度，MN·m，按式(4-23)计算；

h_1、h_2——基层、底基层或垫层的厚度，m；

a、b——与 E_x/E_0 有关的回归系数，分别按式(4-24)和式(4-25)计算。

底基层和垫层同时存在时，可先按式(4-21)～式(4-23)将底基层和垫层换算成具有当量回弹模量和当量厚度的单层，然后再与基层一起按上述各式计算基层顶面的当量回弹模量。无底基层和垫层时，相应层的厚度和回弹模量分别以零值代入上述各式进行计算。

2)温度应力分析

(1)在临界荷位处的温度疲劳应力按式(4-26)确定。

$$\sigma_{tr} = k_t \sigma_{tm} \tag{4-26}$$

式中：σ_{tr}——临界荷位处的温度疲劳应力，MPa；

σ_{tm}——最大温度梯度时混凝土板的温度翘曲应力，MPa，按式(4-27)确定；

k_t——考虑温度应力累计疲劳作用的疲劳应力系数，按式(4-28)确定。

(2)最大温度梯度时混凝土板的温度翘曲应力按式(4-27)计算。

$$\sigma_{tm} = \frac{\alpha_c E_c h T_g}{2} B_x \tag{4-27}$$

式中：σ_{tm}——最大温度梯度时混凝土板的温度翘曲应力，MPa；

α_c——混凝土的线膨胀系数，℃$^{-1}$，通常可取为 1×10^{-5}/℃；

T_g——最大温度梯度，查表 4-2 取用；

B_x——综合温度翘曲应力和内应力作用的温度应力系数，可按 l/r 和 h 查

图 4-1 确定；

l——板长，即横缝间距，m。

最大温度梯度标准值 T_g 表 4-2

公路自然区划	Ⅱ、Ⅴ	Ⅲ	Ⅳ、Ⅵ	Ⅶ
最大温度梯度(℃/m)	88～83	90～95	86～92	93～98

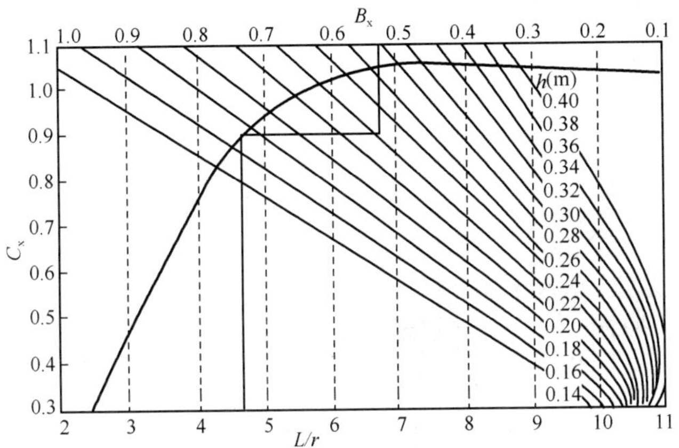

图 4-1 温度应力系数 B_x

注：海拔高时，取高值；湿度大时，取低值。

(3)温度疲劳应力系数可按式(4-28)计算确定。

$$k_t = \frac{f_r}{\sigma_{tm}}\left[a\left(\frac{\sigma_{tm}}{f_r}\right)^c - b\right] \tag{4-28}$$

式中：a、b、c——回归系数，按所在地区的公路自然区划查表 4-3 确定。

回归系数 a、b 和 c 表 4-3

系 数	公路自然区划					
	Ⅱ	Ⅲ	Ⅳ	Ⅴ	Ⅵ	Ⅶ
a	0.828	0.855	0.841	0.871	0.837	0.834
b	0.041	0.041	0.058	0.071	0.038	0.052
c	1.323	1.355	1.323	1.287	1.382	1.270

4.2.2 有沥青上面层的混凝土板的荷载应力计算

有沥青上面层的混凝土板临界荷位，为板的纵向边缘中部。标准轴载 P_s 在临界荷位处产生的荷载疲劳应力 σ_{pr} 可按式(4-28)计算确定。其中,应力折减系数、荷载疲劳应力系数和综合系数的确定方法,与单层混凝土板完全相同。

标准轴载只在有沥青上面层混凝土板临界荷位处产生的荷载应力按式(4-29)计算。

$$\sigma_{psa} = (1 - \zeta h_a)\sigma_{ps} \tag{4-29}$$

式中:σ_{psa}——标准轴载 P_s 在有沥青上面层的混凝土板临界荷位处产生的荷载应力,MPa;

ζ——系数,可由图 4-2 查取;

h_a——沥青上面层厚度,m。

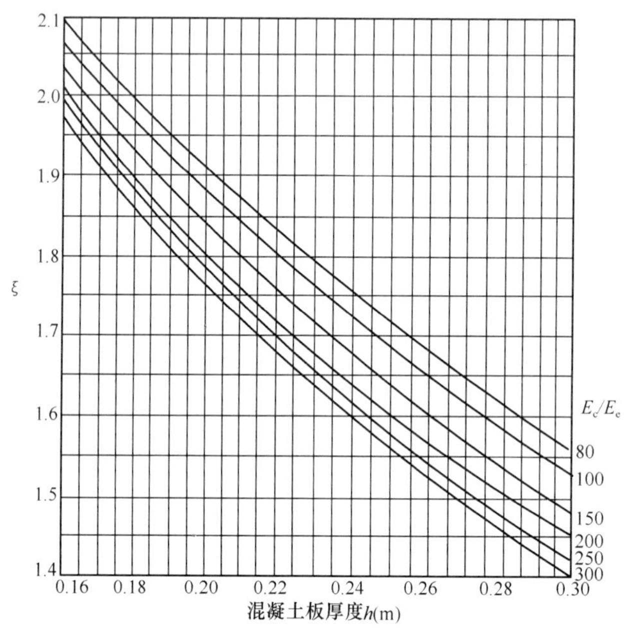

图 4-2　系数 ζ 图

4.2.3　有沥青上面层的混凝土板的温度应力计算

有沥青上面层的混凝土板临界荷位处温度疲劳应力按式(4-30)确定。

$$\sigma_{tra} = (1 + \zeta' h_a)\sigma_{tr} \tag{4-30}$$

式中:σ_{tra}——有沥青上面层的混凝土板临界荷位处温度疲劳应力,MPa;

ζ'——系数,可由图 4-3 查取;

σ_{tr}——无沥青上面层时混凝土板在临界荷位处的温度疲劳应力,MPa,按式计算确定；其中，计算混凝土板最大温度翘曲应力 σ_{tm} 时，其最大温度梯度 T_g 值须考虑沥青上面层厚度的影响，按表 4-4 取值。

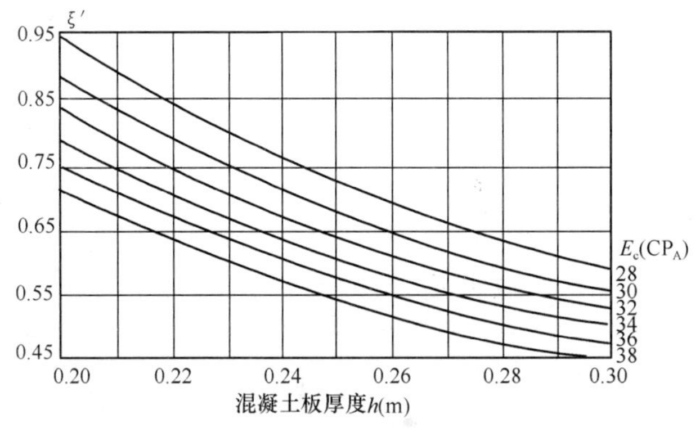

图 4-3　系数图

有沥青上面层的混凝土板的最大温度梯度值 T_g(℃/m)　　　　表 4-4

h_a(m)	公路自然区划			
	Ⅱ、Ⅴ	Ⅲ	Ⅳ、Ⅵ	Ⅶ
0.00	83～88	90～95	86～92	93～98
0.04	58～62	62～67	60～65	66～70
0.08	40～43	46～48	43～49	47～50
0.12	28～30	30～32	29～31	31～33

4.3　基于性能指标的旧路补强研究

按照可获得、可重现、可代表的原则，在当前测试条件下，建议选取车辙、弯沉、裂缝三个指标代表沥青路面的结构性能。本节进行基于车辙、弯沉和裂缝的旧路补强设计研究。

4.3.1　基于车辙的旧路补强研究

4.3.1.1　车辙处理方式及有待研究的问题

现行《公路技术状况评定标准》(JTG H20—2007)建议宜采用快速检测设备检测车辙，可结合路面损坏和路面平整度一并检测。路面车辙检测设备必须定期标定，每年至少标定一次。辙槽深度在 10～15mm 为轻度车辙，辙槽深度在

15mm 以上的为重度车辙。各国对允许的车辙深度要求不同，因而对车辙深度的处理方式也不同。在英国，当行车道上的车辙深度达到 10mm 时，认为路面开始进入临界状态，需要加铺面层以恢复路面原有的结构质量并延长其使用寿命；当车辙深度达到 20mm 时，认为路面已进入破坏状态。美国地沥青协会设计方法的容许车辙深度为 13mm。

对于沥青路面产生的车辙，可以用铣刨后直接加铺新沥青混合料的方法进行处理，也可以在铣刨后采用现场热再生方法或厂拌热再生方法对路面进行加铺，或者采用冷再生方法处理车辙。但是由于铣刨厚度不同、新料和再生料力学性能的不同等因素，各种车辙病害处理效果会不同。目前车辙病害处理方式的选择还缺乏理论依据，因此有必要对此开展研究。在分析沥青路面结构和车辙病害处理方法特点的基础上，提出旧沥青路面车辙处理方式的应用建议。

4.3.1.2 各种车辙维修方式有限元模拟过程

(1)材料温度选取

众所周知，路面不同深度在同一时刻的温度值是不同的，即在对路面进行车辙模拟时，路面各层的温度是不相同的。根据东南大学李辉的有限元模拟结果(图 4-4)，夏季路面各层的温度如下，路面抗车辙最不利状态，温度最高时刻，考虑到地域性，本次试验室材料参数取值如下：路面铣刨加铺时，上面层温度取 60℃，中面层取 50℃，下面层取 40℃。

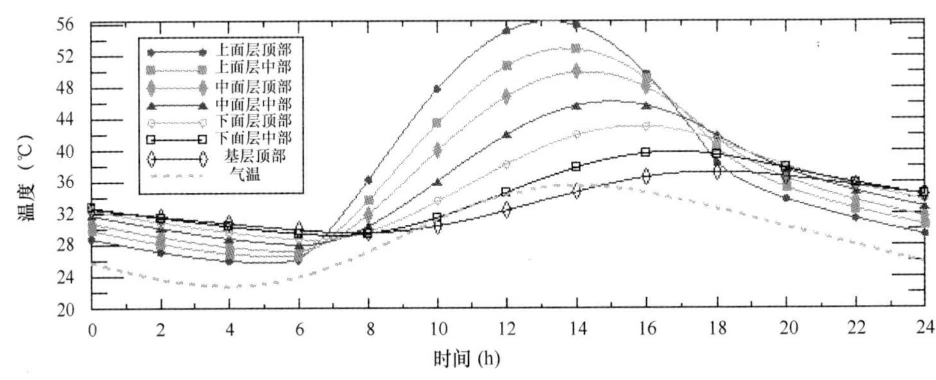

图 4-4 夏季沥青路面有限元模拟温度沿深度变化图

(2)路面结构的选取

我国现有高速公路路面结构的面层厚度一般为 15～22cm。沥青面层多采用沥青混凝土，小部分下面层采用沥青碎石；基层多选用无机结合料稳定粒料，厚度多为 20～40cm；底基层一般采用无机结合料稳定土，厚度多为 20～30cm。现取典型的路面结构：上面层 4cm，中面层 6cm，下面层 8cm，基层 40cm 水泥稳定碎石，底基层 20cm 石灰土基层，土基向下深度为无限。沥青路面有限元模拟结构图如图 4-5 所示。

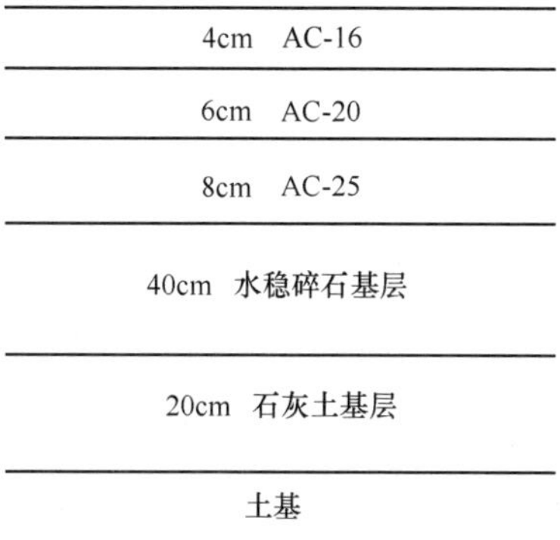

4cm　AC-16

6cm　AC-20

8cm　AC-25

40cm　水稳碎石基层

20cm　石灰土基层

土基

图 4-5　沥青路面有限元模拟结构图

(3)轮胎模型的简化

理想的荷载模型应该能够模拟轮胎非均布荷载的状况，从而得到精确的路面响应结果。但由于目前的试验条件对于轮胎荷载非均布的状态难以准确测量和描述，并且成型的沥青混合料具有一定的柔度，其受力程度达到屈服点后，变形的加剧就会促使应力重分布，因此轮胎荷载可视为均布荷载。同时考虑到试验参数离散性影响、温度差异影响等，综合上述两种荷载简化方式，在车辙模拟分析中可以将车轮荷载简化为矩形均布荷载，如图 4-6 所示。

图 4-6　轮载作用简化图

《公路沥青路面设计规范》(JTG D50—2006)中规定标准轴载为单轴双轮均布荷载，轮胎接地压强 0.7MPa，单轮传压面积当量圆直径为 21.3cm，两轮中心距 31.95cm。但前面也已提到，根据相关文献的研究结果，车辆轮胎对路面的作用，并不是完全的圆形均匀分布，而是随着轮胎胎压、车辆轴载、轮胎型号以及轮胎花纹的不同而有所变化。荷载作用下轮胎接地形状更接近于矩形，而轮胎接地面积与荷载成明显的线性正相关性，且随着荷载的变化，轮胎接地的宽度 B 变化很小，但接地长度 L 随荷载的减小而减小。因此，忽略其他因素的影响，将轮胎与路面的接触形状假设为矩形。其中接地宽度 B 为实际接地宽度，即为各条纹实际宽度之和，不考虑非线性接触应力的影响，即假设每条矩形上应力均匀分布，按总应力等效的原则，确定轮胎接地长度 L，由式(4-31)：

$$P = n_{\mathrm{w}} pBL \tag{4-31}$$

得出：

$$L = \frac{P}{n_{\mathrm{w}} pB} \tag{4-32}$$

式中：P——车辆后轴重，N；

n_w——轴的轮数，个；

p——轮胎接地压力，Pa；

B——轮胎接地宽度，m。

根据以上分析，可将车辆后轴荷载简化为双矩形均布荷载，荷载模型如图 4-7 所示：接地宽度 B=18.6cm，轮数 n_w=4，两轮中心距 31.4cm，轮胎接地长度 $L=P/(nwpB)$=19.2cm，轴载 P=100kN，接地压力 p=0.7MPa。

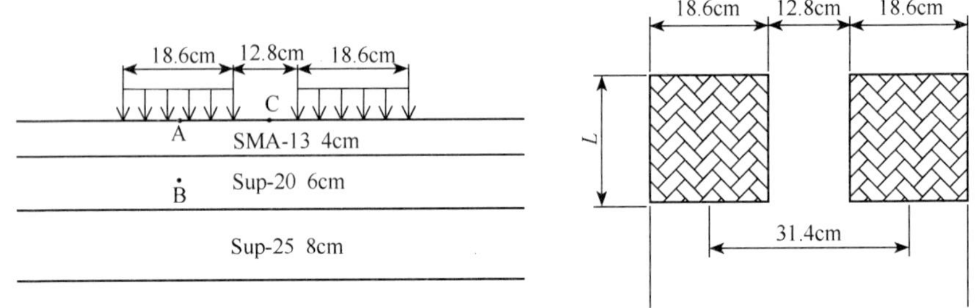

图 4-7 100kN 标准双轮均布矩形荷载图式

(4)轮胎接地压力

考虑到当今高速公路上重载现象的日益严重，车辆的轴重变化必然会导致轮胎与路面间接触压力和面积的变化。重庆交科院在环道试验中进行了不同荷载作用下轮胎接触压力的研究。通过测量不同轮胎充气压力，不同荷载条件下轮胎的实际接地面积，分析荷载与轮胎作用力之间的关系。试验结果表明，轮胎接地面积接近于矩形，并与荷载成明显的线性正相关性；随着荷载的增大，轮胎接地宽度 B 的变化很小，而长度 L 却显著增大。同时当荷载为 110kN，充气压力从 0.7MPa 增加到 1.0MPa 时，轮胎平均接地压力的增加量相当于 0.7MPa 充气压力条件下荷载由 110kN 增加到 150kN。可见，轮胎充气压力与荷载两者对于轮胎平均接地压力的影响具有等效作用。这种由于轮胎充气压力增大、接地面积减少、平均接地压力明显增加的压力状况，对沥青路面的影响十分不利，有必要引起重视。

因此根据重庆环道的研究结果，假设轮胎充气压力不变的情况下货车超载，则相应的轮胎平均接地压力与接地面积有所增加，也就是作用圆半径会随之增大。又因为当把荷载假设为矩形均布时，轮胎接地宽度 B 的变化是很小的，所以随着轴载的增加，只有接地长度 L 会随之变化。

根据交通运输部公路科学研究院《重载交通沥青路面轴载换算研究总报告》

中的研究结果，按照实际接地面积计算出来的轮胎接地压力与轮胎内压并不完全相等。因此可以参照选用经验公式(4-33)，计算荷载作用下的接地压力。

$$p = 0.290p_t + 0.0042P + 0.1448 \tag{4-33}$$

式中：p——轮胎接地压力，MPa；

p_t——轮胎充气压力，MPa；

P——轴载，kN。

本文研究，对于标准荷载仍取 100kN，轮胎接地压力为 0.7MPa。

(5)荷载作用时间

车轮在路面上滚动时，对路面上某一点而言，是一个不断加载与卸载的过程。即荷载是时间的函数，每个车轮行驶通过时，都可以当作一个脉冲荷载，荷载的大小、形状和作用时间随车辆轮载的大小、行车速度以及应力分布深度等因素变化。一般假定荷载随时间的变化函数为半正弦函数或三角形函数。

可以看出，最理想的方法应该是模拟行车荷载的动载作用频率，即进行所谓的动态或准静态有限元分析。但是，考虑动载作用的有限元分析需要耗费大量的计算时间。同时，有研究表明采用动态和静态的有限元车辙预测结果比较接近。本文参照已有的研究方法，采取应力等效原则，把路面脉冲荷载简化为半正弦荷载，然后再将半正弦荷载简化为静态荷载。

在接地压力和接地长度确定的情况下，根据行车速度 v，由式(4-34)可以确定轮载每通过一次对路表面的作用时间 t_0。

$$t_0 = \frac{L}{v} = \frac{P}{n_w pBv} \tag{4-34}$$

由此可得，当轮载作用次数为 N 时，车辙处轮载的累积作用时间 t 为：

$$t = N \cdot t_0 \tag{4-35}$$

将式(4-34)代入式(4-35)，整理即得：

$$t = \frac{NP}{0.36n_w pBv} \tag{4-36}$$

式中：N——轮载作用次数，次；

P——车辆轴重，kN；

n_w——轴的轮数，个；

p——轮胎接地压力，MPa；

B——轮胎接地宽度，cm；

v——行车速度，km/h。

道路在累计标准轴载次数作用下的荷载作用时间可以通过该方法计算得到。

根据上述的作用时间换算方法，可以得到 50 万次和 100 万次标准荷载在 80km/h 车速下的累计作用时间（表 4-5），计算车辙时需要考虑交通量的日分布。

（6）模型的建立

用 ABAQUS 有限元软件建立模型时，首先根据沥青路面结构建立路面各层的厚度和材料参数，然后进行变温条件下的有限元车辙计算。其中，模型的路面宽度取 3.75m，深度取 3m。面层深度方向的网格尺寸为 0.01m，基层深度方向的网格尺寸为 0.02m，土基深度方向采用 biased 网格划分方式，网格采用等参八节点四单元模型，可以满足路面的边界条件的要求，而且比较进行精确，即随着深度的增加网格尺寸也随着增大。水平方向，荷载作用区域细化网格尺寸为 0.01m；远离荷载作用的区域，采用 biased 网格划分方式。有限元计算模型如图 4-8 所示。

车辙计算模型荷载参数

表 4-5

接地宽度(cm)	18.6
轴载(kN)	100
接地压力(MPa)	0.7
行车速度(km/h)	80
轮胎接地长度(cm)	19.2
一次加载作用时间(s)	0.008 64
50 万次累计荷载作用时间(s)	4 320.277
100 万次累计荷载作用时间(s)	8 640.553

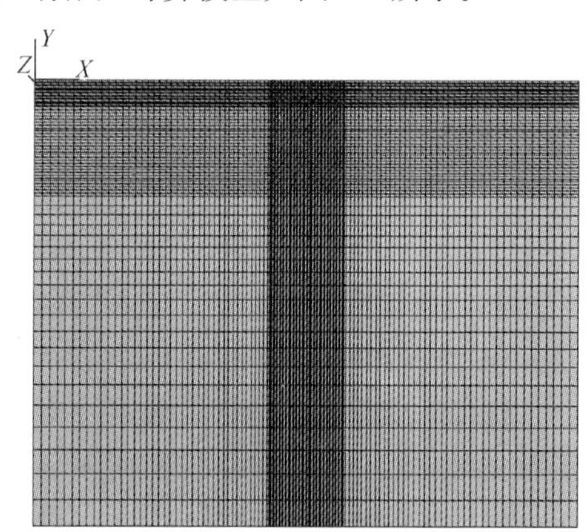

图 4-8　有限元建模过程

原路面车辙拟合结果如图 4-9 所示。

原路面车辙情况如图 4-10 所示。

在路面最不利状态下经过荷载 50 万次作用后，车辙深度为 4.32cm。

（7）铣刨直接加铺车辙治理效果

当路面发生车辙时，可以用铣刨直接加铺的方法进行处理，这是我国处理路面病害最常用的处理方式。本次采用铣刨直接加铺的方法处理车辙，对于不同的铣刨加铺深度，处理后经过 50 万次荷载车辙情况如图 4-11 和图 4-12 所示。

由上图可以知道：

①新料的抗车辙性能较差，原因是影响沥青路面车辙材料方面的因素有很多，如混如合料类型、结合料特性及用量、集料的特性等。对于密集配沥青混凝土来说，抗车辙性能主要靠沥青与集料的黏结力，新料中集料和沥青都是没有经过老化的，沥青材料的黏度比较低，软化点较低，相比旧料其抗车辙性能比较差。

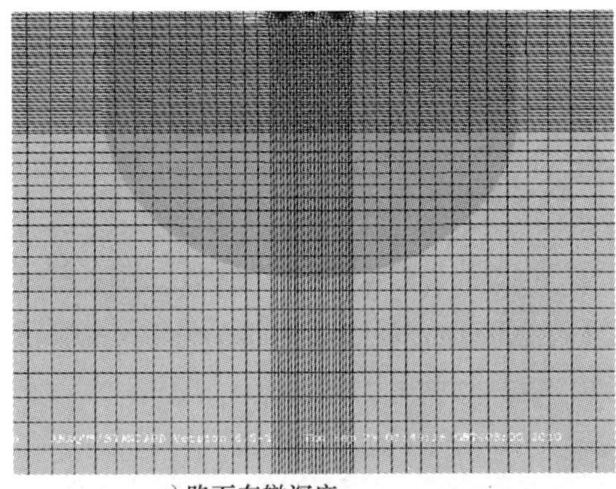

a) 路面车辙深度

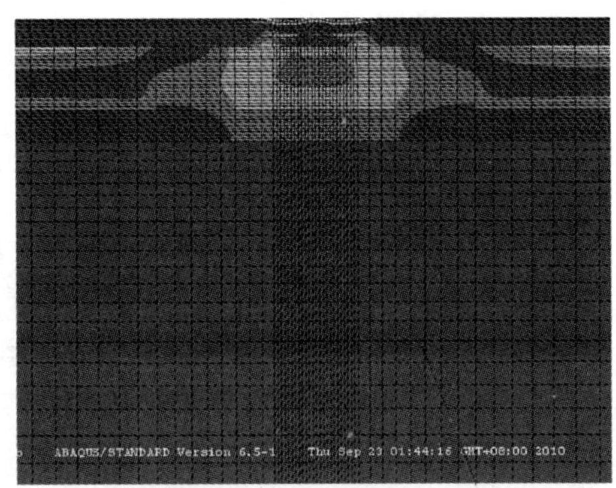

b) 路面mises应力情况

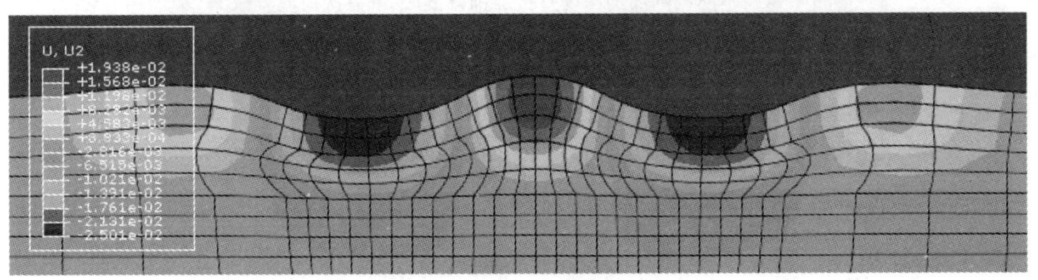

c) 原路面车辙部分局部放大图形

图 4-9　原路面有限元模拟车辙结果

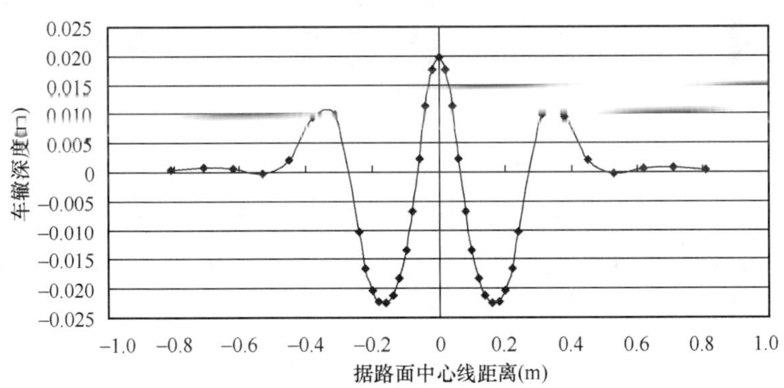

图 4 10　原路面车辙图

对于 SMA 来说，由于集料之间的嵌挤作用，高温性能比较好。由模拟结果可知，SMA 的抗车辙能力远远高于 AC-16 的抗车辙能力。

(2)当铣刨深度越来越大时，铣刨加铺后的路面的车辙越来越大。模拟表明，对于一定车辙的路面，不是铣刨越深其效果就越好，原因是已经过车辙的路面材料，其抗车辙能力有一定增加，填补的新料抗永久变形能力比挖去的旧料差，

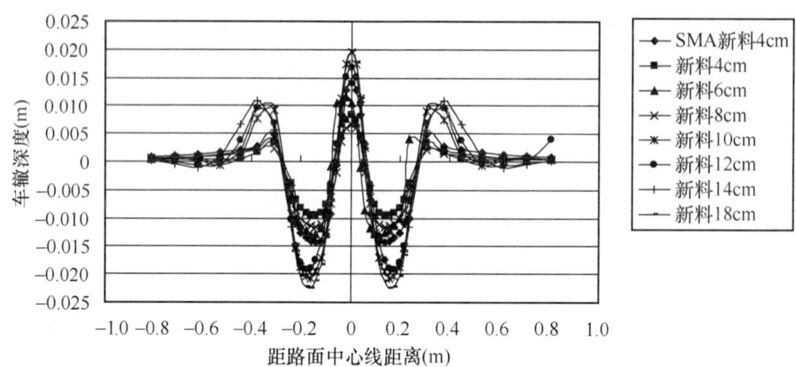

图 4-11　不同铣刨加铺深度直接加铺修复后 50 万次荷载车辙图

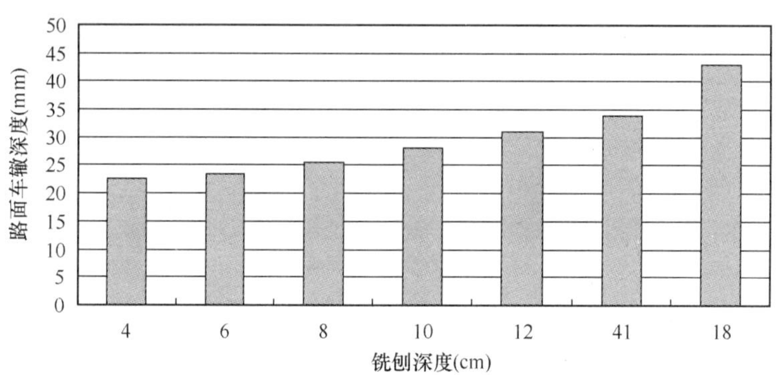

图 4-12　不同铣刨深度直接加铺修复后 50 万次荷载车辙深度图

所以铣刨越深车辙量也就越大。

(8)现场热再生处理车辙效果

根据我国《公路沥青路面再生技术规范》(JTG F41—2008)的规定，考虑到热再生技术特点，热再生铣刨加铺深度适宜为 20～50mm。当路面车辙量过大或病害深度较深而铣刨深度过大时，现场热再生技术已不适用。

本次现场热再生处理深度为 2cm、4cm 和 5cm。再生处理后再次经过在最不利条件下 50 万次荷载作用后，车辙情况如图 4-13 和图 4-14 所示。

由上图可以看出：

①当用现场热再生方法修复时，经过 50 万次荷载作用后，路面的车辙深度明显变浅，说明现场热再生的抗车辙能力很强，原因可归纳为外部条件和内在因素。对某一条路而言，外部条件都是相同的，内在因素主要反映在材料本身的性质上，主要包括混合料的类型、结合料特性及用量、集料的特性等。原路面集料上的沥青经过了长时间的老化作用，其黏度大、劲度高的特点使路面具有较好的抗车辙性能。

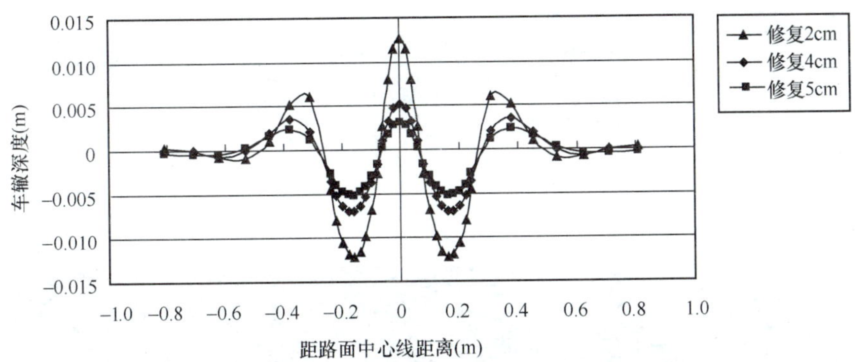

图 4-13　不同再生深度的现场热再生修复后 50 万次荷载车辙图

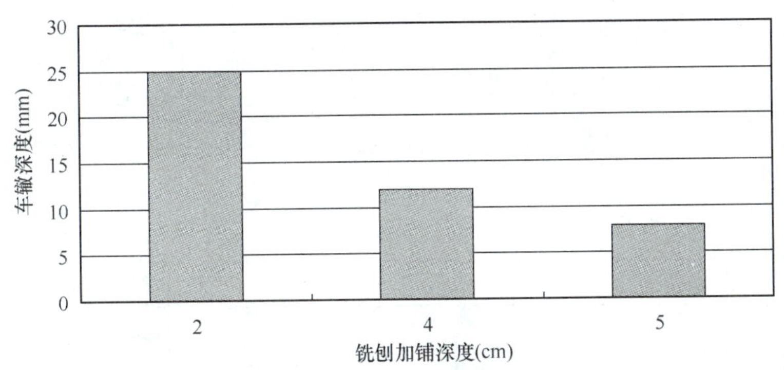

图 4-14　不同铣刨深度现场热再生修复后 50 万次荷载车辙深度图

②随着再生深度的增加，路面的抗车辙性能越来越好。当路面铣刨深度为 5cm 时，修复后路面的车辙量为小于 10mm，原因是不但现场热再生材料的抗车辙性能较原材料提高，未再生部分抗车辙性能也有所提高，而车辙发生层面主要在上面层和中面层，这与本次模拟结果得出的结论相同。原路面和现场热再生经过 50 万次荷载后车辙图比较如图 4-15 所示。通过两次的模拟结果由图可知，上面层和中面层的抗车辙能力得到明显的提高。

(9)厂拌热再生加铺铣刨处理车辙效果

厂拌热再生是一种使用广泛、灵活、简单而又能保证质量的旧沥青路面再生技术，适用于车辙，裂缝，坑槽等各类病害。经过严格的配合比调整，再生沥青混合料能确保技术指标不低于使用全部新料拌制的沥青混合料，路用性能满足高级路面的使用要求，材料质量容易得到保证。试验表明，厂拌热再生沥青混合料的抗车辙性能较普通混合料好很多，是普通混合料的 1.37～2.01 倍，本次用厂拌热再生方法模拟处理路面车辙效果如图 4-16 和图 4-17 所示。

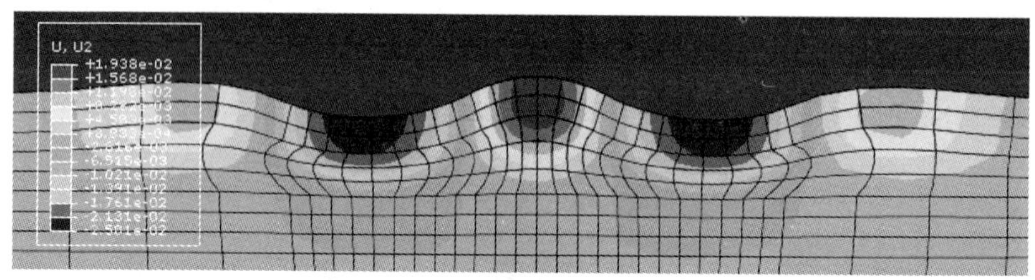

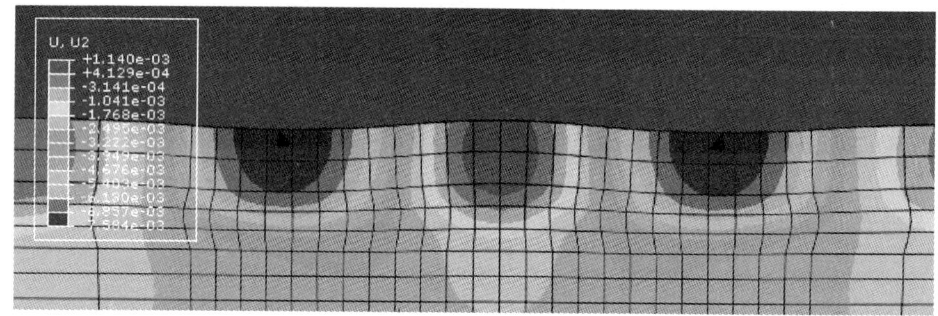

图 4-15　原路面和现场热再生经过 50 万次荷载后车辙图比较

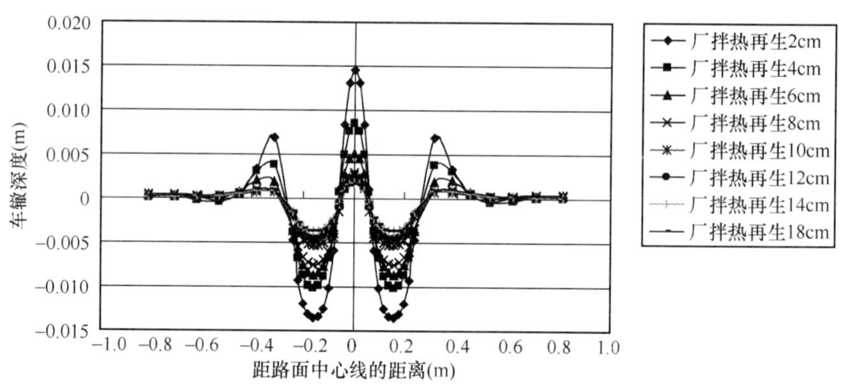

图 4-16　不同再生深度的厂拌热再生修复后 50 万次荷载车辙图

由上图的结果可以看出：

①当路面出现车辙时，用厂拌热再生方法对路面进行铣刨加铺，厂拌热再生的抗车辙能力比较强，原因是厂拌热再生中含有一定量的旧料，旧料黏附老化沥青，老化沥青高温黏度好，与集料的黏结性好。相比就地热再生混合料，厂拌沥青混合料的旧料掺配比率比较小，所以其高温性能比直接加铺好，比现场热再生差，但其适用范围要比现场热再生广泛得多，设计和施工技术也比现场热再生成熟。

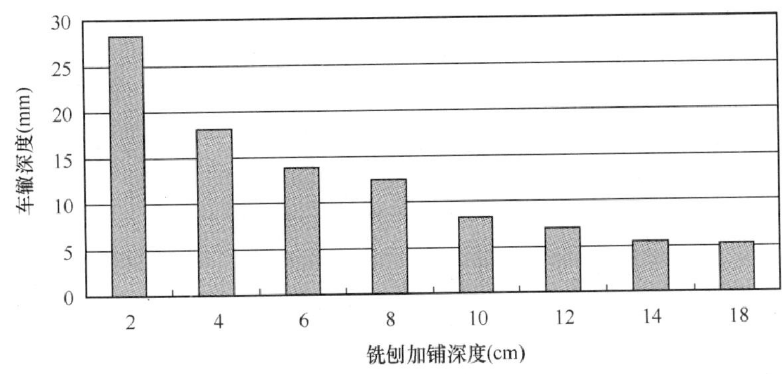

图 4-17　不同再生深度厂拌热再生修复后 50 万次荷载车辙深度图

②随着铣刨再生深度的增加，车辙量越来越小，但是车辙量变化的幅度越来越小。这是因为面层对车辙的贡献率中面层大于上面层。上面层大于下面层。铣刨的深度越来越大，下面层材料对车辙深度的影响很小，当路面发生车辙时，铣刨的越深，车辙治理的效果越好，但是经济费用越高。经济与效果的平衡是解决问题的关键。

(10)冷再生铣刨加铺处理车辙效果

冷再生材料抗车辙性能比较强，本次局部加载试验也可以得出此结论。根据我国《公路沥青路面再生技术规范》(JTG F41—2008)的规定，冷再生沥青混合料根据其性能和工程情况，可用于高速公路和一、二级公路沥青路面的下面层及基层、底基层。本次模拟时，冷再生只加铺在底面层，上面层加铺 SMA，中面层加铺 AC-20。当路面进行冷再生时，路面高程一般会增加。本次加铺冷再生时，路面高程提高 10cm，即铣刨的深度为冷再生加铺的深度，上面加铺 4cmSMA 和 6cm 的 AC-20。冷再生方法模拟车辙结果如图 4-18 和图 4-19 所示。

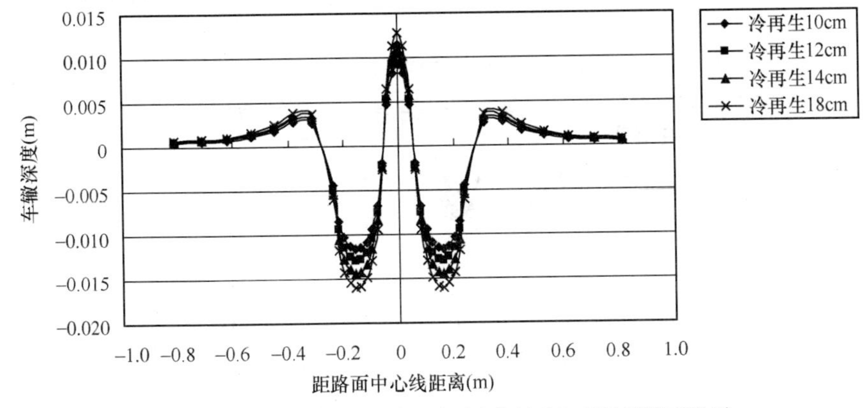

图 4-18　不同铣刨加铺深度的冷再生修复后 50 万次荷载车辙图

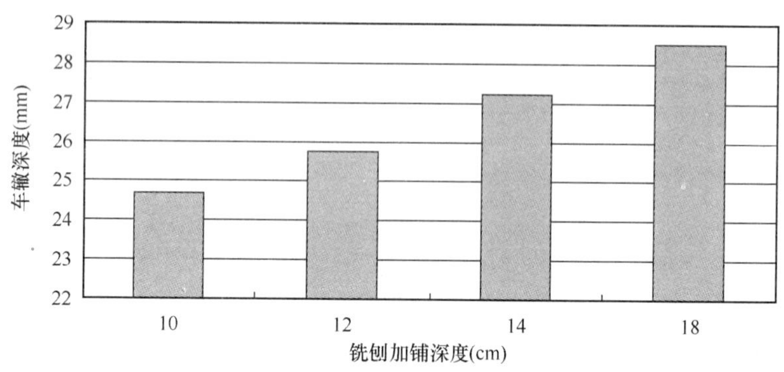

图 4-19　不同铣刨深度冷再生修复后 50 万次荷载车辙深度图

由上图可以看出，用冷再生方法处理车辙时，各种铣刨深度处理车辙的效果基本相同。原因是加铺的冷再生位于底面层，对车辙的影响较小。当上面加铺 SMA 和 AC-20 时，大部分的车辙变形位于这两个面层，但是冷再生作为底面层时，其抗车辙性能完全可以达到底面层的要求。当铣刨深度较深时，可以选择用冷再生方法处理车辙。

(11)不同方式处理车辙的效果比较

对于路面出现的车辙病害有各种不同的处理方式，每种处理方式的效果也大不相同，下面对各种处理方式在不同处理深度下的效果进行比较。将铣刨深度分为铣刨上面层、铣刨上、中面层和铣刨下面层三种铣刨深度，从而避免铣刨深度划分过于密集，同时符合工程的需要。不同锐刨深度不同修复方式车辙效果比较如图 4-20～图 4-22 所示。

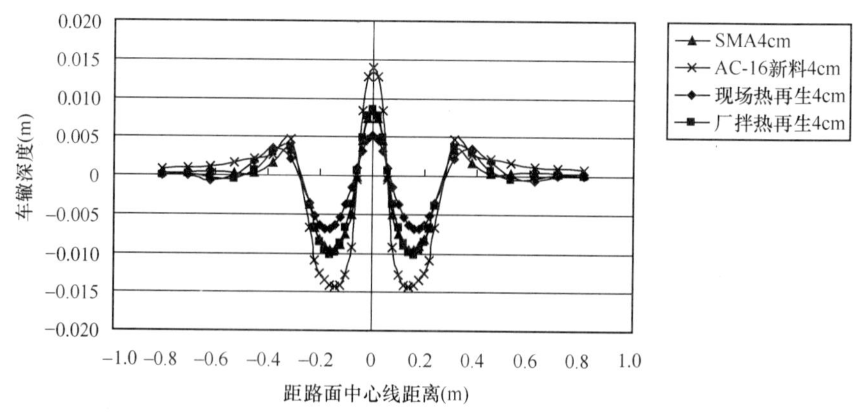

图 4-20　铣刨上面层的各种修复方式车辙效果比较

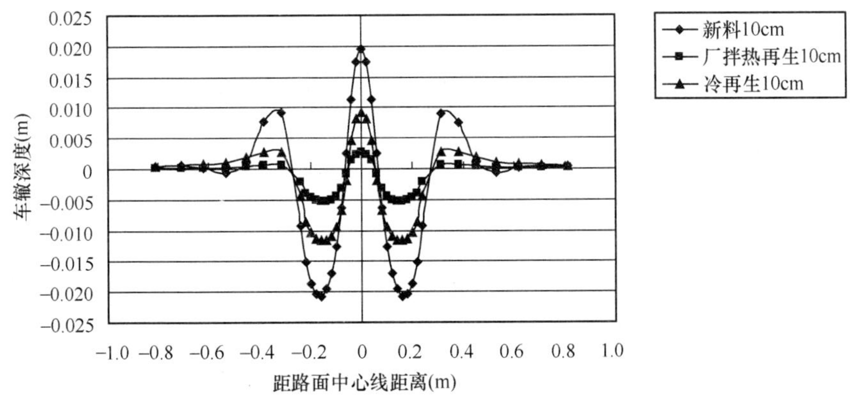

图 4-21　铣刨上、中面层的各种修复方式车辙效果比较

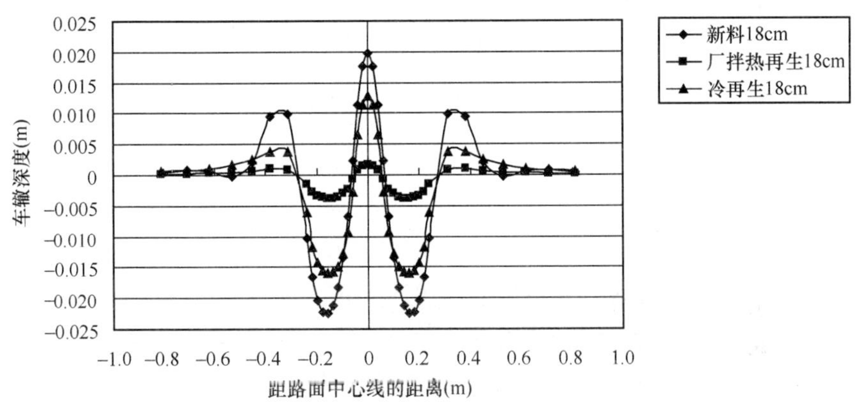

图 4-22　铣刨上、中、下面层的各种修复方式车辙效果比较

由上面几个图形可以知道，当路面发生车辙病时：

①路面铣刨加铺 4cm 即铣刨上面层时，现场热再生修复车辙效果最好，其次是厂拌热再生，直接加铺修复车辙效果最差。

②路面铣刨加铺 10cm 即铣刨上、中面层时，厂拌热再生修复效果最好，其次是冷再生，直接加铺和冷再生修复的效果相差不大。

③路面铣刨加铺 18cm 即铣刨全部面层时，厂拌热再生的修复效果最好，其次是冷再生，直接加铺修复效果最差。

4.3.2　基于弯沉的旧路补强研究

路面弯沉不仅反映路面各结构层及土基的整体强度和刚度，而且与路面的使用状态存在一定的内在联系。沥青路面路表弯沉作为设计指标，较好地反映了实际荷载作用下路面结构的整体强度。本章将研究在不同的路面弯沉下，各种补强方案的修复效果。

4.3.2.1 我国改建路面的弯沉设计方法

根据我国《公路沥青路面设计规范》(JTG D50—2006)的规定，当强度不足时应进行补强设计，设计方法与新建路面相同。

(1)原路面的当量回弹模量

根据加铺层的类型确定设计指标，当以路表回弹弯沉为设计指标时，弯沉综合修正系数按式(4-37)计算。采用弹性层状体系理论程序计算设计层的厚度或进行结构验算。

$$F = 1.45\left(\frac{l_s}{2\ 000\delta}\right)^{0.61}\left(\frac{E_t}{p}\right)^{0.61} \tag{4-37}$$

式中：E_t——原路面的当量回弹模量，MPa。

路面计算弯沉值应按式(4-38)计算。

$$l_s = 1\ 000\frac{2p\delta}{E_1}\alpha_c F \tag{4-38a}$$

$$\alpha_c = f\left(\frac{h_1}{\delta},\frac{h_2}{\delta},\cdots,\frac{h_{n-1}}{\delta},\frac{E_2}{E_1},\frac{E_3}{E_2},\cdots,\frac{E_0}{E_{n-1}}\right) \tag{4-38b}$$

式中：l_s——路表计算弯沉值，0.01mm；

F——弯沉综合修正系数；

p、δ——标准车型的轮胎接地压强，MPa；当量圆半径，cm；

α_c——理论弯沉系数；

E_0——土基抗压回弹模量，MPa；

E_1、E_2、…、E_{n-1}——各层材料抗压回弹模量，MPa；

h_1、h_2、…、h_{n-1}——各结构层厚度，cm。

(2)弯沉修复计算方法

采用东南大学的设计软件 APBI，各种沥青混合料的抗压回弹模量如表 4-6 所示。假设进行修复补强时，原路面的弯沉分为 20、40、80、120(0.01mm)，路面结构同上小节。

混合料的抗压回弹模量 表 4-6

混合料类型	直接加铺	厂拌热再生	现场热再生	冷再生
弹性回弹模量(20℃，MPa)	1 253	1 557	1 745	1 050

4.3.2.2　高程不变的补强方案选择

当路面弯沉过大时，需要进行铣刨加铺处理。铣刨后加铺有两种方式，分别是修复后高程不变和修复后高程增加。本小结分铣刨加铺后高程不变和铣刨加铺高程增加 10cm 两种方式来讨论各种补强方案的修复效果。

用路面设计软件 APBI 进行改建路面结构计算，原路面的设计弯沉为 20.0(0.01mm)。对于直接加铺和厂拌热再生来说，对路面进行修复时，铣刨深度等于加铺层厚度；对于厂拌冷再生来说，我国《公路沥青路面再生技术规范》规定：冷再生的沥青混合料根据其性能和工程情况，可用于高速公路和一、二级公路沥青路面的下面层及基层、底基层。所以此次用冷再生进行路面修复时，当路面铣刨 10cm 时(铣刨上面层和中面层)，加铺 6cm 的冷再生混合料，上面再加铺 6cm 的 AC-20 中面层和 4cm 的 SMA 上面层。当路面铣刨 12cm 时，上面加铺 8cm 的冷再生混合料和 6cm 的 AC-20 中面层和 4cm 的 SMA 上面层。以此类推，即当路面铣刨深度增加时，冷再生层厚度增加，中、上面层厚度不变。当用冷再生修复路面弯沉时，路面高程提高 6cm。

(1)厂拌热再生弯沉修复效果

当用厂拌热再生方式修复路面弯沉时，不同路面弯沉条件下修复后的路表弯沉如图 4-23 所示。

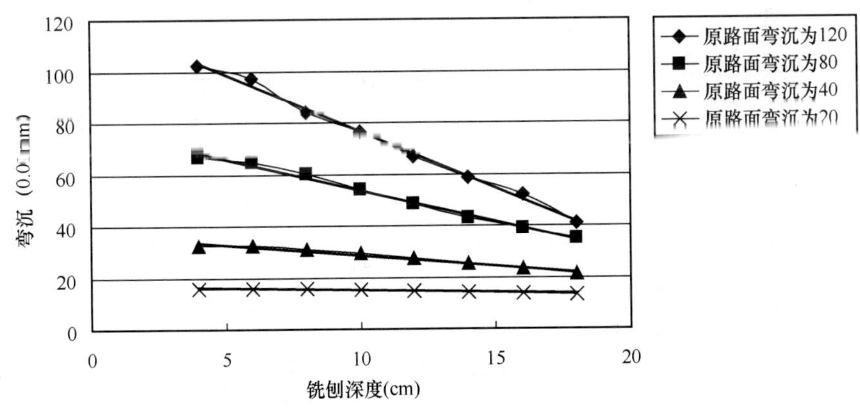

图 4-23　厂拌热再生修复后弯沉拟合图

对以上四个函数进行拟合，拟合后公式如下：

$y_1=-0.1952x+16.998$　$R^2=0.887$(原路面弯沉为 20)；

$y_2=-0.8369x+36.931$　$R^2=0.9690$(原路面弯沉为 40)；

$y_3=-2.4363x+78.212$　$R^2=0.9698$(原路面弯沉为 80)；

$y_4 = -4.4167x + 121.03 \quad R^2 = 0.9955$(原路面弯沉为 120)。

由图 4-23 可知,当用线性函数在不同路面弯沉情况下拟合时,拟合精度比较高,能满足工程设计的需要。对第一参数和第二参数分别进行拟合如图 4-24 和图 4-25 所示。

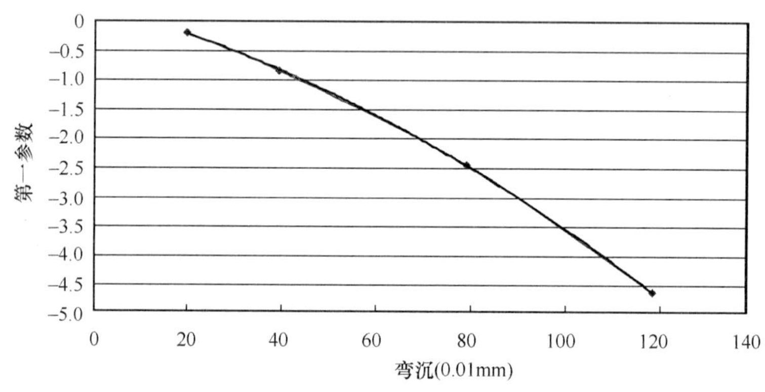

图 4-24　厂拌热再生第一参数拟合

第一参数的拟合公式为:$y = -0.0001x^2 - 0.0251x + 0.3578 \quad R^2 = 1$

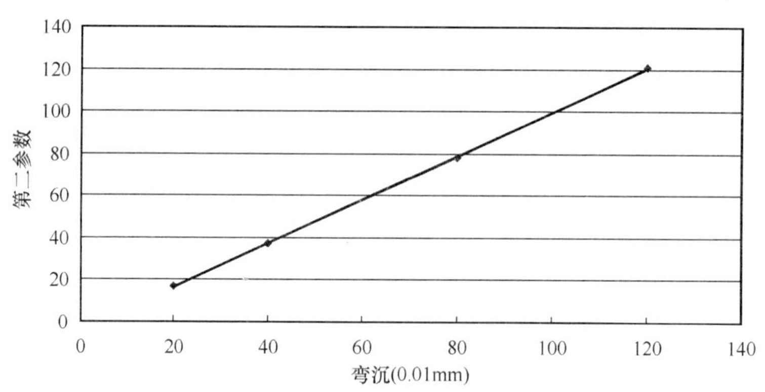

图 4-25　厂拌热再生第二参数拟合

第二参数的拟合公式为:$y = -1.041x - 4.3694 \quad R^2 = 0.9998$

由上图可知,第一参数直线的斜率随着原路面弯沉的增加而减小,即原路面弯沉越大,修复效果曲线的斜率越大。第二参数与原路面弯沉成正比,具有很好的相关性。厂拌热再生铣刨加铺前后弯沉的关系如式(4-39)所示。

$$Y_1 = (-0.0001l^2 - 0.0251l + 0.3578)x + 1.041l - 4.3694 \tag{4-39}$$

式中:Y_1——路面经过厂拌热再生修复后路表弯沉,0.01mm;

x——铣刨深度，cm；

l——原路面的弯沉，0.01mm。

(2)直接加铺弯沉修复效果

在路面不同严重程度的弯沉下，对于不同的铣刨深度，用直接加铺进行修复后路面的弯沉如图 4-26 所示。

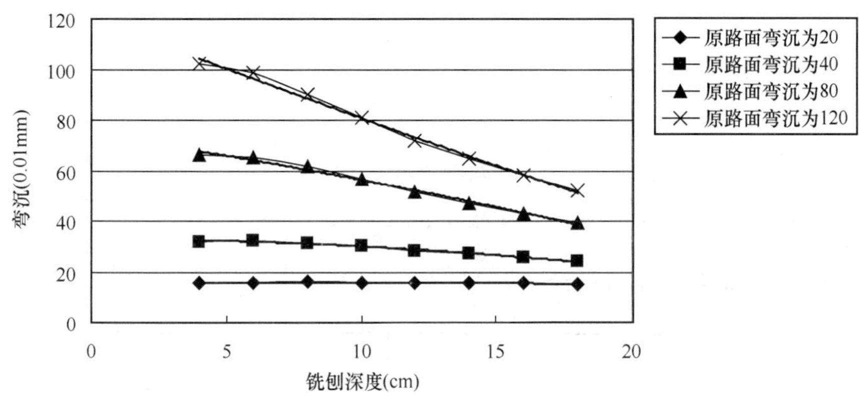

图 4-26　直接加铺修复弯沉拟合图

对以上四个参数进行拟合：

$y_1=-0.007\,6x^2+0.134\,2x+15.289$　$R^2=0.861\,4$[原路面弯沉为 20(0.01mm)]；

$y_2=-0.026x^2-0.039\,6x+33.146$　$R^2=0.986\,3$[原路面弯沉为 40(0.01mm)]；

$y_3=-0.023\,4x^2-1.562\,8x+74.306$　$R^2=0.990\,1$[原路面弯沉为 80(0.01mm)]；

$y_4=0.015\,6x^2-4.$[illegible]$x+120.58$　$R^2=0.992\,8$[原路面弯沉为 120(0.01mm)]。

由上图可知，用二阶函数进行拟合精度比较高，可以满足工程的需要。对第一参数、第二参数和第三参数进行拟合结果如图 4-27～图 4-29 所示。

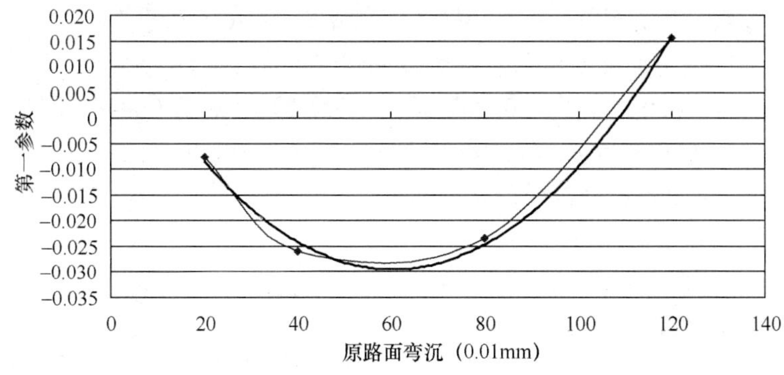

图 4-27　直接加铺的第一参数拟合结果

第一参数拟合结果：$y=0.00001x^2-0.0015x+0.0172\quad R^2=0.9945$

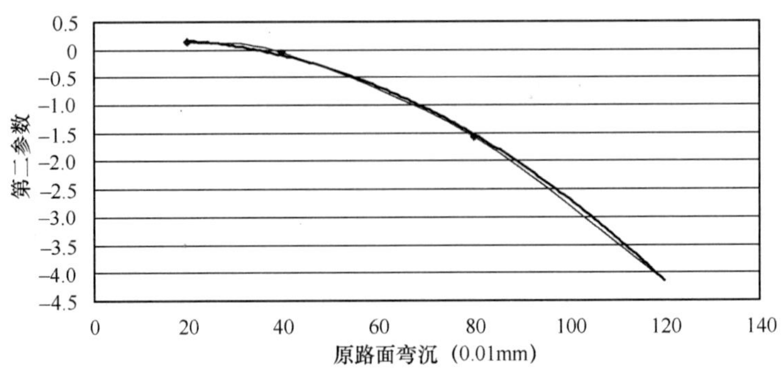

图 4-28 直接加铺的第二参数拟合结果

第二参数的拟合结果：$y=-0.0004x^2+0.0092x+0.131\quad R^2=0.9995$

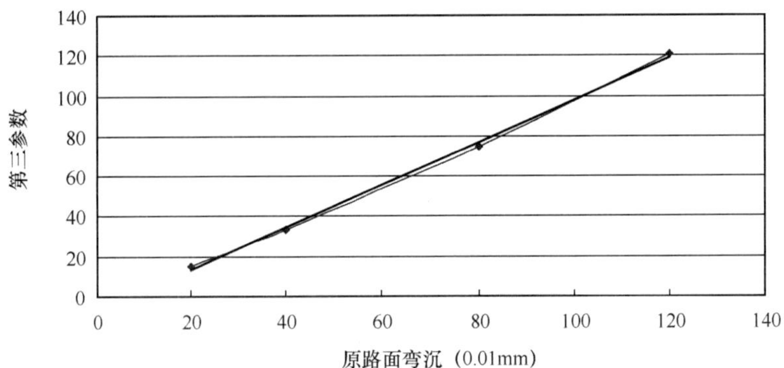

图 4-29 直接加铺的第三参数拟合结果

第三参数的拟合结果：$y=1.0561x-7.7959\quad R^2=0.9979$

直接加铺铣刨加铺前后弯沉的关系如式(4-40)所示。

$$Y_2=(0.00001l^2-0.0015l+0.0172)x^2+(-0.0004l^2+0.0092l+0.131)x+1.0561l-7.7959 \tag{4-40}$$

式中：Y_2——路面经过直接加铺铣刨加铺修复后路表弯沉，0.01mm；

x——铣刨深度，cm；

l——原路面的弯沉，0.01mm。

(3)冷再生弯沉修复效果

在路面各种条件下，对于不同的铣刨深度，用冷再生进行修复后路面的弯沉如图 4-30 所示。

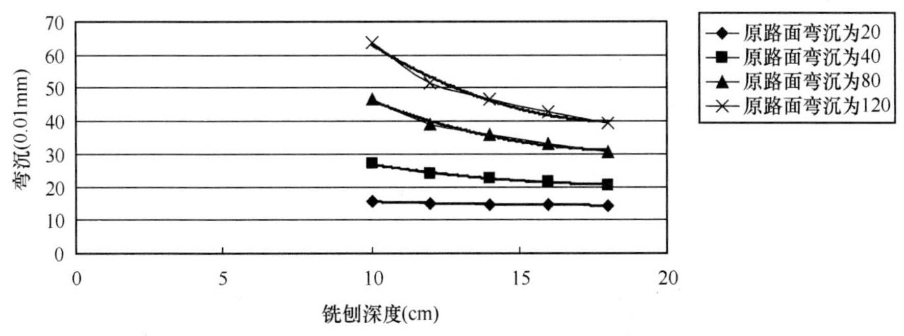

图 4-30　冷再生弯沉修复拟合图

$y_1 = 0.0125x^2 - 0.495x + 19.28$　$R^2 = 0.9955$［原路面弯沉为 20 (0.01mm)］；

$y_2 = 0.075x^2 - 2.86x + 47.92$　$R^2 = 0.9885$［原路面弯沉为 40 (0.01mm)］；

$y_3 = 0.2036x^2 - 7.58x + 101.65$　$R^2 = 0.9862$［原路面弯沉为 80 (0.01mm)］；

$y_4 = 0.3286x^2 - 12.1x + 151.25$　$R^2 = 0.985$［原路面弯沉为 120 (0.01mm)］。

由上图可知，用冷再生修复后路面的弯沉与原路面弯沉明显成二阶函数，且随着铣刨深度的加大，修复后弯沉变化率越来越小，但修复前后弯沉的总体变化幅度比较大。分别对第一参数、第二参数和第三参数进行拟合，拟合曲线与拟合精度如图 4-31～图 4-33 所示。

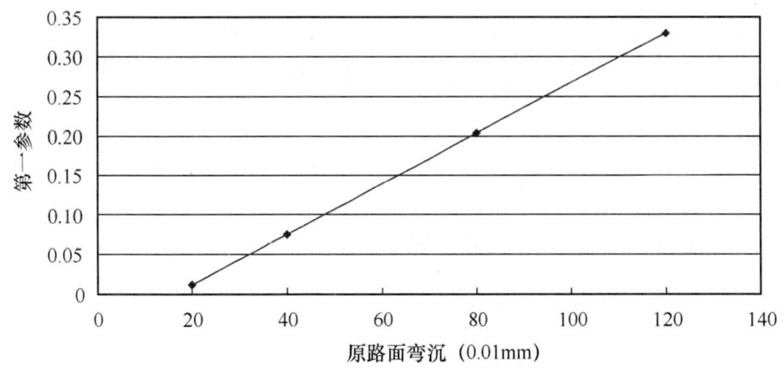

图 4-31　冷再生的第一参数拟合

第一参数的拟合结果：$y=0.0032x-0.051$　$R^2=1$

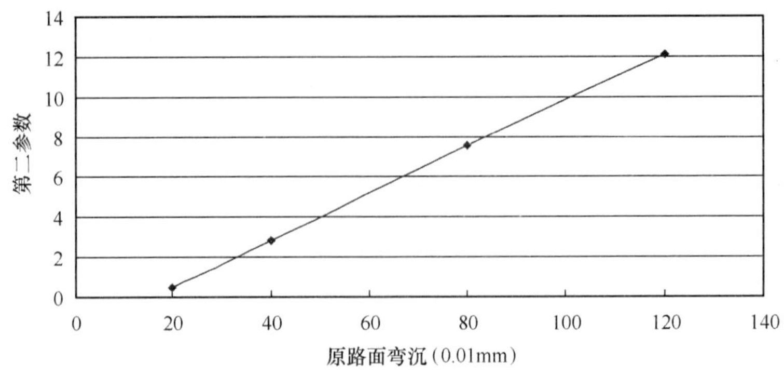

图 4-32　冷再生的第二参数拟合

第二参数的拟合结果：$y=0.1164x-1.8194$　$R^2=0.9998$

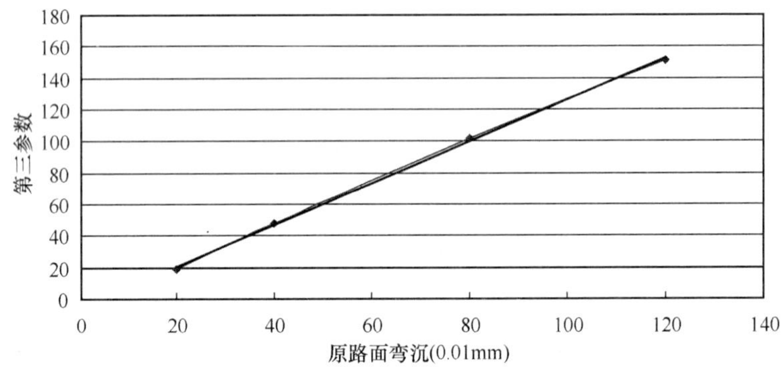

图 4-33　冷再生的第三参数拟合

第三参数的拟合结果：$y=1.3103x-5.6637$　$R^2=0.9992$

由上图可以看出，冷再生参数拟合的精度比较高。拟合后弯沉结果如式(4-41)所示。

$$Y_3=(0.0032l-5.6637)x^2-(0.1164l-1.8194)x+1.3183l-5.6637 \tag{4-41}$$

式中：Y_3——路面经过冷再生修复后路表弯沉，0.01mm；

x——铣刨深度，cm；

l——原路面的弯沉，0.01mm。

(4)各种修复方式的修复效果比较

为了比较各种铣刨修复方式的效果，当原路面弯沉为 20、40、80、120(0.01mm)时，各种修复方式的修复效果比较如图 4-34～图 4-37 所示。

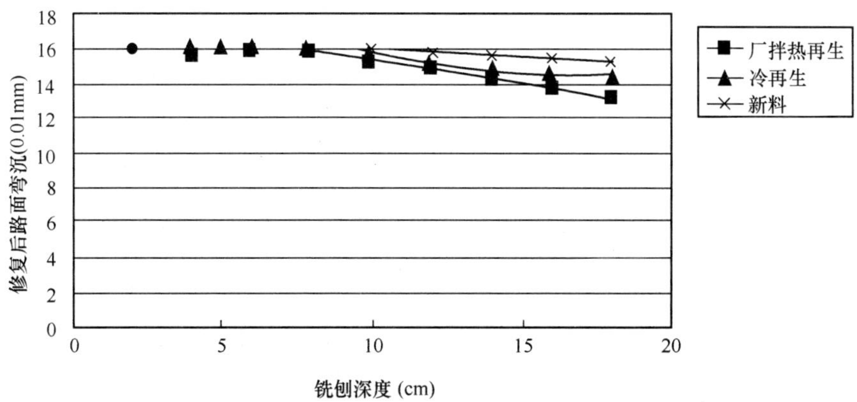

图 4-34 路面弯沉为 20(0.01mm)时各种修复方式修复效果图

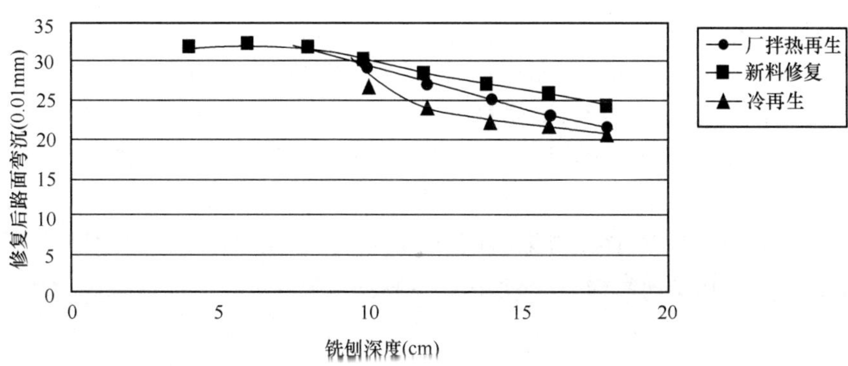

图 4-35 路面弯沉为 40(0.01mm)时各种修复方式修复效果图

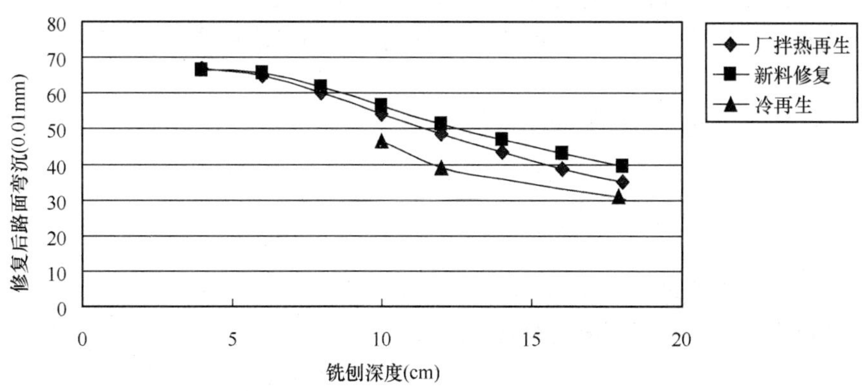

图 4-36 路面弯沉为 80(0.01mm)时各种修复方式修复效果图

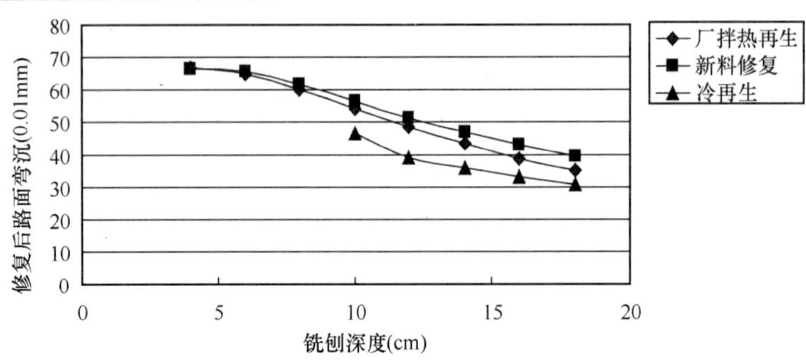

图 4-37 路面弯沉为 120(0.01mm)时各种修复方式修复效果图

由上图可以得出以下结论：

①当路面弯沉为 20(0.01mm)时，即路面结构比较好的情况下，随着各种维修方式铣刨深度的加大，弯沉变化不大，厂拌热再生的修复效果最好。用冷再生进行修复时，由于修复后路面高程增加 6cm，因此修复后弯沉较小。

②当路面弯沉为 40(0.01mm)时，即路面弯沉是设计弯沉的 2 倍，拟合后曲线的弯沉斜率绝对值比较大，即修复后弯沉下降的趋势比较大。当铣刨深度较小时，各种修复方式的变化效果相差不大。随着修复深度的增加，冷再生的修复效果比较好，原因是路面高程增加 6cm，路面厚度对弯沉的影响大于模量变化对弯沉的影响。其次是厂拌热再生，由于其弹性回弹模量比较大，厂拌热再生的技术也比较成熟，在路面高程不变的情况下，修复效果最佳。

③当路面弯沉为 80 或者 120(0.01mm)时，随着铣刨深度的增加，弯沉下降的速率比较快。在路面高程不增加的情况下，即使铣刨全部面层，也达不到原路面的设计弯沉。用冷再生修复的效果最佳，其次是现场热再生。若要修复后达到原路面的设计弯沉，必须铣刨基层或者加铺后高程增加。

最终得出各种修复方式在高程不变的情况下，修复路面后弯沉拟合公式如式(4-42)～式(4-44)所示。

厂拌热再生修复弯沉随深度变化公式：

$$Y_1 = (-0.002l^2 - 0.0206l + 0.275)x + 1.041l - 4.3694 \quad (4\text{-}42)$$

直接加铺修复后弯沉随深度变化公式：

$$Y_2 = (0.00001l^2 - 0.0015l + 0.0172)x^2 + (-0.0004l^2 + 0.0092l + 0.131)x + 1.0561l - 7.7959 \quad (4\text{-}43)$$

冷再生修复后弯沉随深度变化公式：

$$Y_3 = (0.0032l - 5.6637)x^2 - (0.1164l - 1.8194)x + 1.3183l - 5.6637 \quad (4\text{-}44)$$

4.3.2.3　高程可变情况下弯沉修复方案选择

当路面弯沉较大时，用不同的补强方案进行修复，修复后路面高程可能会增加。本节研究各种修复方式修复后路面高程增加 10cm 时，原路面不同弯沉情况下各种方案的优劣。原路面结构采用上节的结构，修复后路面上面层为 SMA，中面层为 AC-20。

(1)厂拌热再生修复后弯沉拟合

当原路面弯沉为 20、40、80、120(0.01mm)时，不同的铣刨深度与修复后弯沉之间的关系如图 4-38 所示。

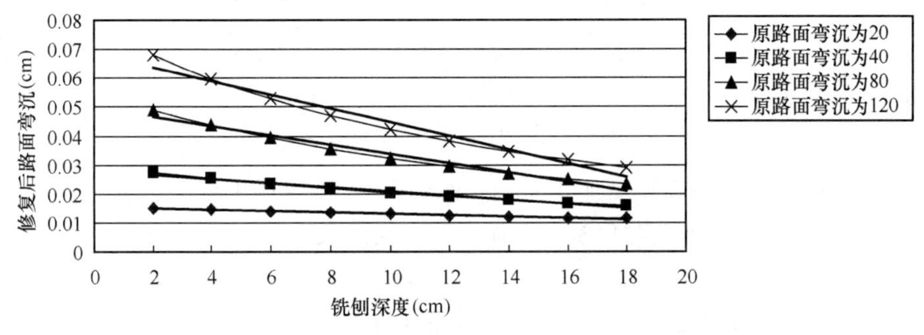

图 4-38　厂拌热再生拟合弯沉图

为了得出厂拌热再生在不同的原路面弯沉下，铣刨深度和修复后路面弯沉之间的关系，对四个曲线进行拟合，拟合结果如下：

$y_1=-0.0002x+0.0155$　$R^2=0.9932$[原路面弯沉为 20(0.01mm)]；

$y_2=-0.0007x+0.0281$　$R^2=0.9826$[原路面弯沉为 40(0.01mm)]；

$y_3=-0.0016x+0.0408$　$R^2=0.9714$[原路面弯沉为 80(0.01mm)]；

$y_4=-0.0024x+0.0686$　$R^2=0.9633$[原路面弯沉为 120(0.01mm)]。

并对第一、二参数进行拟合，参数拟合过程如图 4-39 和图 4-40 所示。

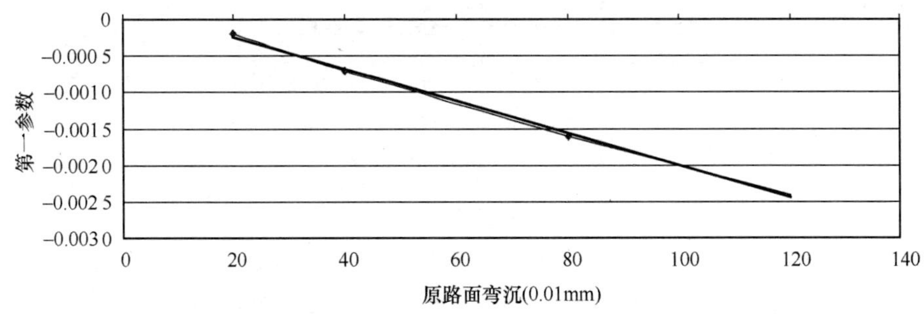

图 4-39　厂拌热再生第一参数拟合

第一参数拟合结果：$y=-0.00002x+0.0602 \quad R^2=0.9982$

第二参数拟合结果：$y=0.0005x+0.0061 \quad R^2=0.997$

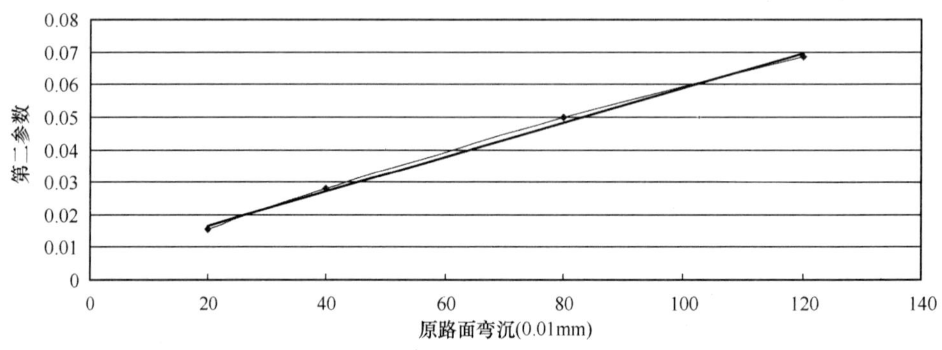

图 4-40　厂拌热再生第二参数拟合

最后得出在路面高程增加 10cm 的情况下，厂拌热再生修复方式在不同的原路面弯沉下，铣刨深度与修复后路面弯沉之间的关系：

$$Y_1=(-0.00002l+0.0602)x+0.0005l+0.0061 \tag{4-45}$$

式中：Y_1——路面经过厂拌热再生修复后路表弯沉，cm；

x——铣刨深度，cm；

l——原路面的弯沉，0.01mm。

(2)直接加铺修复后弯沉拟合

在原路面不同弯沉下，采用铣刨加铺修复后路面弯沉关系如图 4-41 所示。

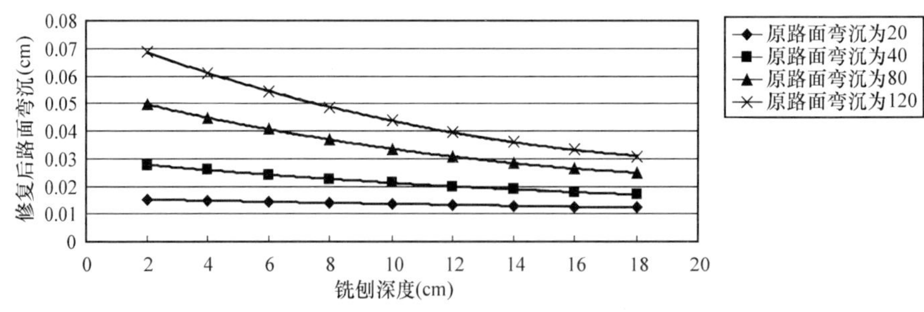

图 4-41　直接加铺弯沉拟合图

对上图中 4 个曲线进行二次函数拟合，拟合关系如下：

$y_1=-0.00001x^2-0.0004x+0.0161 \quad R^2=0.8654$[原路面弯沉为 20(0.01mm)]；

$y_2=-0.00003x^2-0.0012x+0.0302 \quad R^2=0.992$[原路面弯沉为 40(0.01mm)]；

$y_3=-0.00007x^2+-0.0029x+0.8552 \quad R^2=0.9988$[原路面弯沉为 80(0.01mm)]；

$y_4=0.0001x^2-0.0045x+0.0773$　$R^2=0.9995$[原路面弯沉为 120(0.01mm)]。

对二阶函数的三个参数进行拟合，拟合过程如图 4-42～图 4-44 所示。

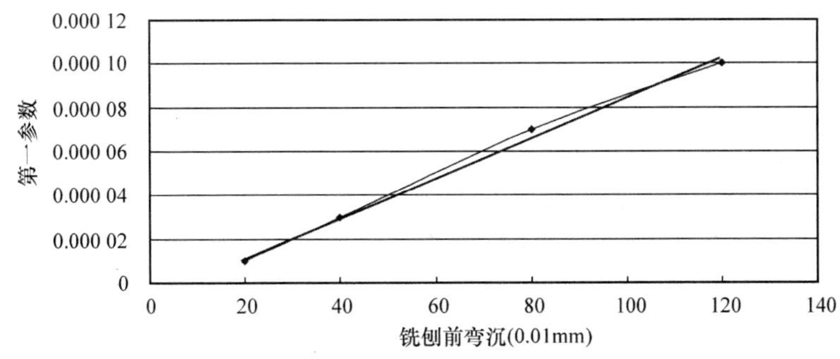

图 4-42　直接加铺修复第一参数拟合

第一参数拟合结果：$y=0.0000009-0.000006x-6E-6$　$R^2=0.9951$

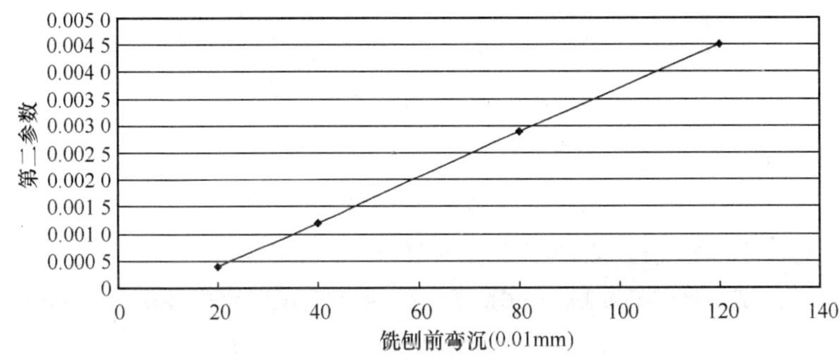

图 4-43　直接加铺修复第二参数拟合

第二参数拟合结果：$y=0.00004x-0.0004$　$R^2=0.9998$

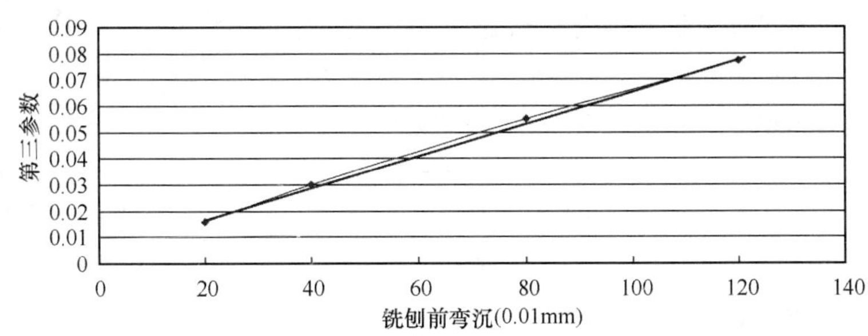

图 4-44　直接加铺修复第三参数拟合

第三参数拟合结果：$y=0.0006x+0.005$　$R^2=0.9979$

最后得出用直接加铺修复方式时，在不同的原路面弯沉下，不同的铣刨深度与修复后路面弯沉之间的关系：

$$Y_2 = (0.0000009l - 0.000006)x^2 - (0.00004l - 0.0004)x + (0.0006l + 0.005) \quad (4\text{-}46)$$

式中：Y_2——路面经过直接加铺铣刨加铺修复后路表弯沉，cm；

x——铣刨深度，cm；

l——原路面的弯沉，0.01mm。

(3)冷再生修复后弯沉拟合

使用冷再生方式修复后，在不同的原路面弯沉下，铣刨深度与修复后路面之间的关系如图 4-45 所示。

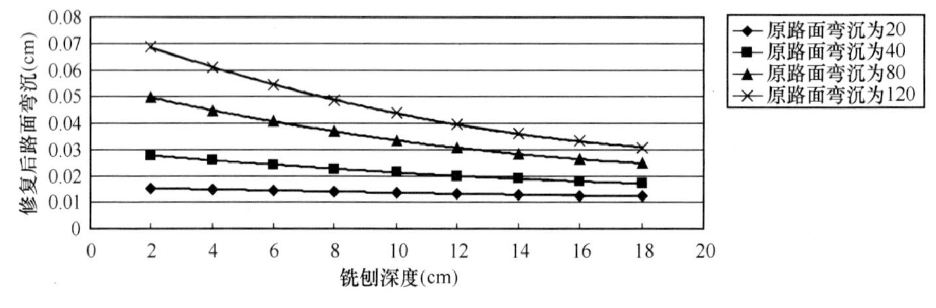

图 4-45 冷再生弯沉拟合图

对以上四个曲线进行拟合成二阶函数，拟合结果如下：

$y_1 = 0.000001x^2 - 0.0001x + 0.0157 \quad R^2 = 0.9956$[原路面弯沉为 20(0.01mm)]；

$y_2 = 0.00002x^2 - 0.0009x + 0.0297 \quad R^2 = 1$[原路面弯沉为 40(0.01mm)]；

$y_3 = 0.00005x^2 - 0.0025x + 0.0548 \quad R^2 = 0.9998$[原路面弯沉为 80(0.01mm)]；

$y_4 = 0.00009x^2 - 0.004x + 0.0772 \quad R_2 = 0.9995$[原路面弯沉为 120(0.01mm)]。

对以上的二阶函数分别进行拟合，拟合结果如图 4-46～图 4-48 所示。

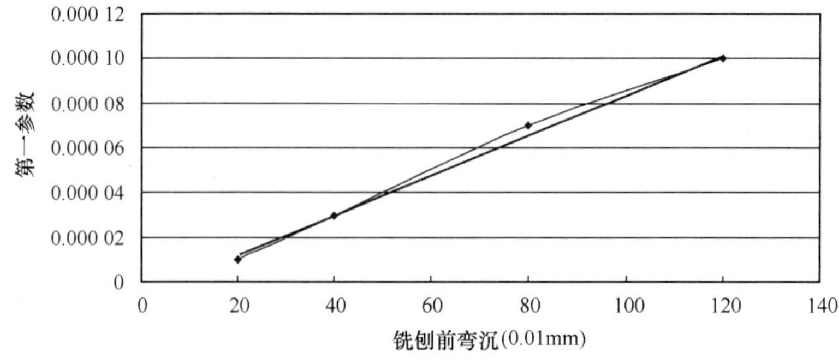

图 4-46 冷再生第一参数拟合

第一参数拟合结果：$y=0.000\ 000\ 9x-0.000\ 02\quad R^2=0.996\ 3$

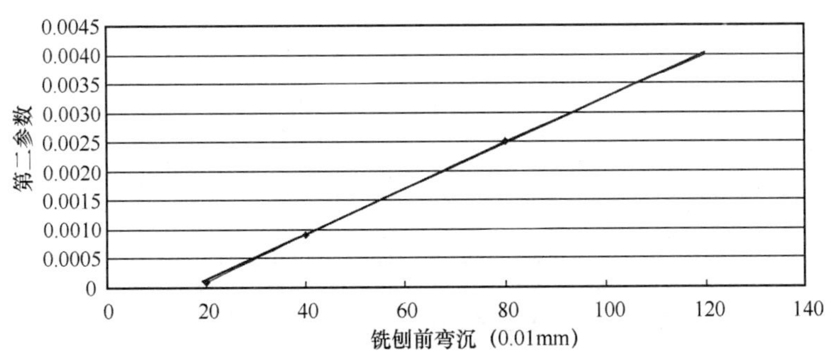

图 4-47　冷再生第二参数拟合

第二参数拟合结果：$y=0.000\ 04x-0.000\ 7\quad R^2=0.999\ 7$

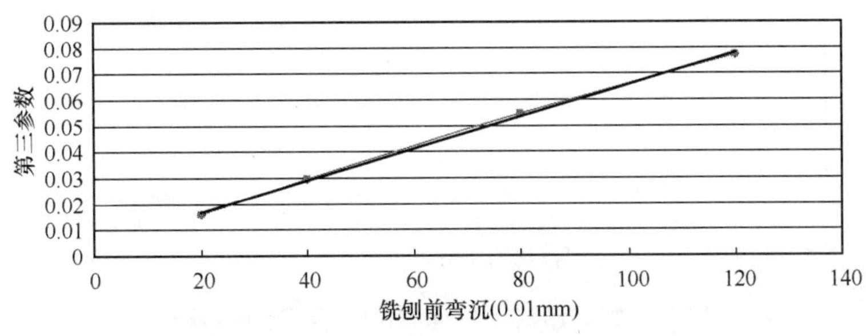

图 4-48　冷再生第三参数拟合

第三参数拟合结果：$y=0.000\ 6x+0.004\ 5\quad R^2=0.998\ 2$

可以得出，在不同的原路面弯沉下，冷再生修复后路面弯沉随铣刨深度变化情况：

$$Y_3=(0.000\ 000\ 9l-0.000\ 02)x^2-(0.000\ 04l-0.000\ 7)x+(0.000\ 6l+0.004\ 5)\tag{4-47}$$

式中：Y_3——路面经过冷再生修复后路表弯沉，cm；

x——铣刨深度，cm；

l——原路面的弯沉，0.01mm。

(4)各种修复方式修复效果比较

为了比较在不同的原路面弯沉[20、40、80、120(0.01mm)]下，不同补强方案的修复效果，将各种修复方式在同一条件下(相同的原路面弯沉)进行比较，比较结果如图 4-49～图 4-52 所示。

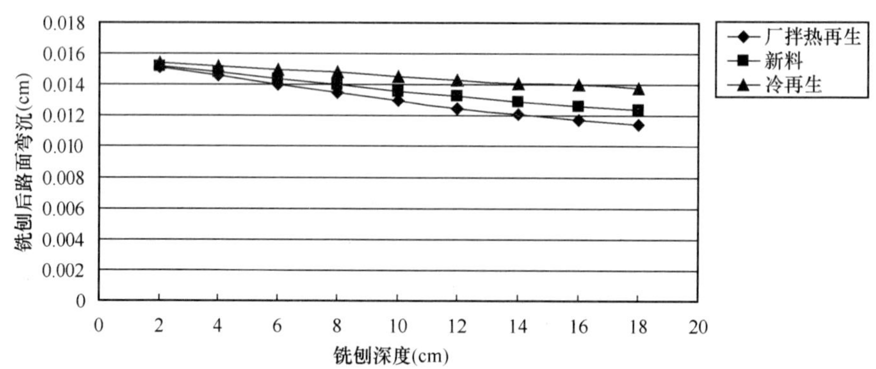

图 4-49 原路面弯沉为 20(0.01mm)时各种修复方式的修复效果

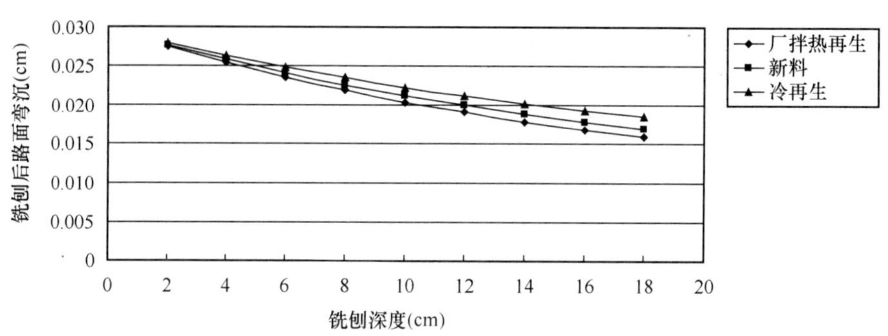

图 4-50 弯沉为 40(0.01mm)时各种修复方式修复效果

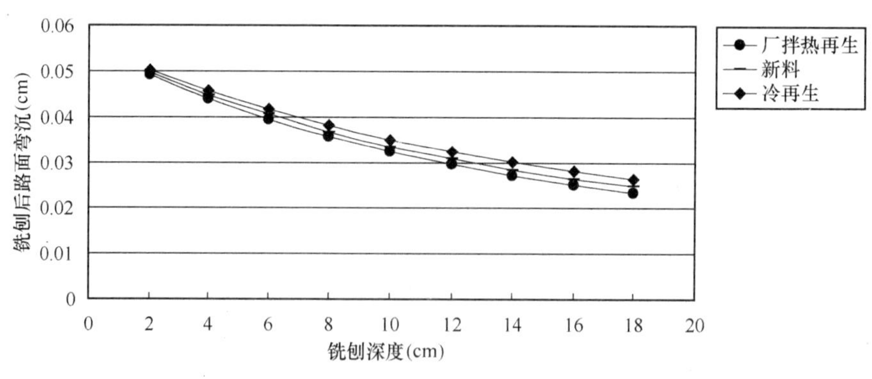

图 4-51 弯沉为 80(0.01mm)时各种修复方式修复效果

由上图可以知道：

①当原路面弯沉为 20(0.01mm)时，各种补强方案的修复效果与铣刨深度基本呈直线关系。厂拌热再生的补强方案最好，其次是直接加铺补强方案，再次

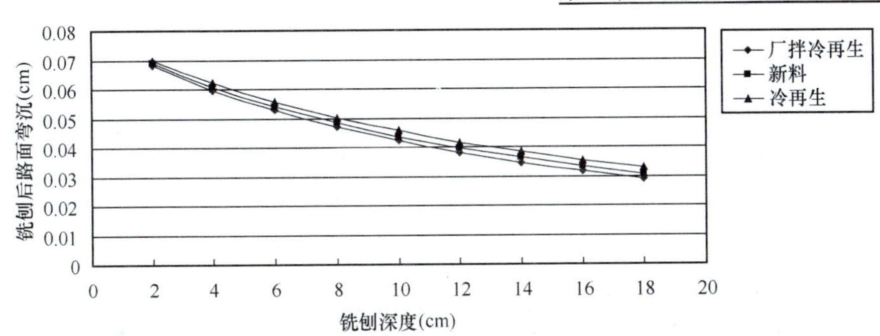

图 4-52　弯沉为 120(0.01mm)时各种修复方式修复效果

是冷再生补强方案，各种补强方案的效果在铣刨面层时相差很大。

②当原路面弯沉为 40(0.01mm)时，各种铣刨修复方式的修复效果基本上也呈直线变化。随着铣刨深度的加大，各种补强方案的效果逐渐加大，其中厂拌热再生的补强效果最好，其次是直接加铺，再次是冷再生。

③当路面弯沉为 80(0.01mm)或者 120(0.01mm)时，铣刨深度与补强后弯沉成二次函数变化。随着铣刨深度的加大，铣刨后路面弯沉变化越来越平缓。厂拌热再生的补强效果最好，其次是直接加铺，再次是冷再生，但是各种补强方案之间的效果相差不大。

4.3.3　基于裂缝的旧路补强研究

4.3.3.1　关于裂缝的断裂力学理论

(1)裂缝扩展的三种基本形式

断裂力学是研究含裂缝的构件在各种环境下(包括荷载作用、温度变化、湿度变化等)裂缝的平衡、扩展和失稳规律以及其强度的一门学科。通常根据裂纹面的位移方式，将裂纹分为三种类型：张开型(Ⅰ型)、剪切型(Ⅱ型)和撕开型(Ⅲ型)。断裂力学理论是从宏观上研究裂纹的扩展问题。三种基本类型裂缝如图 4-53 所示。

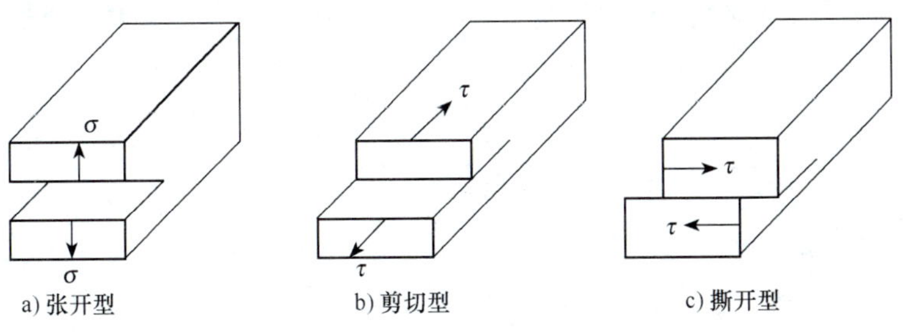

图 4-53　三种基本类型裂缝

实际工程结构不仅承受拉伸荷载,还可能承受剪切(面内剪切或面外剪切)与扭转荷载,可能同时存在Ⅰ型和Ⅱ型或Ⅲ型裂缝。车辆荷载作用下的裂缝是张开型和滑开型裂缝的组合。本文的主要任务是确定应力强度因子K(线弹性断裂力学),进而确定裂纹尖端的应力应变场,将裂纹作为边界条件来处理,通过裂纹附近的应力场、位移场来分析带裂纹结构的承载能力、抗断裂韧性和裂纹长度之间的关系。

(2)断裂尖端的应力场和位移场

断裂力学从构件中存在宏观裂纹这一点出发,利用线弹性和弹塑性力学的分析方法,通过断裂力学的分析,能把构件内部的裂纹大小和构件工作应力以及材料抵抗断裂的能力(断裂韧性)定量地联系起来,从而可对含裂纹构件的安全性和寿命给出定量或半定量的估算。图4-54所示为平面裂纹,坐标原点O选在裂尖,r、θ为极坐标,x、y为直角坐标,则在极坐标和笛卡尔坐标下的裂尖渐近应力场和位移场分别为:

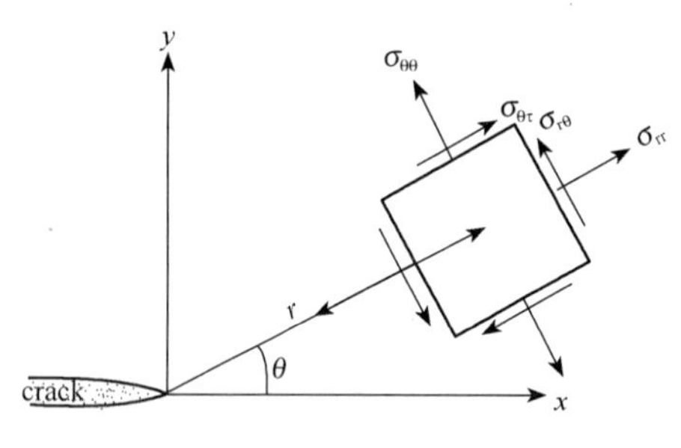

图4-54　裂缝尖端受力图

$$\sigma_{rr}=\frac{K_{\mathrm{I}}}{\sqrt{2\pi r}}\left(\frac{5}{4}\cos\frac{\theta}{2}-\frac{1}{4}\cos\frac{3\theta}{2}\right)+\frac{K_{\mathrm{II}}}{\sqrt{2\pi r}}\left(-\frac{5}{4}\sin\frac{\theta}{2}+\frac{3}{4}\sin\frac{3\theta}{2}\right)\tag{4-48}$$

$$\sigma_{\theta\theta}=\frac{K_{\mathrm{I}}}{\sqrt{2\pi r}}\left(\frac{3}{4}\cos\frac{\theta}{2}+\frac{1}{4}\cos\frac{3\theta}{2}\right)+\frac{K_{\mathrm{II}}}{\sqrt{2\pi r}}\left(-\frac{3}{4}\sin\frac{\theta}{2}-\frac{3}{4}\sin\frac{3\theta}{2}\right)\tag{4-49}$$

$$\sigma_{r\theta}=\frac{K_{\mathrm{I}}}{\sqrt{2\pi r}}\left(\frac{1}{4}\sin\frac{\theta}{2}+\frac{1}{4}\sin\frac{3\theta}{2}\right)+\frac{K_{\mathrm{II}}}{\sqrt{2\pi r}}\left(\frac{1}{4}\cos\frac{\theta}{2}+\frac{3}{4}\cos\frac{3\theta}{2}\right)\tag{4-50}$$

$$\sigma_{x}=\frac{K_{\mathrm{I}}}{\sqrt{2\pi r}}\cos\frac{\theta}{2}\left(1-\sin\frac{\theta}{2}\sin\frac{3\theta}{2}\right)-\frac{K_{\mathrm{II}}}{\sqrt{2\pi r}}\sin\frac{\theta}{2}\left(2+\cos\frac{\theta}{2}\cos\frac{3\theta}{2}\right)\tag{4-51}$$

$$\sigma_{y}=\frac{K_{\mathrm{I}}}{\sqrt{2\pi r}}\cos\frac{\theta}{2}\left(1+\sin\frac{\theta}{2}\sin\frac{3\theta}{2}\right)+\frac{K_{\mathrm{II}}}{\sqrt{2\pi r}}\sin\frac{\theta}{2}\cos\frac{\theta}{2}\cos\frac{3\theta}{2}\tag{4-52}$$

$$\tau_{xy}=\frac{K_{\mathrm{I}}}{\sqrt{2\pi r}}\cos\frac{\theta}{2}\sin\frac{\theta}{2}\cos\frac{3\theta}{2}+\frac{K_{\mathrm{II}}}{\sqrt{2\pi r}}\cos\frac{\theta}{2}\left(1-\sin\frac{\theta}{2}\sin\frac{3\theta}{2}\right)\tag{4-53}$$

$$u=\frac{K_{\mathrm{I}}}{4\mu}\sqrt{\frac{r}{2\pi r}}\left[(2\chi-1)\cos\frac{\theta}{2}-\cos\frac{3\theta}{2}\right]+\frac{K_{\mathrm{II}}}{4\mu}\sqrt{\frac{r}{2\pi}}\left[(2\chi+3)\sin\frac{\theta}{2}+\sin\frac{3\theta}{2}\right] \tag{4-54}$$

$$v=\frac{K_{\mathrm{I}}}{4\mu}\sqrt{\frac{r}{2\pi r}}\left[(2\chi+1)\sin\frac{\theta}{2}-\sin\frac{3\theta}{2}\right]+\frac{K_{\mathrm{II}}}{4\mu}\sqrt{\frac{r}{2\pi}}\left[(2\chi-3)\cos\frac{\theta}{2}+\cos\frac{3\theta}{2}\right] \tag{4-55}$$

其中，μ 为剪切模量，$\mu=\dfrac{E}{2(1+v)}$，$\chi=\dfrac{3-v}{4+v}$(平面应力)，$\chi=3-4v$(平面应变)，则Ⅰ型、Ⅱ型和Ⅲ型应力强度因子控制的裂缝尖端应力场和位移场可统一记为：

$$\sigma_{\mathrm{ij}}=\frac{K}{\sqrt{2\pi r}}f_{\mathrm{ij}}(\theta) \tag{4-56}$$

$$u_{\mathrm{i}}=K\sqrt{\frac{r}{\pi}}g_{\mathrm{i}}(\theta) \tag{4-57}$$

(3)裂缝应力强度因子

结构的断裂起源于裂纹，而裂纹的静止、平衡或发展，都与裂纹尖端附近的应力场有直接关系。Iwin 通过裂纹尖端附近应力场的研究，提出了一个新参量—应力强度因子，并建立了断裂判据，这一断裂判据在工程上得到了广泛的应用。对于不同类型的应力强度因子，$f_{\mathrm{ij}}(\theta)$ 和 $g_{\mathrm{i}}(\theta)$ 具有不同的表达式。从上面的公式可以看出，只要有裂缝存在，并且外荷载不等于零(即使很小)，则裂缝尖端处的应力总是趋向无限大的。因为应力与$\sqrt{r}$成反比，在裂纹尖端($r=0$)应力为无限大，即应力在裂纹尖端出现奇异点，应力场具有 $1/\sqrt{r}$ 奇异性。但是只要存在裂纹，不论外荷载多么小，裂纹尖端应力总是无限大。如果按照传统的强度理论，无论作用多么微小的荷载，都将导致结构的破坏。也就是说，有裂缝结构的强度是趋向于零的。但是实际情况并不是如此，许多带裂缝工作的结构在一定的荷载作用下还是稳定的。在这种情况下，只用应力大小来判断结构强度的方法就不适用了。

由式(4-55)可知，裂缝尖端附近的应力场与 K 成正比。对于同一裂缝，同一种应力状态就具有相同的 K 值。K 值越大，则裂缝附近的应力随 $r\to 0$ 时趋向无限大就越迅速。所以，K 可以反映裂缝尖端附近的应力场强度，它被称为应力强度因子。在断裂力学中，应力强度因子作为裂纹尖端附近应力奇异性程度的表征参量，是衡量裂纹尖端区应力场强度的重要指标。应力强度因子可由相应的应力场和位移场定义：

$$K_{\mathrm{I}}=\frac{2\mu}{\chi+1}\sqrt{2\pi}\lim_{r\to 0}\frac{v(r,\pi)}{\sqrt{r}} \tag{4-58}$$

$$K_{\mathrm{II}}=\frac{2\mu}{\chi+1}\sqrt{2\pi}\lim_{r\to 0}\frac{u(r,\pi)}{\sqrt{r}} \tag{4-59}$$

$$K_{\mathrm{III}}=\frac{\mu}{\chi+1}\sqrt{2\pi}\lim_{r\to 0}\frac{w(r,\pi)}{\sqrt{r}} \tag{4-60}$$

当外荷载为对称荷载时，裂尖应力场由Ⅰ型应力强度因子控制时，令 $\theta=180°$，由式(4-60)可得用裂缝面位移表示的应力强度因子(平面应变)：

$$K_{\mathrm{I}}(t)=\frac{\sqrt{2\pi}E}{4(1-\mu^2)}\cdot\frac{v(t)}{\sqrt{r}} \tag{4-61}$$

(4)断裂韧度和断裂准则

由 K 的各种表达式可以看出，在构件、裂纹、加载方式等条件确定以后，K 值将随着外力的增大而增大。同时在试验中发现，当应力场的强度增加到某一数值时，即使外加应力不再增加，裂缝也会迅速扩展而导致构件断裂或发生结构脆性破坏。这个极限值称为材料的断裂韧度，对于Ⅰ型裂缝此极限值用 K_{IC} 表示。不同的材料具有不同的 K_{IC} 值，K_{IC} 值表征了工程材料本身固有的抵抗裂缝扩展的能力，与其他力学指标(如抗压强度、屈服极限等)一样需要通过试验确定。通过试验已经发现，断裂韧度与试件厚度、加荷速度、环境条件等因素有关。求出带裂缝工作构件的应力强度因子 K_{I}，测定材料的断裂韧度 K_{IC} 后，便可以建立结构不发生断裂的条件：

$$K_{\mathrm{I}}\leqslant K_{\mathrm{IC}} \tag{4-62}$$

对于Ⅱ型和Ⅲ型裂缝也有类似的判别准则。

4.3.3.2 有限元方法求解裂缝问题

(1)裂缝尖端的奇异单元划分

由于不受任何边界条件和荷载条件的限制，有限元法求解断裂力学问题得到了广泛的应用。最早用有限元方法分析裂缝问题是 Swallow，Williams 和 Yang Chen，Tuba 和 Wilson，但是采用的是常规单元来划分裂缝尖端附近区域，计算精度并不高。随着研究的进一步深入，一些模拟裂缝尖端附近特殊应力、应变场的特殊单元相继出现，如 Tracey、Blackburn 等将形函数做了相应的调整，可以模拟应力、应变的奇异性。现在最为简洁通用的方法是直接采用 1/4 节点单元(奇异单元)，这个方法分别由 Hershel、Shaw 和 Barbour 提出来。奇异单元实际上是一种畸形等参单元(图 4-55)，在裂缝尖端处将中间结点向裂缝尖端靠拢，距裂缝尖端 1/4 边长处(通常中间结点在 1/2 边长处)，这样的单元即可以较好地反映裂缝尖端附近的应力场。这样处理后，可以很好的模拟裂缝尖端的奇异性问题，并且单元也不用划分得那么细了，大大地减轻了划分网格的工作强度并节约了计算时间。

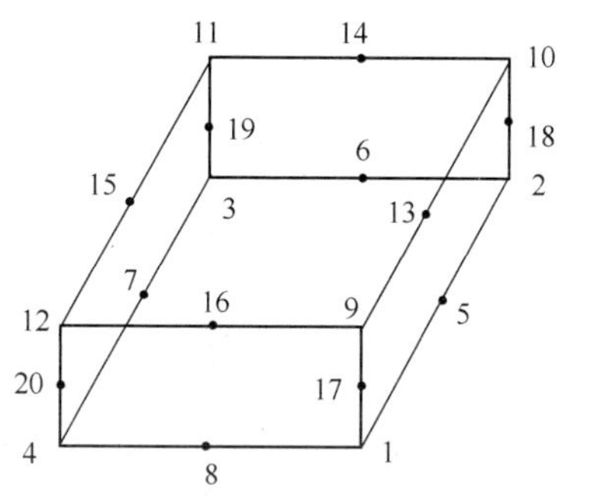

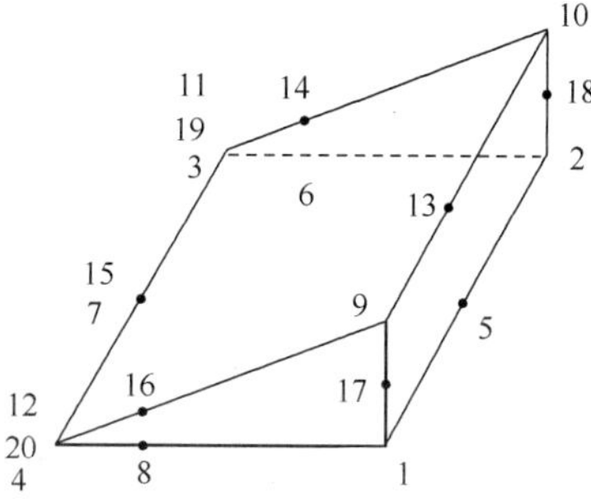

图 4-55　常规单元与奇异单元

对于平面八结点常规单元[图 4-56a)]，节点 1 为裂缝尖端点，节点顺序编号为 1～8。将节点 1、7 重合于节点 8，并将节点 2、6 移至距结点 1 的 1/4 边长处，可得平面八节点奇异单元[图 4-56b)]。可以证明应力、应变分量在从节点 1 扩散的所有方向上(在节点所属单元范围内)均具有此奇异性。因而采用平面八节点奇异单元可以求解裂缝尖端附近的应力、应变和位移场，并具有较高的计算精度。

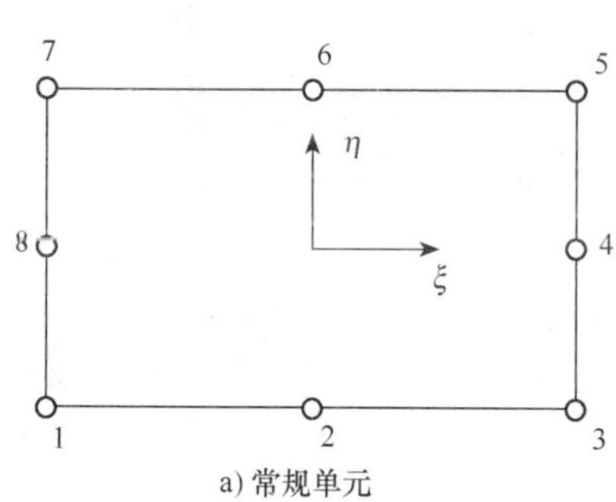

a) 常规单元

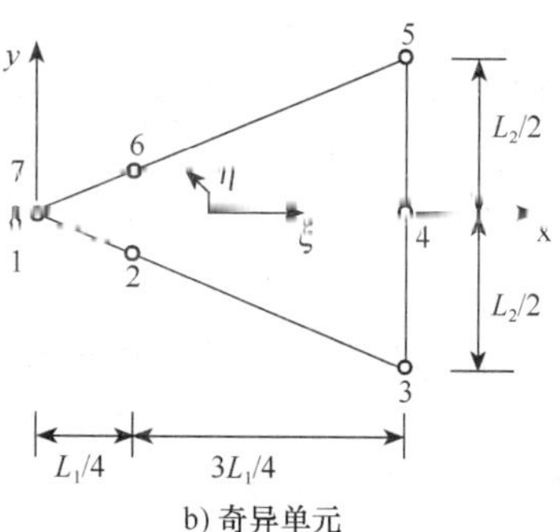

b) 奇异单元

图 4-56　平面八节点奇异单元

(2)路面结构的动力学分析

在高速和重载车辆的作用下，路面结构的动态效应显著，由此而产生的材料松散、疲劳开裂等动态破坏模式在路面损坏现象中也变得尤为突出。目前国内外路面结构设计中普遍采用的是静力学模式，与路面动态受力状况有一定的距离，同时也难以对动态荷载下的路面破坏现象做出合理的描述和控制。因此，开展路面动力学效应研究具有重要的理论与实践指导意义。

4.3.3.3 半刚性基层路面结构动态响应裂缝分析

(1)路面结构、材料参数及荷载模拟

此次建模采用的路面模型与前两章路面模型相同,各层路面材料参数如表4-7所示。用各种修复方式对路面修复后,假设路面底面层出现2cm的裂缝,下面研究各种修复方式修复后路面裂缝的发展情况。

路面各材料模拟时参数　　表4-7

路面材料	厚度(cm)	杨氏模量(MPa)	泊松比	密度(kg/m³)	Alpha
现场热再生	可变	1 745	0.25	2 470	0.9
厂拌热再生	可变	1 545	0.25	2 530	0.9
冷再生	可变	1 050	0.25	2 210	0.9
AC-16	4	1 253	0.25	2 530	0.9
AC-20	6	1 100	0.25	2 350	0.9
AC-25	8	1 000	0.25	2 400	0.9
水稳碎石	40	1 500	0.20	2 400	0.8
石灰土	20	400	0.30	2 200	0.7
土基	无限	45	0.35	1 800	0.4

为模拟标准荷载驶近和驶离裂缝的过程,将静载改为半正弦荷载:

$$p(t)=0.117\,37\times\sin(10\pi t)\times10^{6},0\leqslant t\leqslant0.1\text{s}\tag{4-63}$$

相当于车辆以108km/h的速度经过裂缝处。

(2)模型的建立和网格的划分

路面宽度取3.75m,深度取3m。面层深度方向网格尺寸为0.01m,基层深度方向网格尺寸为0.02m,水平方向对于荷载作用区域,细化网格尺寸为0.01m;远离荷载作用的区域,采用biased网格划分方式。裂缝处网格采用平面八节点奇异单元求解尖端的应力、应变和温度场。总体模型和裂缝处网格划分如图4-57和图4-58所示。

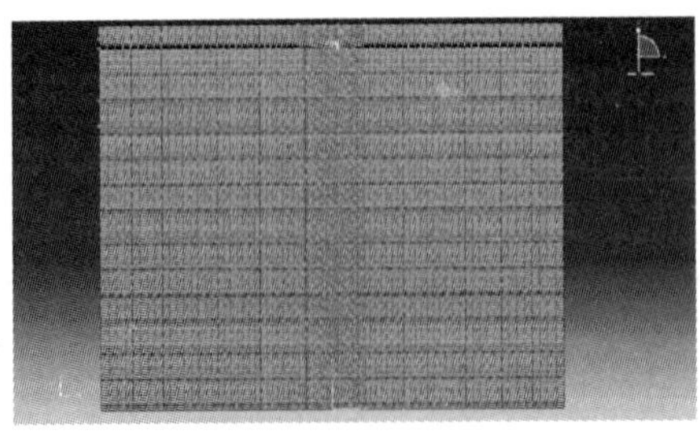

图4-57　路面有限元计算模型

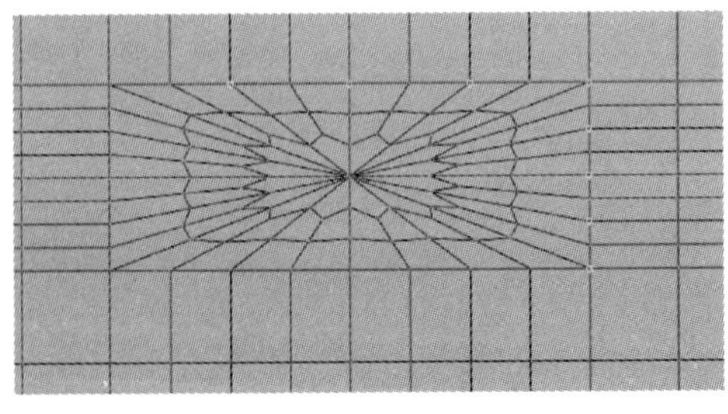

图4-58　裂缝处网格的划分

(3)模型计算结果

以厂拌热再生为例,在不同的修复深度下,当车辆经过裂缝时,裂缝尖端应力强度因子变化情况如图 4-59 所示。

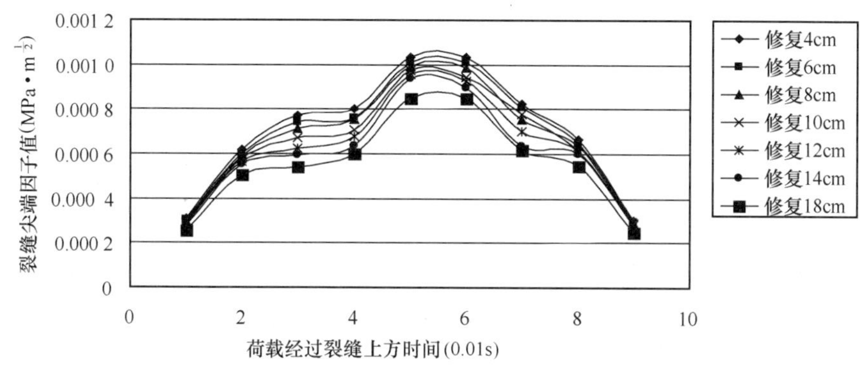

图 4-59　厂拌热再生修复后裂缝尖端应力强度因子变化图

由上图可以看出,随着车辆行驶过裂缝处,裂缝尖端应力强度因子总体上先变大后变小,与荷载的变化趋势基本一致。由于裂缝处应力的不稳定性,会出现一定的波动,而尖端因子变化具有一定的滞后性。当用其他修复方式进行修复时,一个周期内裂缝尖端因子变化情况基本相同。

①厂拌热再生的裂缝修复效果

当用厂拌热再生修复时,不同修复深度在一周期内裂缝尖端应力强度因子变化如图 4-60 所示。

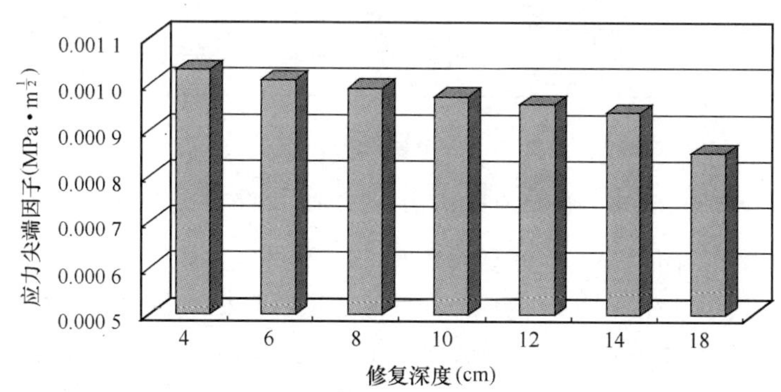

图 4-60　厂拌热再生修复裂缝尖端应力强度因子随修复深度变化图

当车辆经过裂缝正上方时,裂缝尖端应力强度因子最大。随着修复深度的增加,裂缝尖端应力强度因子逐渐变小,说明路面结构的抗裂缝能力逐渐提高。

②直接加铺的裂缝修复效果

用直接加铺进行修复后,因新旧材料采用相同的参数,无法对铣刨深度进行研究。当车辆经过裂缝处时,应力强度因子变化如图 4-61 所示。

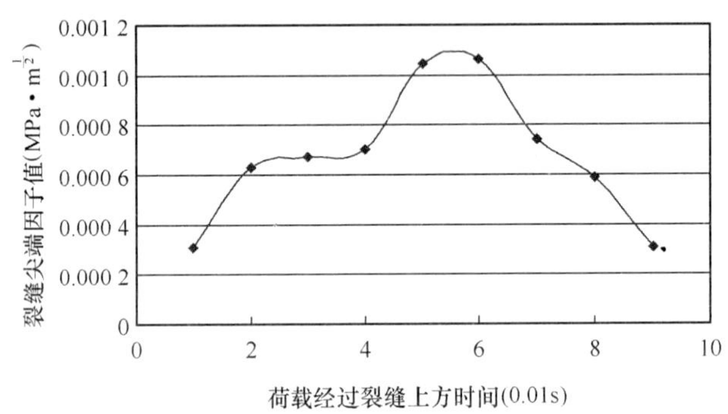

图 4-61　直接加铺修复裂缝尖端应力强度因子变化图

③冷再生的裂缝修复效果

当用冷再生修复时,不同修复深度在一个周期内裂缝尖端应力强度因子变化如图 4-62 所示。

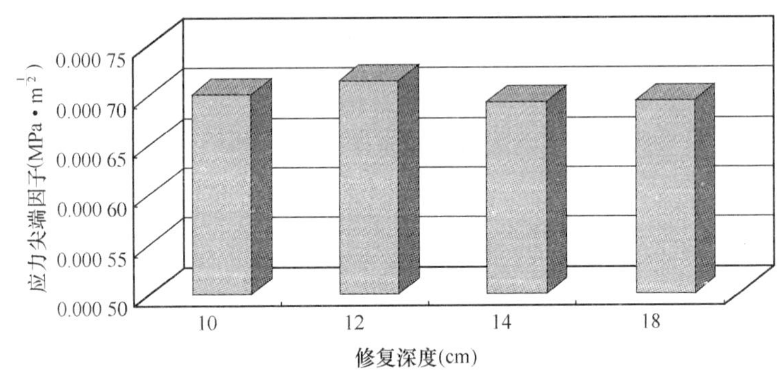

图 4-62　冷再生修复裂缝尖端应力强度因子随深度变化图

路面用冷再生修复后,当修复深度不同时,裂缝应力强度因子变化不大。原因是冷再生的模量、密度、Alpha 与原路面的底面层材料相差不大。随着修复深度的增加,冷再生代替了原路面的底面层材料,路面高程增加 6cm,与原路面相比,路面的抗裂缝能力明显增加,裂缝尖端应力强度因子明显变小,但是随深度变化不大。

④现场热再生的裂缝修复效果

当路面铣刨 4cm 和 5cm 时,用厂拌热再生修复的裂缝尖端应力强度因子值如图 4-63 所示。

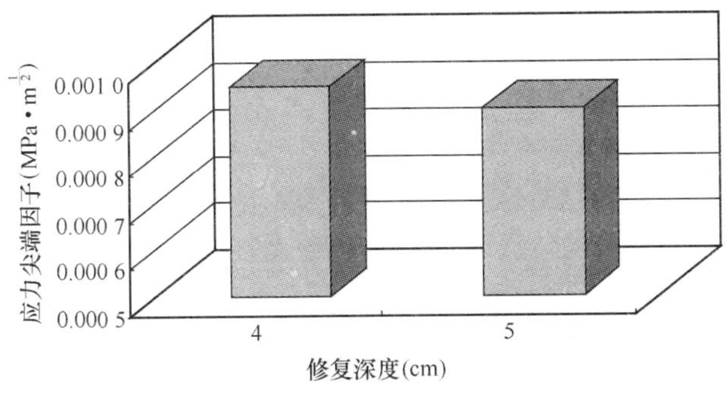

图 4-63　现场热再生尖端应力强度因子随修复深度变化图

用现场热再生进行修复时，路面的抗裂缝能力明显增大。这是由于表面层模量增大时，表层拉应力明显变大，裂缝处的拉应力明显变小，所以裂缝尖端应力强度因子较小。

⑤各种修复方式的抗裂缝效果比较

为了比较各种修复方式的抗裂缝效果，可分为铣刨上面层，铣刨上、中面层，铣刨全部面层三种情况进行讨论。三种情况下各种修复方式的裂缝尖端应力强度因子如图 4-64～图 4-66 所示。

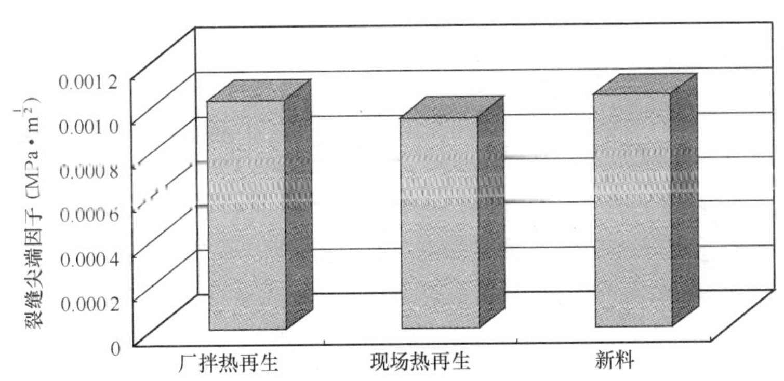

图 4-64　修复 4cm 时裂缝尖端应力强度因子图

由以上三图可以看出：

用现场热再生、厂拌热再生、直接加铺修复 4cm 时，现场热再生的修复效果最好，其次是厂拌热再生，再次是直接加铺。由于三种修复方式的修复深度比较小，尖端应力强度因子相差不大(为 0.001～0.001 2)。

当路面修复 10cm，即铣刨上、中面层时，由于规范规定冷再生不能作为高速公路的上、中面层，用冷再生修复后，路面高程增加 6cm。在这种情况下，冷再生

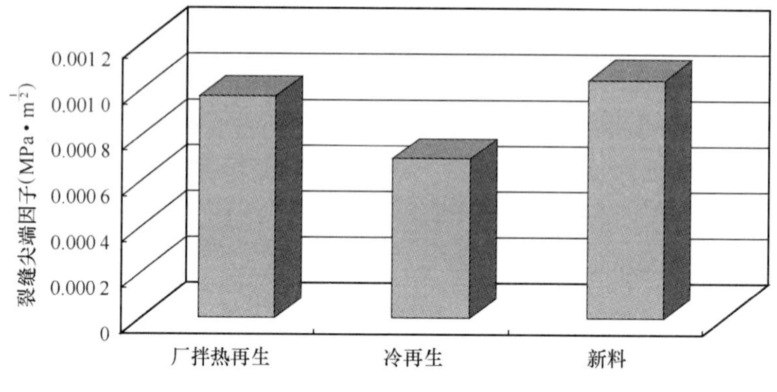

图 4-65 修复 10cm 时裂缝尖端应力强度因子图

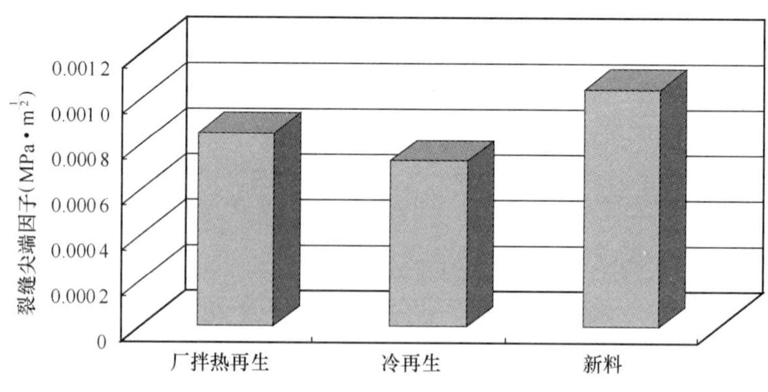

图 4-66 修复 18cm 时裂缝尖端应力强度因子图

修复方式的抗裂缝能力大大提高,裂缝尖端应力强度因子明显变小,裂缝的传播途径变大,裂缝反映到道路上面层的时间远远大于其他修复方式。若对修复后路面高程有所限制,厂拌热再生的修复方式最佳。

当路面修复 18cm,即铣刨全部路面层时,由于冷再生的路面高程增加 6cm,修复后路面的抗裂缝效果最好。当路面层全部采用厂拌热再生时,在不改变路面的高程的情况下,厂拌热再生修复效果最佳。随着铣刨深度的增加,厂拌热再生的裂缝尖端应力强度因子变化率逐渐变小。与直接加铺相比,厂拌热再生修复的抗裂缝能力有明显的优势。

4.3.3.4 复合型路面的沥青加铺层反射裂缝应力分析

由水泥混凝土路面作为承重基层,沥青面层提供满足行驶质量要求的高摩阻系数和良好平整度,改善了行车的舒适性,也利于路面破坏时的快速修补。但是由于水泥混凝土路面接裂缝的存在,在温度变化和交通荷载的作用下,沥青加铺层在接裂缝附近不可避免地要产生应力集中。当温度变化和交通荷载综合作用下的结构应力超过沥青混凝土的强度时，萌生裂纹。随着温度变化和交通荷载的重复作用，裂纹扩展贯通至加铺层顶面或底面，形成所谓的反射裂缝(Reflective Cracking)。反射裂缝的存在，不仅破坏了路面结构的整体强度，而且由于地表水沿反射裂缝向下渗透使面层逐渐失黏脱落，降低路基强度，严重影响路面的使用寿命。本节用有限元建立模型分析各种修复方式修复反射裂缝的效果，为反射裂缝的治理提供理论依据。

(1)模型的建立

在用有限元建立模型时，模型宽度取 3.75m，长度取 5m，深度取 3m，裂缝在模型的中间，两边水泥混凝土板取 2.5m。有限元建立的模型如图 4-67 所示，采用典型的路面结构如表 4-8 所示。

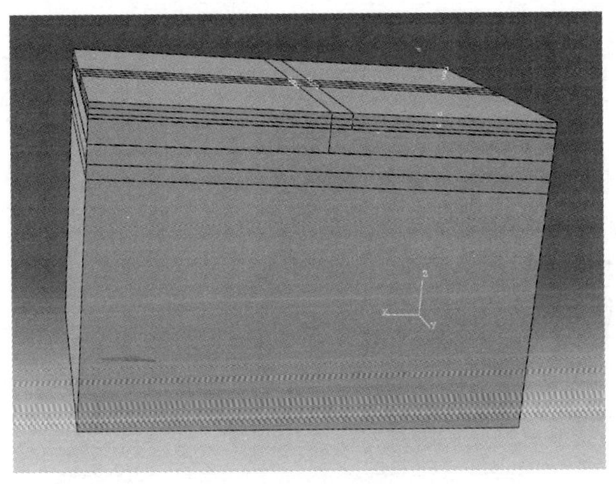

图 4-67　复合型路面模型结构

复合型路面材料参数　　表 4-8

材 料 名 称	厚度(cm)	杨氏模量(MPa)	泊松比	密度(kg/m³)
沥青混凝土(AC)	5	1 400	0.30	2 300
沥青混凝土(AC)	5	1 400	0.30	2 300
水泥板(PCC)	25	44 200	0.17	2 400
沥青碎石(CTB)	20	1 500	0.27	2 200
水泥石灰土(Cl)	15	1 200	0.30	2 200
压实土(SG)	—	30	0.40	1 700

其中混凝土处裂缝采用弹簧结构，两板之间接缝传荷系数用弹簧的弹性模量表示。荷载采用单轴双轮组标准荷载，轴载 $P=100\text{kN}$，接地压力 $p=0.7\text{MPa}$，荷载作用位置和矩形荷载的转化见图 4-68。由于反射裂缝主要是因为接裂缝两侧相邻板块产生竖向位移差，出现较大剪切应力产生的，因此考虑最不利的荷载作用位置，即荷载作用于裂缝一侧，切缝布置，采用偏荷载进行分析。

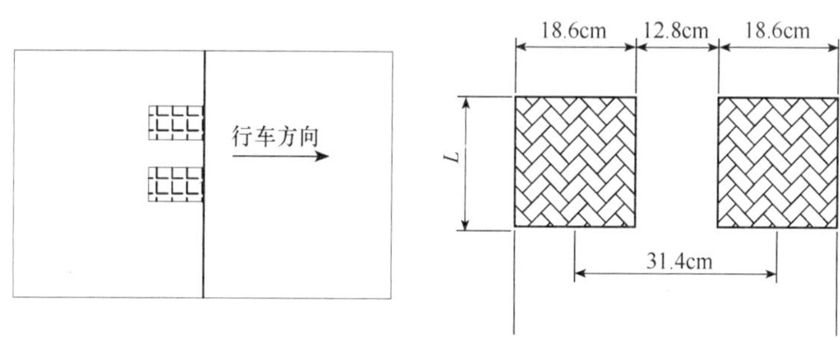

图 4-68 荷载在模型中作用位置与标准轴载的转化结果

(2)模型计算和数据分析

本节先分析加铺层模量和厚度的变化对反射裂缝周围最大剪应力和最大拉应力的影响，并分析各种修复方式修复后反射裂缝周围应力变化情况。表 4-9 为复合型路面加铺层剪应力和最大拉应力随深度变化情况。图 4-69 为剪应拉和拉应力随加铺层模量的变化。

复合型路面加铺层剪应力和最大拉应力随深度变化表 表 4-9

加铺层模量(MPa)	1 000	1 100	1 200	1 300	1 400	1 500	1 600
剪应力 τ_{max}(MPa)	0.340 1	0.337 0	0.334 7	0.332 3	0.328 2	0.326 4	0.323 7
最大拉应力 δ_1(MPa)	0.166 2	0.182 2	0.198 1	0.213 9	0.229 6	0.245 1	0.260 4

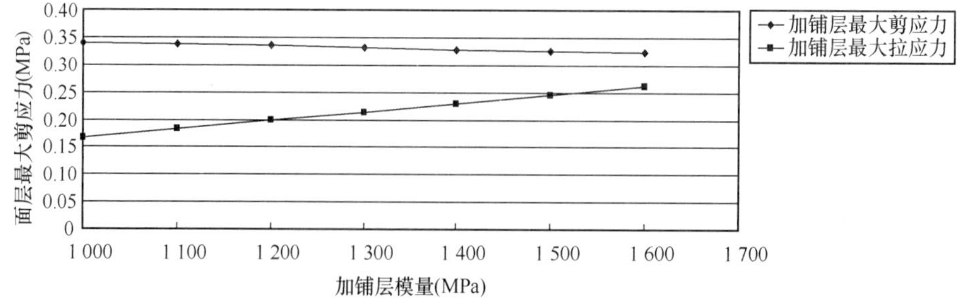

图 4-69 复合型路面加铺层剪应力和拉应力随加铺层模量变化

由以上图表可以看出，面层模量增加时，加铺层的最大剪应力逐渐减少，但减少的幅度不大，而加铺层的最大拉应力逐渐变大。因此，面层模量增加对加铺层最大拉应力影响比较大，而对剪应力的影响较小，模量的变化对复合型路面反射裂缝影响不大。

(3)高程不变的应力分析

当用各种修复方式进行修复时，重新建立路面模型进行计算。采用冷再生补强方式时，路面高程增加 6cm，其他补强方案的路面高程不变。各种补强方案下面层最大剪应力、面层最大拉应力和等效应力变化情况如图 4-70 所示。

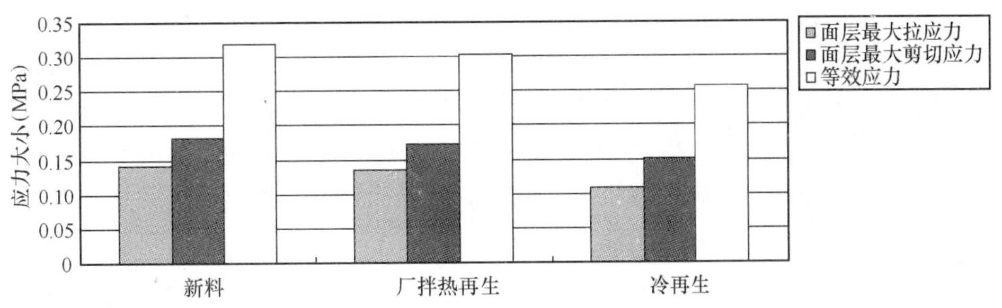

图 4-70　各种修复方式修复后应力比较

由上图可以看出：冷再生修复方式的剪切应力最小，其次是厂拌热再生，直接加铺修复的剪切应力最大。面层的最大拉应力相差不大，冷再生的最大拉应力稍小。等效应力结果和最大拉应力结果相似。由以上结果可知，冷再生由于加铺厚度增加，反射裂缝处的应力明显变小，说明加铺厚度对反射裂缝的影响很大。下面研究加铺层厚度和最大拉应力、剪切应力、等效应力之间的关系。表 4-10 为加铺层层厚与反射裂缝周围各种应力的关系。图 4-71 为层厚与应力之间的关系。

加铺层层厚与反射裂缝周围各种应力之间的关系　　表 4-10

加铺层层厚(cm)	最大拉应力 δ_1(MPa)	剪应力 τ_{max}(MPa)	等效应力 δ(MPa)
6	0.420 903	0.537 814	0.701 118
8	0.297 908	0.407 816	0.622 656
10	0.229 619	0.328 225	0.547 254
12	0.206 142	0.306 641	0.502 794
14	0.192 083	0.295 165	0.475 47
16	0.184 178	0.285 874	0.461 52

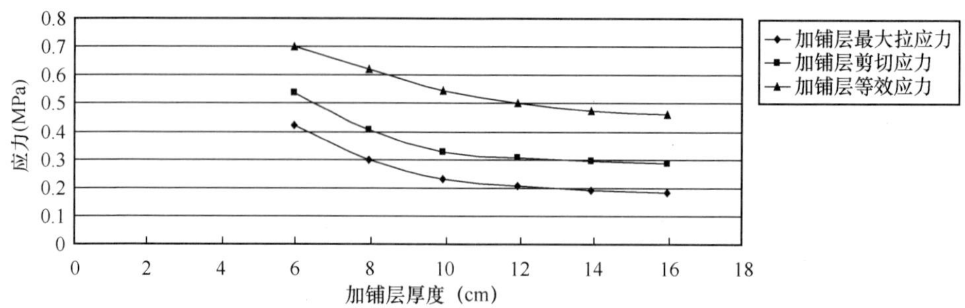

图 4-71　加铺层层厚与反射裂缝周围各种应力之间的关系

在车辆荷载的作用下，接缝处沥青加铺层层底最大主应力 σ、最大剪应力 τ_{max} 及等效应力 σ_e 随着加铺层厚度增加而减小。当路面厚度小于 12cm 时，路面最大拉应力和最大剪应力的下降趋势比较明显。当路面厚度大于 12cm 时，各种应力的下降趋势放缓。因此，当路面加铺层较浅时，采用加铺厚度的方式对于反射裂缝的处理具有较好的效果，但增加到一定的厚度后，再通过继续增加厚度来防治反射裂缝的效果并不明显。

(4)高程增加的应力分析

以下讨论路面高程增加 10cm 时，各种补强方案的补强效果。加铺层在裂缝处的最大拉应力、最大剪应力、等效应力计算结果如表 4-11 所示。图 4-72 为各种修复方式的应力比较。

各种修复方式修复裂缝处应力　　表 4-11

修复方式	最大拉应力 δ_1(MPa)	剪应力 τ_{max}(MPa)	等效应力 δ(MPa)
直接加铺	0.175 760 2	0.257 287	0.415 368
厂拌冷再生	0.172 57	0.268 954	0.432 056
现场冷再生	0.172 57	0.268 954	0.432 056
厂拌热再生	0.180 076	0.248 78	0.405 264

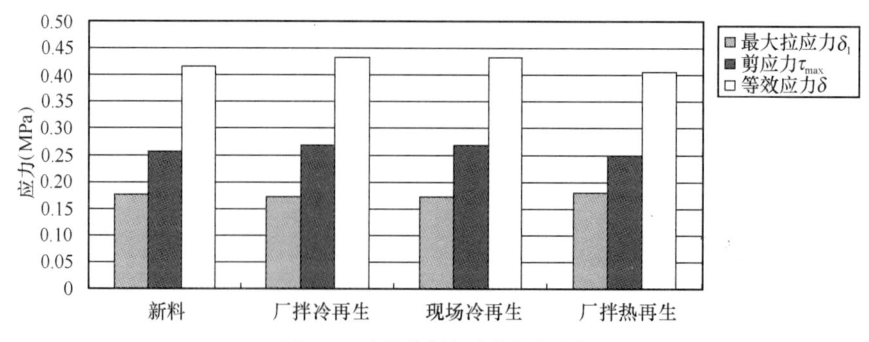

图 4-72　各种修复方式的应力比较

由前面分析知，在铣刨加铺深度相同的情况下，面层模量的改变对裂缝处的剪切应力影响不大。而随着加铺层模量的增大，加铺层的最大拉应力也变大。剪切应力的变化主要取决于加铺层厚度的变化，当车辆经过反射裂缝处时，反射裂缝处加铺层中的剪切应力对裂缝的影响很大。由上图可以看出，裂缝处厂拌冷再生和现场冷再生的剪应力最大，其次是直接加铺，再次是厂拌热再生，但是总体上各种方式相差不大。

4.4　小　　结

本章首先针对半刚性基层沥青路面和复合式路面加铺层设计，介绍了现行规范规定的设计方法，然后基于车辙、弯沉和裂缝这三个能够反映旧路性能的评价指标，计算分析了直接加铺新料、冷再生、热再生等不同处治措施的旧路补强效果，为旧路补强设计提供理论分析指导。

第5章　改扩建旧路改善方案设计

高速公路改扩建旧路改善处治内容包括旧路病害处治和路面整体补强两大部分。旧路病害处治是改扩建旧路改善的基础,可以利用现有的各种养护技术,但不是简单地对旧路养护修补。改扩建旧路补强是利用旧路检测资料对既有道路的整体补强,但不是简单的大中修养护罩面,在进行方案设计时必须同时考虑同加宽路面结构方案的协调性。因此,在改扩建旧路改善方案设计时,需要明确设计思路及原则。

5.1　改扩建旧路改善方案总体设计原则

河南省改扩建项目主要分布在京港澳(G4)高速公路和连霍(G30)高速公路河南省段。这些改扩建项目大部分旧路修建时间为20世纪90年代,由于旧路限于当时的设计规范和设计思想,采用了薄面层、薄基层、厚底基层的路面结构,与目前国内采用的路面结构以及具有长寿命特点的厚沥青面层路面结构差异明显。原路面与新加宽部分路面相比,结构明显偏弱。因此为了使旧路与新加宽路面的使用寿命协调一致,对旧路进行改善设计显得尤为重要。在旧路的改善设计中,必须遵循既充分利用原路面结构及材料又要兼顾新旧路面使用寿命协调一致的思路。河南省内的几个改扩建项目旧路路面结构包含了RCC沥青路面、水泥混凝土复合式路面以及半刚性基层沥青路面等多种路面结构形式,因此需要首先明确高速公路改扩建旧路改善总体设计原则,然后再结合具体路面结构细化设计方案。

总体设计原则包括:

(1)彻底处理原沥青面层、基层病害原则。

(2)基层加强原则。

(3)最大限度利用路面废旧材料原则。

(4)新旧路寿命协调一致原则。在进行旧路补强设计时既要考虑旧路原有状况进行理论计算,同时又要结合加宽路面结构综合确定旧路补强方案,并且需要充分考虑桥梁结构物的高程和新旧路面高程拟合等因素。

(5)尽可能利用旧路面结构原则。

5.2　旧路病害处治内容

旧路路面病害治理是改扩建旧路改善设计的基础，属于彻底的旧路病害治理，包括路面面层病害治理和基层、底基层、路基病害治理等内容。旧沥青路面上出现的连续病害和孤立病害如图 5-1 和图 5-2 所示。

图 5-1　旧沥青路面出现的连续病害

路面面层病害治理宏观上分路面连续病害的处治和孤立零星病害的处治两部分。连续病害治理的原则是，在病害发生密集的路段进行面层整体性治理，将现有面层重新铺筑，对于铣刨沥青面层宜用来进行再生利用。依据处治措施的不同，连续病害治理可分为长段落连续病害处治和短段落连续病害处治。

对于路面整体状况较好，但局部存在孤立病害(裂缝类、车辙、修补、坑槽等)的路段，则采用针对性的处治措施进行治理。

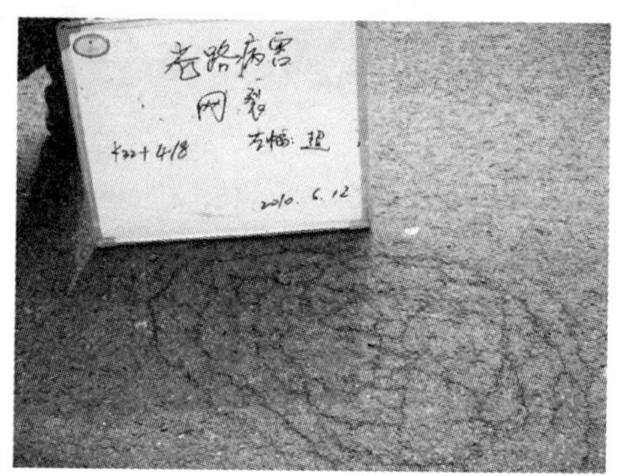

图 5-2　旧沥青路面出现的孤立病害

基层、底基层及路基病害主要是松散、脱空(复合式路面)、沉陷等。基层、底基层和路基病害处治应以少开挖、不开挖为处治原则,对于严重松散、脱空及沉陷等病害,则采用开挖换填。

复合式路面段存在混凝土板断裂并伴随局部沉陷的病害类型,结合养护经验,混凝土板断裂必须予以换板治理,否则断板位置将不断出现沉陷病害。

5.3　旧路病害处治方案

5.3.1　旧路病害处治原则

(1)分幅、分车道进行病害处治原则。

(2)零星病害按各自病害对应的方案单点处治原则。

(3)零星病害合理合并,优化连续病害段落划分,综合考虑机械化施工可行性原则。为方便大型机械施工及管理,把连续的多种病害合并处理。为加快施工及减少施工接缝，设计时将一些无病害的小段落一起进行处理。

(4)连续病害段落处治优先考虑再生技术，减少产生废旧材料原则。

(5)优先局部补强设计，尽量避免大面积开挖原则。

5.3.2　半刚性基层沥青路面病害处治

5.3.2.1　面层病害处治

1)裂缝的处治

半刚性基层路面的裂缝种类分为横向裂缝和纵向裂缝两种。裂缝产生的详细原因分析见第二章。路面裂缝的危害在于水可以从裂缝不断进入，使得基层甚至路基软化，导致路面承载能力下降，出现唧浆、错台、龟裂等病害，加速路面的破坏。因此路面产生裂缝后要及时进行维修，防止其进一步发展。

开裂后的路面的养护措施主要取决于裂缝率和开裂程度。若裂缝已经钝化或其边缘已破损，甚至达到了高度损坏，对于这类路面宜采用石屑封层、稀浆封层等措施。若裂缝仅是低度或中度损坏且开裂向边缘破坏发展状况时，可采用修补措施。养护措施推荐见表 5-1。

养护措施推荐表　　表 5-1

裂缝率 C_k(%)	裂缝边缘破损状况(占裂缝长度的百分比,%)		
	低(0～25)	中(0～25)	高(0～25)
≤3.5	不处治	不处治或处治裂缝	修复裂缝
(3.5,10]	修复裂缝	修复裂缝	修复裂缝
>10	处治面层	处治面层	大修

对于在高温季节全部或大部分可愈合的轻微裂缝，可不加以处治。对于高温季节不能愈合的裂缝，在高温季节将该路段清扫干净并匀洒少量沥青(在低温或潮湿季节可采用乳化沥青)，再匀撒一层 2～5mm 干燥洁净的石屑或粗砂，最后用轻型压路机将矿料进行碾压。

对于缝宽在 5mm 以内的横向、纵向裂缝可采用热沥青(潮湿时宜用乳化沥青)灌缝处治。即用“沥青路面开槽机”凿出宽度为 2cm，深宽比不小于 1∶1 的矩形槽，槽长以裂缝长度为标准，然后采用空压机将槽缝吹洗干净，再用热沥青灌缝。

对于缝宽在 5mm 以上的重度裂缝可沿着裂缝开窗处治，开窗长度以损坏长度为标准，矩形槽开窗宽度在表面层为 80cm，其下为 50cm；开窗深度要求一次性铣刨两层，若裂缝已不存在，不再往下切；若裂缝仍存在时，则继续向下以层为单位铣刨沥青层，直至裂缝消失；若裂缝是由半刚性基层开裂反射产生，则铣刨至基层顶面。对于存在于面层的裂缝，达到铣刨深度后，先用空压机将槽吹洗干净，在槽底洒热改性沥青层，侧壁涂 3mm 厚的改性乳化沥青层后，用中粒式沥青混凝土回填压实至顶即可。若是基层开裂反射裂缝，铣刨至基层顶后，用空压机将槽缝吹洗干净，将裂缝清理干净并用热沥青灌满，并在裂缝上贴 40cm 宽的抗裂贴，之后亦在槽底喷洒热改性沥青层，并用 3mm 改性乳化沥青涂抹侧壁后，回铺中粒式沥青混凝土至顶面。旧路面横纵裂缝病害处治如图 5-3 和图 5-4 所示。

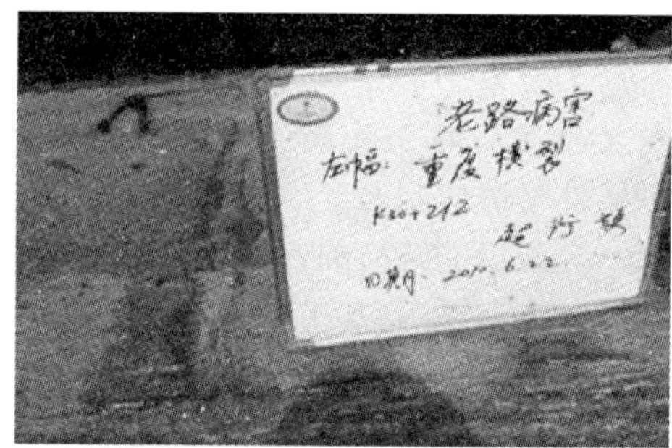

图 5-3　旧路面横向裂缝病害处治

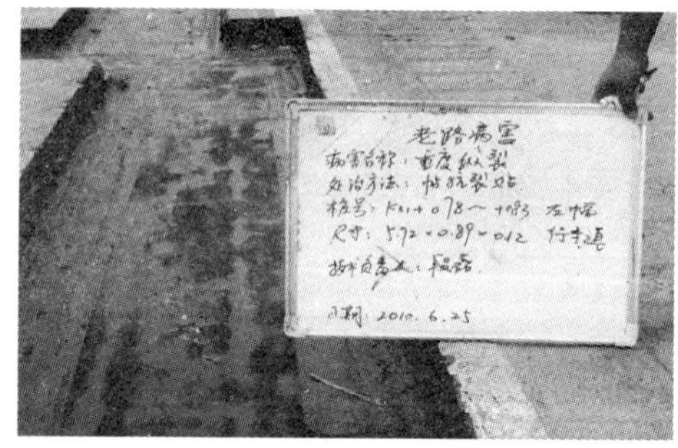

图 5-4　旧路面纵向裂缝病害处治

如果裂缝处伴有其他形式如沉陷、边缘损坏、错台等严重的路面损坏或在荷载作用下弯沉很大，为了临时服务交通，可仅对裂缝进行临时性的处治。

2)龟裂的处治

龟裂分中度和重度(取芯判断影响的层位)，大部分龟裂发生在沥青上面层，也有少部分影响到了沥青中面层。龟裂病害主要是由于沥青表面层空隙率较大、沥青老化、原施工混合料离析、大型超载车辆反复作用，局部受力不均导致沥青路面先出现细微裂缝，日积月累导致沥青表面出现疲劳裂缝，加之雨水及车辆荷载作用下逐渐形成的疲劳破坏。

龟裂病害可以按以下原则处治：

(1)轻微龟裂不处理。

(2)未影响到中面层的中度龟裂按 5cm 厚复拌型就地热再生，适用于旧沥青的针入度大于 2mm 处理；不能就地热再生的采用铣刨 5cm 厚沥青混凝土后铺筑 5cm 厚粒式改性沥青混凝土恢复至路面高程。

(3)取芯证明面层龟裂已影响到沥青中面层时，按 3.75m 宽铣刨 10cm 沥青面层，采用 10cm 厚中粒式改性沥青混凝土分层铺筑恢复至罩面前路面高程。铺筑沥青混凝土之前，底面喷黏层油，侧壁涂刷改性沥青聚合物密封材料 2～3 遍，厚度控制在 3mm。

(4)沥青混凝土路段铣刨后若存在裂缝，可在裂缝上铺设 50cm 宽的玻纤聚酯防裂布，防裂布要求单位面积质量≥125g/m^2，厚度(2kPa)＜1.2mm，断裂强力纵向≥7kN/m、横向≥7kN/m，梯形撕裂强度(纵横向)＞35N，CBR 顶破强度＞550N，熔点＞205°C，沥青吸收量＞0.7kg/m^2。旧路面龟裂病害处治如图 5-5 所示。

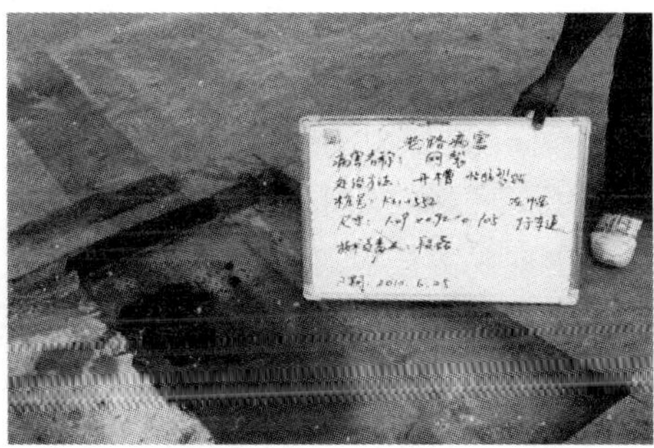

图 5-5　旧路面龟裂病害处治

3)车辙的处治

车辙是指轮迹处出现明显下陷、沥青层向两边隆起、横断面成凹字形的现象，其产生的外因是渠化交通和荷载作用次数的增加，内因是沥青混凝土的高温稳定性和抗塑性变形能力不足(集料的级配不良)。持续高温下，中面层温度达 55℃以上时，积聚在中面层的热量不能很快地释放出去，导致沥青混合料的黏聚力降低，抗剪强度降低。在车辆荷载反复作用下，荷载应力超过沥青混合料的稳定极限，使流动变形不断积累形成车辙。特别是大量重型和超载车辆的作用，由于其单轴载荷增大，从而加剧车辙的产生。

车辙病害可以按以下原则处治：

(1)车辙深度 h＜1.5cm 时可不处理。

(2)车辙深度为 1.5≤h<2.5cm 且路面从未处理,采取刮平处理。

(3)车辙深度 h≥2.5cm 且路面有养护历史,取芯判断车辙主要由沥青上面层引起的,按 4.0m 宽铣刨 5cm 厚沥青面层,采用 5cm 厚粒式改性沥青混凝土(加抗车辙剂)铺筑恢复至路面高程;取芯判断车辙主要由沥青中面层引起的,按 4.0m 宽铣刨 10cm 厚沥青面层,采用 5cm 厚中粒式改性沥青混凝土(加抗车辙剂)+5cm 厚中粒式改性沥青混凝土(加抗车辙剂)铺筑恢复至路面高程,铺筑前底面喷黏层油,侧壁涂刷改性沥青聚合物密封材料 2~3 遍,厚度控制在 3mm。

(4)沥青混凝土路段铣刨后若存在裂缝的,则在裂缝上铺设 50cm 宽玻纤聚酯防裂布。防裂布要求单位面积质量≥125g/m^2,厚度(2kPa)<1.2mm,断裂强力纵向≥7kN/m、横向≥7kN/m,梯形撕裂强度(纵横向)>35N,CBR 顶破强度>550N,熔点>205℃,沥青吸收量>0.7kg/m^2。

4)坑槽的处治

坑槽是在路面形成的深洼,深度一般大于 2cm,面积在 0.04m^2 以上,深洼侧壁通常出现啃边、松散等现象。由于沥青混合料生产的变异性大,摊铺过程中沥青混合料局部离析和路面压实不够等多种原因造成沥青路面空隙率过大,沥青和石料间的黏附力不强,路表水进入并滞留在表面层沥青混合料中。在快速行车作用下产生的动水压力(空隙水压力)使表面层的沥青从石料表面剥落下来,从而出现局部松散破坏,散落的石料被车轮甩出,路面自上而下逐渐会形成坑槽。路面坑槽不仅影响道路的整体美观和正常交通,使行驶车辆发生颠簸,影响行驶速度和乘客的舒适性,还会使车辆容易出现故障和损坏,甚至引发交通事故。因此需对路面上出现的坑槽加以处理。

对于坑槽一般使用开槽修补,其可按照以下步骤进行:

(1)测定路面损坏部分的深度和范围,画出开槽修补的作业轮廓线,其纵横边线应与路中线平行或垂直。

(2)先用风镐把坑槽周边松动及破损的部分破除,再对坑槽进行切削或破碎,槽壁应垂直切削或破碎,然后将槽底槽壁的废料及粉尘清除干净。

(3)用烘灯(烘枪)烘干槽底,均匀喷洒一薄层黏层油,并在槽壁涂刷改性沥青聚合物密封材料 2~3 遍,厚度控制在 3mm 左右。

(4)将中粒式沥青混凝土填补至坑槽中,然后摊平、振动夯实。

(5)密封坑槽边缘,防止路面和坑槽之间进水。然后撒布一层细砂以吸去密封料,防止过多沥青在坑槽填充料周围泛油。

旧路面坑槽病害处治如图 5-6 所示。

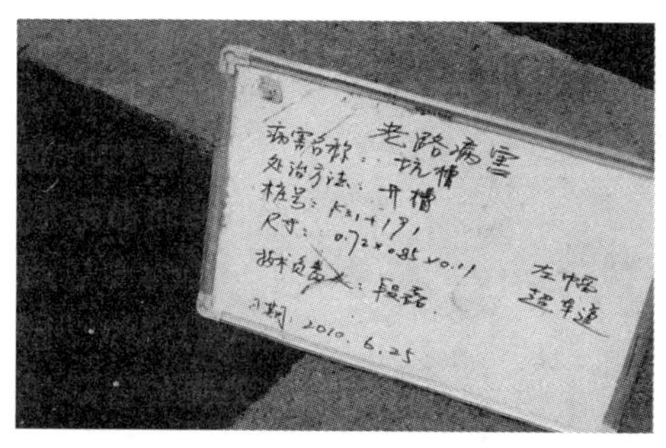

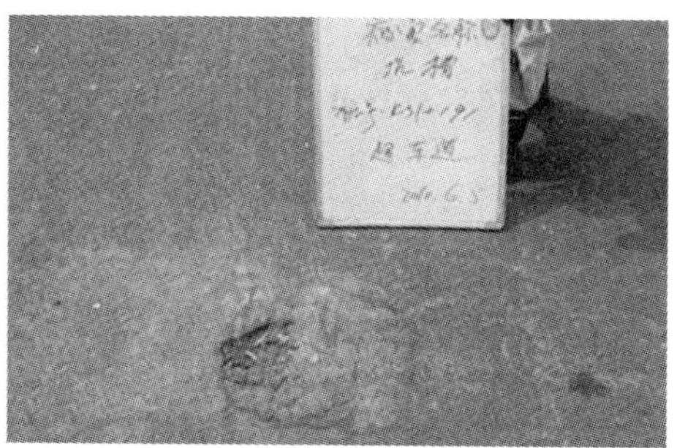

图 5-6　旧路面坑槽病害处治

5.3.2.2　基层病害处治

1)路面沉陷处治

沉陷指路面上出现明显下陷的现象，多由面层裂缝唧泥引起，主要发生在高填方路段路基，一般路段也有小面积的沉陷。在施工过程中路基填料含水率偏大，同时路基填料中含膨胀土，由于工期较短，路基填料未得到充分的压实，在路基自重及车辆荷载作用下，路基进一步压实而下沉。一般路段的小面积沉陷主要是因为基层底部和顶部存在夹层、松散等结构软弱层，在重载车辆的反复作用下，沥青混凝土面层失去有效支撑而沉陷。

此类病害处理方案如下：

(1)当沉陷深度小于 3.5cm 时，采用精铣刨后铺筑改性沥青混凝土处理；当沉陷深度大于等于 3.5cm 且小于 6cm 时，采用改性沥青混凝土铺筑至罩面前路面高程，铺筑沥青混凝土前底面喷黏层油；当沉陷深度大于等于 6.0cm 且小于 15cm 时，直接采用沥青碎石填筑至罩面前路面高程；当沉陷深度大于 15cm，分层采用沥青碎石填筑至罩面前路面高程，分层的厚度应符合沥青碎石的适宜厚度(9～15cm)。

(2)沉陷路段在铺筑结构层时，应对沉陷区域两端部进行铣刨，铣刨的厚度应满足对应结构层的最小压实厚度要求。

(3)对桥头段沉陷深度小于 5cm 时可先不处理，待桥头顺坡时采用铣刨顺坡处理。

(4)对于路面整体沉陷引起的中央分隔带下沉，应在处理之后按照沉陷路段两侧正常路段内侧路缘石的高程，将沉陷路段的路缘石及防撞护栏加高。

2)翻浆及基层松散脱空处治

基层由于水的进入，在冰冻过程中引起冻胀，春融时基层变得松软，强度急剧下降，在行车作用下形成路基翻浆。同时水进入基层中，在车辆荷载作用下形成摩擦、撞击、冲刷,造成基层的松散甚至脱空。

对于此类病害一般进行注浆处治,注浆材料一般为水泥浆或高聚合物。通过注浆处治,可以充实基层脱空部分,恢复密实,改善基层受力状况,避免基层过早破坏。同时由于注浆材料本身稳定性好,强度大,加上浆体的流动性好,在压力作用下有较强的渗透力,所以能够改善基层和路基的密实度和水稳定性。

具体处治步骤如下:

(1)注浆路段定位

按照病害分布平面图,确定病害处治路段,合理安排施工方案。

(2)注浆孔布置

①注浆孔沿行车方向布置,纵向间距 1.5m,横向间距 1.25m。

②如遇到路面裂缝,在裂缝两边增加注浆孔,注浆孔沿缝间距 1.2m 交叉布置。

(3)钻孔

先把 50cm 短钻头安装到冲击钻上,使钻头通过已处理铁盆对注浆孔位置进行钻孔。钻到 50cm 左右时,把 50cm 短钻头旋出卸掉,再把 80cm 长钻头安装到冲击钻上,通过已处理铁盆对注浆孔位置继续进行钻孔至约 71cm。钻孔完毕,为保持路面清洁,使用笤帚、吹风机或海绵及时对钻孔处进行清理。

(4)PVC 管

根据注浆技术要求,使用切割工具把 PVC 管截取 25cm 左右,把 PVC 管通过注浆孔下入,把注浆管置于基层中间,长度约 34cm。

(5)安装注射帽

把注射帽凹型边缘使用专用工具清理干净,以便与注射枪更好地结合,使用铁锤把已清理的注射帽敲入 PVC 注浆管内。

(6)注浆

根据施工及高聚物注浆技术要求,为防止高聚物喷洒到路面造成路面污染,把特制铁盆通过注射帽放在注浆孔处,以便注浆头露出盆底,使用夹具把注射枪与注射帽夹牢。通过输料管道分别把 A 及 B 两类高聚物材料输送到注射枪口,两种材料在注射枪口处通过注浆 PVC 管输送到路面病害处,并发生化学反应,材料由液体变为固体,体积迅速膨胀。

(7)封孔

为防止雨水侵蚀破坏路面,保持路面的整体形象,使用道路密封胶把注浆孔封住。使用密封胶时需对其加热,并且温度控制在 210℃以下。灌注密封胶时要使密封胶略低于路面,如果高出路面,则使用工具将其整平。

(8)清扫环境

使用铁刷对注浆孔及污染路面进行处理,并用笤帚对施工作业区进行清扫,再使用吹风机进行清理。使用湿抹布对排出泥水处进行清理,最后使用墨汁对路面污染处进行处理。

(9)交通控制

注浆完成后的路段应禁止车辆通行,待强度达到要求时方可开放交通。

5.3.3　复合式路面病害处治

复合式路面具有和半刚性基层沥青路面完全不同的结构特征,其破坏成因和修复对策也与传统路面不同。复合式路面主要病害类型可分为功能性破坏和结构性破坏两大类。前者是指沥青层的相关破坏,而水泥混凝土层的板体性未受到破坏;后者是指路面破坏位置下的混凝土层受到破坏,板体强度减弱或完全丧失。

水泥混凝土层是该类路面的主承重层,如果发生结构性破坏,则需要进行该层的修复或补强设计;如仅发生功能性破坏,则只进行沥青面层的修复,恢复路面使用功能即可。

1)结构性破坏处治

当复合式路面发生结构性破坏时,应将上层沥青混凝土铣刨掉,对水泥混凝土板发生的破坏进行处理,然后再进行加铺维修。

2)水泥混凝土板断裂处治

混凝土板发生断板后,并不说明其已经完全丧失使用价值。为了延长其使用周期,降低维修费用,可将混凝土板按其破坏程度分为以下三类。

(1)轻微断裂:裂缝无剥落或轻微剥落,未封缝裂缝宽度小于 3mm,已封缝的裂缝封缝良好。

(2)中度断裂:裂缝处有中等程度的剥落,裂缝宽度为 3～15mm,且有贯穿全板的裂缝。

(3)严重断裂:裂缝处有严重剥落,裂缝宽度大于 15mm 且贯穿全板,裂缝破坏在中等程度以上,有错台,裂板已开始活动。

因此,板块断裂的处理应根据其损坏程度的不同而分别对待。由《公路养护技术规范》(JTG H10—2009)可知,处理方法有灌浆修补、条带罩面修补和整板更换。

断板的具体处治方法如下:

(1)轻微断裂处治

对于轻微断裂,裂缝缝隙小于 3mm 且边缘无碎裂现象,可采用钻孔灌浆法灌黏结剂进行修补。

(2)中度断裂处治

对于裂缝宽度大于 3mm 小于 15mm 且贯穿于板块全厚的情况,宜采用条带罩面修补。施工可按以下顺序进行:

①在距裂缝两侧 150mm 处,切割平行于横缝(或纵缝)且深 70mm 的缝槽。

②凿除两切缝之间的混凝土。

③裂缝两侧垂直于裂缝每隔 500mm 打一对深 70mm 的钯钉孔(孔的间距为 200mm,裂缝两侧各 100mm),并在两钯钉孔之间打一条与钯钉孔直径相一致的钯钉槽。

④安装钯钉。钯钉采用 ϕ16mm 螺纹钢筋,钯钉长度 200mm,弯钩长度 70mm。

⑤浇筑混凝土,振捣密实,抹平后喷洒养生剂。

(3)严重断裂处治

对于严重破碎、断裂及沉陷的断裂板,贯穿全板的交叉裂缝板,裂缝处严重剥落且错台、裂块已开始活动的断板,均采取挖除旧板浇筑新板的处理措施,即整板更换法。

①选定修补范围

为了将所有的不坚固混凝土包括在修补范围内,一般将边界扩展到可见破坏两侧的 0.6m 以远处。最小修补长度为 1.8m,最小修补宽度为 3.6m 或整车道宽,从而保证在重载作用下路面的稳定,防止纵向开裂。

②隔离修补区,在修补完成前,修补区内禁止通车。

③清除混凝土。

用冲击钻等机械装置或液压镐凿除破碎混凝土板,凿除时应注意保护基层及周边混凝土路面,尽可能保留原有拉杆。在清除破碎混凝土板后,应将槽底碎料和松散石子清除干净,局部凹陷、坑槽处理平整。

④设置拉杆和传力杆

Ⅰ级、Ⅱ级钢筋均可用作拉杆和传力杆,且Ⅰ级钢筋一般用于接缝间距较大的路面。在使用化冰盐的路段上应设置环氧涂层传力杆,以防止钢筋锈蚀。

⑤浇筑混凝土

要求新混凝土板强度不应小于旧混凝土板强度,应选用早期强度高、后期强度稳定且收缩性小的混凝土,并按要求掺外加剂以控制凝结时间,防止过早凝结或影响开放交通时间。新浇筑的混凝土板用普通混凝土,掺加剂可用早强膨胀剂。混凝土板浇筑后要喷洒养护剂,并在一定的温度和湿度条件下进行养生。

⑥加铺沥青面层

当混凝土面板强度达到 70%后,方可在顶板上喷洒热改性沥青封层。在槽壁上均匀涂抹 3mm 改性乳化沥青层，并沿板缝上方粘贴 40cm 宽的抗裂贴，再用沥青混凝土回补至顶面。

3)脱空板处治

在路面病害调查中发现，在水泥混凝土面板完好地段，车辆经过时板缝内有白色的浆或粉土冒出。判断混凝土面板与基层之间形成脱空现象，在车辆活载作用下形成了摩擦和撞击。从实地钻芯取样和勘察看，有些地方水泥混凝土面板基本完好，而基层、底基层已经开裂，同时伴随板底脱空、水流下渗以及底基层的轻微软化和沉陷。通过大量比对试验，对于板底脱空病害可采用压浆法处理。由于硬路肩开挖造成边部板底脱空，建议采用边部支护模板现浇混凝土处理。现浇混凝土处理板底脱空见图 5-7。

图 5-7　现浇混凝土处理板底脱空

4)错台的处治

复合式路面由于路基和基层局部压实不良，导致部分混凝土板整体下移并形成错台。如果错台是由于水从接缝或裂缝处浸入，导致基层的细粒料冒出，板底形成空隙引起的，其处理方法是向混凝土板下注入氧化沥青加以固定或者翻修混凝土板。如果路面与桥涵构造物的连接处形成错台，则应填充沥青混合料。

对于高差小于等于 10mm 的错台，可因地制宜地采用人工凿平法、机械磨平法、人工配合机械处治法；对于高差大于 10mm 且小于 15mm 的错台，可采用沥青砂填补；对于高差大于 15mm 的错台，应将其高出部分凿除。修补面纵坡变化应控制在 1%以内，轮胎压路机碾压平整。

5)路表局部沉陷龟裂

在路面破坏调查中发现，部分路段有较明显的沉陷和断板现象，说明该路段基层、底基层可能已经破碎或土基湿软。对于复合式路面结构，沉陷多由基层唧泥脱空、水泥混凝土板断裂引起。所以首先确认病害发生处断裂水泥混凝土板块位置，铣刨沥青层至板顶，视下层具体情况可采取以下相应措施。

(1)混凝土板处理(基层完好)

对于混凝土板下基层完好的路段，可仅对混凝土板进行处治。将混凝土板破除，清除槽底碎料及松散石子，将局部沉陷、坑槽处用水泥混凝土补平。对缺失传力杆和拉杆钢筋处予以恢复，再浇筑 23～25cm 厚的混凝土板，按施工规范要求锯缝、灌缝，并注意保湿养生。待水泥混凝土强度达到 70%，在板顶喷洒 1mm 厚的黏层油，槽侧面涂刷 3mm 厚的热改性沥青，沿混凝土板缝贴 15cm 宽的高分子抗裂贴，分层铺筑沥青混凝土以达到原路面高程。

(2)基层处理(底基层完好)

对于混凝土板下基层有破损的路段，需将基层破碎完全挖除。基层预切纵缝要保留 20cm 以上横向间距，避免与面层裂缝破坏重合。为了迅速提高基层的强度，可采用浇筑贫混凝土来替代原来的水泥稳定碎石基层。铺筑贫混凝土前应将四壁湿润，铺筑后注意养生。底基层坑槽在基层施工时可直接用贫混凝土填补。

(3)底基层、土基处理

土基及底基层破坏主要是浸水软化，随着水流下渗，路基顶部填土含水率增加且呈软塑状态。可采用换填碎石法提高路基强度。当软化层厚度在 40cm 内时，将软化层挖除，分层填筑碎石并压实，压实厚度应控制在 10cm 范围内；当软化层厚度超过 40cm 时，将软化层挖除，40cm 以内用碎石换填，40cm 以下采用泥结石灰碎石换填，分层压实厚度控制在 15cm 以内。

6)裂缝处治

路面裂缝主要表现为沿水泥混凝土板块的反射裂缝，多数呈现为规则的纵缝和横缝，还有部分网状裂缝和角隅破坏等。纵向裂缝主要是由路基、基层等施工不良造成的，早期发现时可使用填充嵌缝料的方法延缓其发展；当纵向裂缝发展迅速并且长度较长时，可采取设置挡土墙或护坡等路基加固措施。处理横向裂缝时应尽早切断附近的缩缝，把裂缝处切成 V 形，用树脂等填充物填充好，同时要观察裂缝发展情况，随时发现随时补充填缝材料。

裂缝进水是导致路面其他病害(如沉陷、翻浆等)的主要原因，必须及时处理，防止路表水由裂缝渗入基层。此类病害处理可采用以下方案。

(1)对于较小的裂缝，应及时将裂缝内的尘土清除干净，再灌填沥青砂或沥青玛蹄脂封缝，或用环氧树脂胶结。对于裂缝宽度在 5mm 以内的顺直纵缝和横缝，使用沥青路面开槽机沿裂缝开凿出宽度 13mm，深宽比不小于 1∶1 的矩形槽，用空压机将槽缝吹洗干净，然后用改性沥青聚合物密封材料灌平。

(2)对于严重的裂缝，宜先将松动部分凿掉并清除干净，在干燥情况下用液体沥青涂刷缝壁，再填入沥青砂捣实、烫平，并以细砂覆盖。对于缝宽在 5mm 以上的纵缝、横缝及有支缝的不规则裂缝，应沿裂缝开凿出宽度为 50mm 的矩形槽，槽深度为原沥青混凝土面层的厚度。用空压机将槽内吹洗干净，并将下层水泥混凝土板的板缝清理干净后，用热改性沥青将水泥混凝土的板缝灌满，并沿板缝贴 15cm 宽"高分子抗裂贴"，槽底涂抹热改性沥青，侧面刷抹 3mm 厚的改性乳化沥青，再用沥青混凝土填平压实。

(3)路面出现网状裂缝，首先应明确裂缝产生的原因，然后采取相应的措施治理。如果是基层强度不够，必要时应采取开挖基层加以根治；如果是混凝土板层自身强度不够，当部分出现裂缝倾向时，可用乳剂等填充；当裂缝发生大面积移动扩展时，应采取罩面的措施进行维修；当裂缝遍及全板难以修复时，考虑将该板块整个击破翻除，必要时还应重做基层，再浇筑新的混凝土板。

发现角隅裂缝应尽早使用乳剂或嵌缝料填充，防止水分浸入。如果角隅部分由于车辆行驶而完全破坏，可及时清除破碎部分，并用沥青混合料等替换。

(4)在裂缝处理施工过程中，必须加强质量控制：开槽后必须清理干净；水泥混凝土的板缝必须用热改性沥青灌满；施工完毕后应保证维修裂缝处有较好的平整度；裂缝的修补工作宜在秋末冬初缝隙较宽时进行。

复合式路面裂缝病害处治如图 5-8 所示。

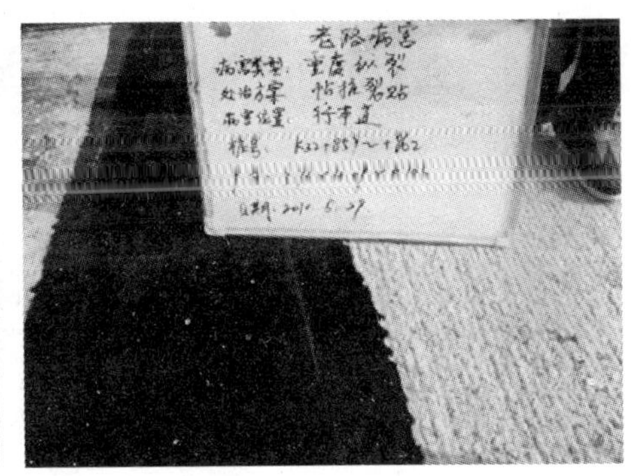

图 5-8　复合式路面裂缝病害处治

7)复合式路面接缝处治

接缝是水泥混凝土层中最薄弱的环节，所以其养护维修的质量直接影响到整个路面的使用寿命。接缝要定期更换填缝材料，充分发挥各种接缝的作用，避免水分的浸入。更换填缝材料时，首先用带爪的清缝机除掉旧的填缝材料，用压缩空气等充分清除接缝，再用新的填缝材料填充接缝。更换接缝填缝材料的工作要在沥青混凝土层清除处理时进行。填缝材料的技术要求可参照水泥混凝土路面施工规范和养护规范的规定。

5.4 推荐旧路改善设计方案

5.4.1 半刚性基层沥青路面改善方案

应针对不同道路状况分别制定不同的改善方案。以下方案适用于京港澳安新段、连霍郑洛段和京港澳许漯段等半刚性基层沥青路面结构。

1)直接加铺方案

适用路段：

(1)路面弯沉满足设计要求。

(2)雷达检测结果路面基层无明显破碎、松散现象。

(3)沥青面层无明显病害(符合车辙小于1.5cm,路面破损率小于15%,路面裂缝率小于5%或者百米内间隔小于15m连续横向裂缝不多于5条的路段)。

处理方案：

(1)面层轻微病害处理后,洒布黏层油。

(2)根据补强设计以及考虑加宽路面结构方案,确定加铺沥青混凝土加铺层。

2)局部挖补方案

适应路段：

(1)路面弯沉满足设计要求。

(2)雷达检测结果路面基层无明显破碎、松散现象。

(3)路面局部出现坑槽、凹陷、网裂、疲劳裂缝等病害(路面破损率小于15%,路面裂缝率小于5%或者百米内间隔小于15m连续横向裂缝不多于5条的路段)。

(4)局部车辙深度大于1.5cm。

处理方案：

(1)取样验证车辙影响层位,对于车辙仅发生于表面层的,采用修复车辙方案;车辙深度影响至中面层的,进行铣刨挖除车辙然后修补。

(2)旧路面表面出现坑槽、凹陷、网裂、疲劳裂缝等病害进行局部挖补。

(3)根据补强设计以及考虑加宽路面结构方案,确定加铺沥青混凝土加铺层。

3)原沥青面层再生处治

适用路段：

(1)路面弯沉满足设计要求。

(2)雷达检测结果路面基层无明显破碎、松散现象。

(3)原沥青面层病害严重。判定标准如下:

①路面破损率大于 15%;

②路面裂缝率大于 5%;

③百米内间隔小于 15m 连续横向裂缝多于 5 条的路段。

处理方案:

(1)原沥青路面再生可考虑热再生和冷再生两种方式。鉴于就地热再生处理深度有限,厂拌热再生铣刨料利用率低,故推荐厂拌冷再生,并通过路面铣刨和钻芯取样确定再生深度。

(2)再生混合料加乳化沥青或泡沫沥青拌和,加铺在铣刨过的路面上。

(3)再生层上加铺改性沥青黏结防水层。

(4)根据补强设计以及考虑加宽路面结构方案,确定加铺沥青混凝土加铺层。

4)基层补强处治方案

适用路段:

(1)路面弯沉不能满足设计要求。

(2)路面弯沉满足设计要求,但雷达检测结果显示路面基层破碎、松散,并经路面钻芯验证的路段。

处理方案:

(1)铣刨原沥青面层,铣刨深度至基层顶面。

(2)针对破损路面半刚性基层采用冷再生进行补强。推荐采用就地冷再生生成柔性基层。

(3)基层补强完成后,原面层铣刨料通过厂拌再生方式进行再生。推荐采用厂拌冷再生,再生厚度通过拟合后的旧路纵断高程进行控制。

(4)再生层上铺筑防水层。

(5)根据补强设计以及考虑加宽路面结构方案,确定加铺沥青混凝土加铺层。

5.4.2 复合式沥青路面改善方案

本方案针对三种道路状况分别制定不同的改造方案,适用于复合式路面结构。

1)直接加铺方案

适用路段:

(1)沥青面层无明显病害(路面破损率小于 15%)的路段。

(2)通过路面雷达判断混凝土板主要病害为板底脱空。

处理方案：

(1)通过注浆进行板底脱空处理，对路面裂缝进行灌缝处理。

(2)根据养护规范标准，对路面局部病害进行修复。

(3)在原沥青面层铺筑应力吸收层，起防水和延缓反射裂缝作用。

(4)根据补强设计以及考虑加宽路面结构方案，确定加铺沥青混凝土加铺层。

2)混凝土板局部处理方案

适用路段：

(1)沥青面层病害明显(路面破损率大于15%，路面裂缝率大于5%)的路段。

(2)通过路面雷达判断混凝土板破损不太严重。

处理方案：

(1)原沥青面层铣刨后，现场直观判断水泥板碎板破碎状况。

(2)对于水泥板碎板率低的路段，对水泥板进行注浆稳板处理，局部进行板体修复(或换板)补强处理。

(3)水泥面板上做应力吸收层，然后铺筑面层铣刨材料再生层，再生层厚度通过拟合后的旧路纵断高程进行控制。推荐采用厂拌冷再生技术。

(4)冷再生层上面做好防水层，然后根据补强设计以及考虑加宽路面结构方案，确定加铺沥青混凝土加铺层。

3)混凝土板全部处理方案

对原水泥混凝土板碎石化处理，然后加铺冷再生层和新沥青混凝土层。

适用路段：

(1)沥青面层病害明显(路面破损率大于15%，路面裂缝率大于5%)的路段。

(2)通过路面雷达判断混凝土板以及基层破损严重。

处理方案：

(1)原沥青面层铣刨后，直观判断水泥板碎板破碎状况，根据水泥混凝土板破碎状况计算碎石化与局部换板的经济平衡点。

(2)对于水泥混凝土板破碎严重的路段，对破碎水泥混凝土板进行原地碎石化处理。

(3)水泥混凝土板碎石化处理后，洒布沥青透层油，然后铺筑面层铣刨材料再生层，再生层厚度通过拟合后的旧路纵断高程进行控制。

(4)冷再生层上面铺筑防水层。

(5)根据补强设计以及考虑加宽路面结构方案，确定加铺沥青混凝土加铺层。

5.5 小　　结

针对高速公路改扩建工程的特点,本章提出了改扩建旧路改善设计指导性原则,分析了改扩建工程中旧路病害处治的内容,宏观上把旧路病害处治分为连续病害处治和零星病害处治两部分。提出了旧路病害的处治原则和方法。结合工程实践,针对半刚性基层沥青路面和复合式路面病害特点,推荐了旧路改善设计方案。

第6章 改扩建旧路再生技术

针对路面连续病害处治,在进行改扩建旧路改善病害处治设计时,必须积极考虑采用合理的路面再生方案。充分发挥既有旧路的作用,同时避免产生大量的路面废旧材料。沥青路面再生技术按温度要求可分为热再生和冷再生。冷再生可分为厂拌冷再生和就地冷在生,热再生可分为厂拌热再生和就地热再生。本章主要介绍四种沥青路面再生技术的特点,各项技术的材料设计、施工工艺及施工质量控制等,以供旧路病害处治设计参考。

6.1 厂拌热再生技术

厂拌热再生技术(Hot Recycling)是将旧沥青混凝土路面铣刨后运到沥青混合料拌和厂,通过破碎、筛分(必要时),并根据旧料中沥青含量、沥青老化程度、集料级配等情况,掺入一定数量的新集料、新沥青、再生剂(必要时)等进行热态拌和,使混合料达到规定的各项指标,并按热拌沥青混合料的施工工艺重新铺筑路面。

厂拌热再生技术是所有再生方法中最为完善与成熟的。利用这种方法,可以方便地对已被翻挖的基层甚至路基的一些地段进行有效补强,沥青层的重铺则可以像新路施工一样,分别按下面层、中面层、上面层的不同技术要求进行配合比设计,确定旧沥青回收料的添加比例。

6.1.1 沥青路面回收料(RAP)的性状

6.1.1.1 沥青路面回收料取样和评价

(1)RAP取样

沥青路面回收料是再生沥青混合料的原料之一,对再生效果和再生混合料的性能有着重要的影响,其性状是进行再生混合料配合比设计的重要依据。路上取样时,如果有原路面铺筑的历史资料,可按照同一时间和同一标准修筑的路面分成不同的工程段,每一工程段按照随机取样进行试验,确定其性能。如果各分段差异很大,需要进行分别处理。取样数量一般是每车道每千米钻芯且每个试样都必须包括三层,也可取到基层,以便进行全面检测。储存料堆取样时,应将不同路段的回收料混合均匀,再取样进行性能测试。从储存回收沥青混合料里取样和从储存集料里取样的方法相似。回收沥青混合料堆放可能会发生"硬壳"变化,因此在回收沥青混合料堆里取样前,应将料堆表面 150mm 深度内的料刨除,且至少应在料堆四周 10 个不同的地方取样。

(2)性能检测与评价

对取回样品进行性能检测与评价。试验检测主要包括以下内容:①沥青含量;②回收沥青的物理性能指标(包括针入度、延度、软化点、黏度等)和化学组分;③回收集料的级配组成及其物理性能指标(压碎值、视密度、与沥青的黏附性、细长扁平颗粒含量等)。

鉴于旧沥青路面材料的离散性大,对回收沥青混合料的沥青含量、回收沥青混合料级配组成和回收沥青针入度进行离散性分析,以确定旧沥青路面材料回收、破碎、筛分和堆放方案。在统计中,平均值和方差可以反映出总体数据分布情况,应用于旧料评价时可以得出某一指标是否适宜、离散性是否超出许可范围,而差异性分析可以判断各组成部分之间的差别。

6.1.1.2　旧沥青的性能评价

美国曾在使用 4 年和 6 年的沥青路面车道不同深度挖取试样,进行沥青抽提试验,然后与沥青材料进行对比分析,其试验结果见表 6-1。从表中数据可以看出,沥青路面不同位置处沥青的老化程度是不同的。就同一深度而言,使用 6 年的旧沥青要比使用 4 年的针入度小、软化点高,说明随着时间的推移,沥青老化不断加深。

美国回收沥青的物理性质　　表 6-1

使用年限	性　质	取样位置(深度,cm)			
		原样	0～0.5	0.5～2.5	2.5～4.5
4 年	针入度(0.1mm)	95.0	33.0	52.0	52.0
	软化点(℃)	45.0	60.2	52.0	53.0
6 年	针入度(0.1mm)	—	24.8	47.5	43.5
	软化点(℃)	—	63.7	55.0	55.3

我国在"七五"期间修筑了许多试验路,对这些路面的使用状况进行了长期跟踪检测并在现场挖样分析。表 6-2 为某公路跟踪挖样分析结果。根据观测结果,沥青材料经过长期自然因素作用后,回收沥青的化学组分与原沥青相比较有明显的变化,表现为各组分之间配伍的失调,油分减少,胶质和沥青质增多。

原始沥青及回收沥青性质 表 6-2

项　目	软化点（℃）	针入度（25℃，0.1mm）	延度（cm）		四组分分析（%）			
			15℃	25℃	饱和分	芳香分	胶质	沥青质
原始沥青	47.5	86	>120	>150	18.6	30.2	47.5	3.7
7 年后	53	53	55	70	16.8	25.1	46.0	12.1
10 年后	67	30	8	19	16.0	21.2	48.1	14.7

6.1.1.3　旧集料的性质

表 6-3 为回收旧集料筛分检测结果。从表 6-3 可以看出，许多原来高等级沥青路面的矿质颗粒都发生明显的破碎，粉料增多，有的粉料甚至高达 14.2%。2.36mm 以下部分都有明显增加，有的 2.36mm 筛孔通过率达到了 47.2%。因此，矿质集料粒径的细化（旧料中细料和粉料偏多）是 RAP 的一个重要特征。这是由于沥青路面在车辆荷载作用下，矿质颗粒接触点处产生挤压应力和剪切应力，有时可以超过其极限强度而使矿质颗粒发生破碎；同时，矿质颗粒间的摩擦也会引起颗粒表面的磨损，使沥青混合料的粉料增加。沥青混合料级配组成的改变，使得沥青混合料的内摩擦角变小、抗剪强度下降。

回收旧集料筛分检测结果 表 6-3

取样地点	诸暨 22 省道	广佛高速公路	北京城市主干路	沈大高速公路	沪宁高速公路
筛孔（mm）	通过百分率（%）				
30	100.0	100.0	100.0	100.0	100.0
26.5	100.0	100.0	100.0	100.0	100.0
19	100.0	98.0	98.0	90.35	94.4
16	99.5	95.3	95.4	85.26	85.3
13.2	97.6	91.0	85.3	74.34	70.2
9.5	90.6	78.7	71.1	60.79	55.2
4.75	68.6	43.3	50.1	37.19	33.5
2.36	47.2	27.1	32.3	23.39	22.5
1.18	34.4	22.9	27.8	18.45	19.8
0.6	23.9	19.9	25.5	12.72	15.6
0.3	16.1	16.6	18.1	7.56	13.2
0.15	11.1	13.3	16.2	6.06	10.3
0.075	8.2	11.2	14.2	3.84	8.5

表 6-4 为回收旧料中粗集料的质量检验结果。从表 6-4 可以看出，回收集料除了针片状颗粒含量偏大外，物理力学性能均满足规范要求。

回收旧料中粗集料的质量检验结果　　表 6-4

指标		单位	范围要求		
			表面层	10～20mm 碎石	0.5～10mm 碎石
压碎值	不大于	%	26	20.6	
洛杉矶磨耗损失	不大于	%	28	21.4	
视密度	不小于	g/cm³	2.6	2.718	2.706
失水率	不大于	%	2	1.68	1.79
与沥青的黏附性	不小于	级	5	5	5
细长扁平颗粒含量	不大于	%	15	1.62	18.3

6.1.2　厂拌热再生沥青混合料配合比设计

根据目前我国现行的沥青路面施工规范，厂拌热再生沥青混合料的配合比设计采用马歇尔试验方法，通过目标配合比设计、生产配合比设计及生产配合比验证三个阶段。其中目标配合比的设计最重要，通过目标配合比的设计，确定再生沥青混凝土中新、旧矿料的规格比例、级配及沥青、再生剂的用量。

1）确定旧料用量的原则

（1）根据使用热再生沥青混合料的公路等级和路面结构层来确定

高等级路面旧料的掺量比低等级路面小，上面层旧料掺量比下面层小。目前，根据我国热再生路面应用情况，高等级路面的上面层可掺 20%～30%的旧料，下面层可掺 30%～50%的旧料。其他等级公路的路面根据设备情况可以掺到大于 50%。

（2）根据旧沥青混合料中的沥青性能来确定

沥青老化程度大时可适当减少旧料掺量；沥青老化不严重时可加大掺量。

（3）根据机械设备的性能来确定

2）选择新沥青标号

（1）确定再生沥青目标标号

厂拌热再生混合料中再生沥青的目标标号应根据公路等级、混合料使用层次、工程气候条件、交通量及设计车速条件等，选取与当地同等道路条件一致的沥青标号。回收沥青路面材料掺配比较大时，也可以根据实际情况，适当将沥青目标标号降低一个等级。

(2)确定新沥青标号

①根据回收沥青路面材料的性质和掺配比例选择新沥青。再生混合料中新沥青的选择如表6-5所示。

再生混合料新沥青选择　　表6-5

回收沥青等级 / RAP含量(%) / 新沥青等级	$P\geqslant 30$	$P=20\sim 30$	$P=10\sim 20$
沥青选择不需要变化	<20	<15	<10
选择新沥青标号比正常高半个等级,即针入度10(0.1mm)	20～30	15～25	10～15
根据旧沥青混合调和法则确定	>30	>25	>15

②需要根据新旧沥青混合调和法则确定新沥青标号的,按照式(6-1)确定新沥青(再生剂)的黏度。

$$\lg\lg\eta_{mix} = (1-\alpha)\lg\lg\eta_{old} + \alpha\lg\lg\eta_{new} \tag{6-1}$$

式中:η_{mix}——混合后沥青的60℃黏度,Pa·s;

η_{old}——混合前旧沥青60℃黏度,Pa·s;

η_{new}——混合前新沥青或再生剂60℃黏度,Pa·s;

α——新沥青的比例,%。

③根据黏度η_{new}确定新沥青标号。

3)预估沥青用量

美国沥青协会采用经验公式(6-2)预估整个再生沥青混合料中的沥青用量。

$$P = 0.035a + 0.045b + kc + f \tag{6-2}$$

式中:P——再生沥青混合料中所需沥青的预计百分率,%;

k——系数,当0.075mm筛孔通过率为6%～10%时取$k=0.18$;当0.075mm筛孔通过率≤5%时取$k=0.2$;当0.075mm筛孔通过率为11%～15%时取$k=0.15$;

a——通过2.36mm筛孔以上集料的比例,%;

b——通过0.075mm筛孔以上2.36mm筛孔以下集料的比例,%;

c——通过0.075mm筛孔以下集料的比例,%;

f——系数,取决于集料的吸水率,%,$f=0\sim 2\%$,缺乏资料时采用0.7%。

4)沥青用量确定

再生沥青混合料中,设计沥青用量i_R通过马歇尔试验的方法确定。以各级配的预估沥青用量为中,再以0.5%的间隔分别确定五个沥青用量。按照规定方法用五个沥青用量分别进行马歇尔试验，根据马歇尔试验的结果按照《公路沥青路面施工技术规范》(JTG F40—2004)规定的方法，确定出再生沥青混合料的设计沥青含量。在这里需要指出的是，再生沥青混合料的合成毛体积相对密度 γ_{sb} 及合成表观相对密度 γ_{sa} 计算方法与普通沥青混合料的不同。再生沥青混合料的计算方法如式(6-3)和式(6-4)所示。

$$\gamma_{sb}=\frac{100}{\frac{p_1}{\gamma_1}+\frac{p_2}{\gamma_2}+\cdots+\frac{p_n}{\gamma_n}+\frac{Q_1}{Z_1}+\frac{Q_2}{Z_2}+\cdots+\frac{Q_n}{Z_n}} \tag{6-3}$$

式中：p_1、p_2、…、p_n——各种新矿料成分的配合比，%；

γ_1、γ_2、…、γ_n——各种新矿料相应的毛体积相对密度；

Q_1、Q_2、…、Q_n——旧矿料各成分的配合比，%；

Z_1、Z_2、…、Z_n——旧矿料各相应成分的毛体积相对密度。

$$\gamma_{sa}=\frac{100}{\frac{p_1}{\gamma'_1}+\frac{p_2}{\gamma'_2}+\cdots+\frac{p_n}{\gamma'_n}+\frac{Q_1}{Z'_1}+\frac{Q_2}{Z'_2}+\cdots+\frac{Q_n}{Z'_n}} \tag{6-4}$$

式中：p_1、p_2、…、p_n——各种新矿料成分的配合比，%；

γ'_1、γ'_2、…、γ'_n——各种新矿料相应的表观相对密度；

Q_1、Q_2、…、Q_n——旧矿料各成分的配合比，%；

Z'_1、Z'_2、…、Z'_n——旧矿料各相应成分的表观相对密度。

5)再生剂的确定

《沥青路面再生技术规范》(JTG F41—2008)规定了热拌沥青混合料再生剂的要求。热拌沥青混合料再生剂要求见表 6-6。

热拌沥青混合料再生剂要求　　表 6-6

检验项目	RA-1	RA-5	RA-25	RA-75	RA-250	RA-500
60℃黏度(Pa·s)	50～175	176～900	901～4 500	4 501～12 500	12 501～37 500	37 501～60 000
闪点(℃)	≥220	≥220	≥220	≥220	≥220	≥220
饱和分含量(%)	≤30	≤30	≤30	≤30	≤30	≤30
芳香分含量(%)	实测记录	实测记录	实测记录	实测记录	实测记录	实测记录
薄膜烘箱试验前后黏度比(%)	≤3	≤3	≤3	≤3	≤3	≤3
薄膜烘箱试验前后质量变化(g)	≤4，≥−4	≤4，≥−4	≤3，≥−3	≤3，≥−3	≤3，≥−3	≤3，≥−3
15℃密度(g/cm³)	实测记录	实测记录	实测记录	实测记录	实测记录	实测记录

注：1. 试验方法参照《公路工程沥青及沥青混合料试验规程》(JTJ 052—2000)。

2. 薄膜烘箱试验前后黏度比＝试样薄膜烘箱试验后黏度/试样薄膜烘箱试验前黏度。

沥青再生常用以下两种方法。

(1)用软沥青(针入度大的沥青)掺配再生

选一种比较软的沥青与废旧沥青掺配,使掺配后的再生沥青达到规范要求的标号和主要技术指标。这种方法比较简单,新、旧沥青互溶性好,搅拌的机械设备不需要安装添加再生剂的计量和设备。新沥青的针入度要根据旧沥青的稠度、再生沥青的针入度要求,通过试验与计算确定。

(2)通过掺入一定量的再生添加剂,以实现对旧沥青的再生

再生剂有两种类型,一种有改性剂,一种没有改性剂。没有改性剂的再生剂主要是提高沥青的针入度,使与旧沥青充分相溶,并均匀分散在沥青中,从而改变沥青的结构和组分比例。有改性剂的再生剂除了有上述作用外,由于添加了聚合物改性剂,还可以提高再生沥青的某些技术性能,如弹性和黏性。

旧沥青的针入度大于40(0.1mm),一般可以采用比较软的沥青掺配再生。如果旧沥青的针入度小于40(0.1mm),则应采用再生剂再生。如果用于高等级路面的面层,最好采用有改性作用的再生剂。

6)配合比设计检验

按照现行《公路沥青路面施工技术规范》(JTG F40—2004)中热拌沥青混合料配合比设计方法的有关规定,进行配合比设计检验。

6.1.3 厂拌热再生沥青混合料路用性能

(1)厂拌热再生沥青混合料高温稳定性

旧料加入后,沥青混合料的高温稳定性能得到明显改善,且再生沥青混合料的动稳定度随着旧料掺量的增加而增加。添加的旧料中含有老化的旧沥青,旧沥青中的油分含量较少,胶质和沥青质含量相对较多,已经老化变硬,因而旧沥青的黏度很高,劲度很大。因而再生沥青混合料的动稳定度比新沥青混合料的动稳定度大,且随着旧料掺量的增加而增加。

(2)厂拌热再生沥青混合料的水稳定性

当旧料掺量不大(小于20%)时,再生沥青混合料的浸水残留稳定度变化不大,且变化规律并不明显。但当旧料掺量相对较大时,残留稳定度变化明显,随着旧料掺量的增加,再生沥青混合料的残留稳定度不断减小。但当旧料掺量达到30%或40%时,再生料的残留稳定度大幅下降且趋势明显。

(3)厂拌热再生沥青混合料的低温抗裂性

按《公路工程沥青及沥青混合料试验规程》(JTJ 052—2000)中的相关规定,对不同级配、不同旧料掺量的再生沥青混合料在最佳油石比下进行低温弯曲试

验。沥青混合料的最大弯拉应变越大，弯曲劲度模量越小，则该沥青混合料的低温抗裂性能越好。随着旧料掺量的增加，再生沥青混合料的低温性能有所下降，且当掺量较大时，下降幅度较大。

6.1.4 厂拌热再生施工工艺及质量控制

(1)旧沥青路面材料的回收

采用铣刨机铣刨沥青路面，一般适用于对单个或多个车道进行维修以及路面部分厚度的铣除，从而可以减少旧料中的杂质，改善材料的离散性。铣刨的旧料不需要破碎或者只有少量需要破碎，并且生产效率比较高，产生的灰尘也比较少，可以得到拌和厂能够直接使用的合适粒径材料。故冷法铣刨是回收旧沥青混合料的推荐方法。铣刨机的工作速度以及铣刨鼓的转速在很大程度上决定了铣刨旧料的尺寸大小。通过试验分析，铣刨速度为 10～15m/min 时，铣刨得到的 RAP 中细料含量较低，并且料块尺寸一般小于 50mm×50mm。

考虑到同一段落同一车道回收料的离散性比较小，有利于配合比设计和调整配合比，铣刨时应逐段落逐车道进行，相同的段落保持基本相同的铣刨机行走速度和铣刨深度，使铣刨机对旧料中集料的破坏程度基本相同，也使回收料的级配差异性减小。在同一车道内，面层、基层铣刨时应按台阶状进行分层铣刨。沥青面层铣刨时，先将老化和损坏严重的沥青表面层铣掉，再根据调查时确定的平均铣刨厚度，按设计高程铣刨剩余的沥青面层。对于处治结构复杂的路段，采用挂线方式控制高程，并用运输车将铣刨废料运至沥青拌和场分类堆放，以便再生利用。为保证旧料洁净，铣刨前和铣刨过程中应加强工作面内的清扫工作。

(2)旧沥青路面材料的破碎与筛分

旧沥青路面材料的破碎处理主要由再生混合料的设计要求决定。美国沥青协会推荐旧料破碎后 50mm 筛孔的通过率不低于 95%，如果 RAP 最大粒径大于再生沥青混合料级配的最大粒径，RAP 需要再生沥青混合料设计最大粒径尺寸破碎和筛分；也有其他手册推荐旧混合料破碎后 38mm 筛孔的通过率为 100%，25mm 筛孔的通过率不低于 90%。一般旧料使用时才进行破碎，否则提早破碎会加快沥青老化。旧沥青路面材料的破碎和筛分装置如图 6-1 和图 6-2 所示。

(3)混合料拌制

混合料拌制的要求有：①回收沥青路面材料料仓数量应不少于两个，料仓内回收沥青路面材料的含水率不大于 3%；②使用间歇式拌和设备时，应适当提高新集料的加热温度，但最高不宜超过 200℃；③使用间歇式拌和设备时，干拌时间一般比普通热拌沥青混合料延长 5～10s，总拌和时间比普通沥青混合料延长

图 6-1 旧沥青路面材料破碎装置

图 6-2 旧沥青路面材料筛分装置

15s 左右；④再生沥青混合料的出料温度比普通热拌沥青混合料高 5～15℃；⑤回收沥青路面材料加热时不得直接与火焰接触；⑥厂拌热再生混合料拌制的其他要求，应符合现行《公路沥青路面施工技术规范》(JTG F40—2004)对热拌沥青混合料路面的规定。

厂拌热再生设备分为两种：间歇式厂拌热再生设备和连续式厂拌热再生设备。

(1)间歇式厂拌热再生设备

间歇式沥青混凝土再生设备的工艺流程如图 6-3 所示。

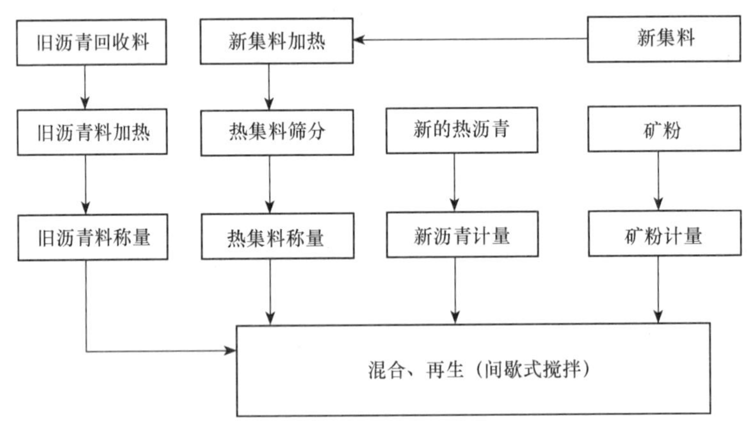

图 6-3 间歇式再生搅拌设备工艺流程示意图

旧沥青路面回收料经过破碎、筛分(必要时)后进入料场，由装载机上料至旧料冷集料供应仓，冷料提升机送其进入“第二烘干筒”加热，再经过称量进入搅拌器；同时，它将初步计量的冷集料加入到干燥滚筒内烘干加热。然后将热集料提升，经振动筛筛分也加入搅拌器内，再加入计量好的新沥青及矿粉，一锅一锅地搅拌，一锅一锅地出料。因为有两次计量，它能保证集料的级配，集料和沥青的比例精确度比较高。

间歇式沥青混凝土再生设备的特点：①旧料已加热至较高的温度，掺配比例可以加大，比例最高可达 40％～50％；②强制式搅拌，混合均匀；③考虑到旧沥青的老化因素，旧料不能与明火接触，主要依靠辐射热升温，热效率较低，旧料升高的温度也受一定程度的限制；④加热后旧料发黏，计量难以准确；⑤为加热后旧料输送的方便，低温烘干筒必须高位安装；同时为解决旧料加热时产生的油烟，设备还需增设废气再燃烧装置，以提高排放的净度，使设备结构庞大。

(2)连续式厂拌热再生设备

双滚筒连续式沥青混合料再生搅拌设备的核心为“双滚筒”，再配以各种其他集料包括新集料、新沥青、旧沥青混合料及再生剂和矿粉的连续式计量和供给，在双滚筒内完成再生沥青混合料的生产。“双滚筒”是一种内外两个滚筒同轴嵌套的结构，内滚筒转动，作新集料烘干用，外滚筒固定，与内筒形成一个夹腔作为搅拌区。位于搅拌区内筒部分的外壁有搅拌叶片，用于实现混合料的均匀搅拌；同时内筒位于搅拌区端部处，有若干出料口，用于烘干后新集料进入搅拌区。搅拌区与燃烧器的火焰完全隔离，在此搅拌区内加入旧沥青混合料、再生剂、新沥青、矿粉等，可以很好地实现顺序强制拌和。双滚筒再生搅拌设备的工艺流程如图 6-4 所示。双滚筒再生设备外观如图 6 5 所示。其工艺流程分为以下几步，①把新集料送入内滚筒，在筒内烘干并加热至一定高温；②高温集料离

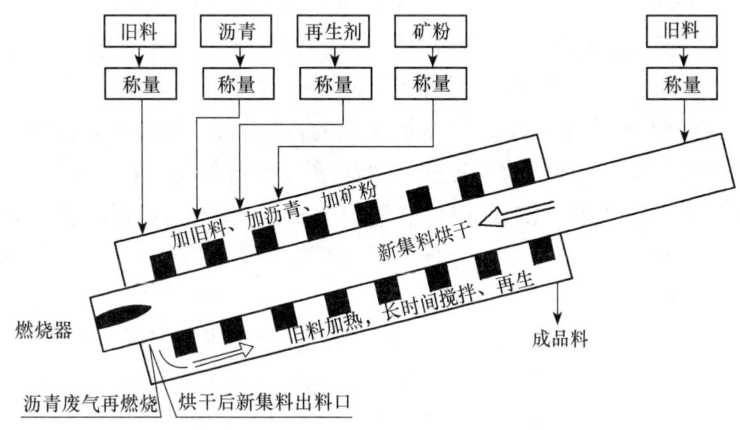

图 6-4　双滚筒连续式沥青混合料再生搅拌设备的工艺流程图

图 6-5　双滚筒再生设备

开内干燥滚筒，进入搅拌区；③未经加热的旧料加入到新集料中；④旧料吸收新集料的热量，将水分蒸发；⑤旧料中的沥青熔化，在集料上形成薄的覆盖层，同时集料温度降至拌和所需要的温度范围；⑥新沥青注入搅拌区，在新集料和回收的集料上形成厚的覆盖层；⑦细添加料加入搅拌区，黏到沥青覆盖层上，继续拌和，直至拌和料离开搅拌区。

连续式搅拌工艺特点：①冷集料的烘干采用与间歇式设备相同的逆流式方案，而且由炽热燃气传给烘干筒外壳的热量不会进入大气而耗散掉，它被用来作为加热再生料的一种热源，具有更高的热效率；②沥青、粉料以及各种各样的再生料和添加剂均直接加入到相当于“搅拌锅”的内外筒夹层中，不会与火焰直接接触，所以不会产生沥青老化、跑粉等问题；③强制式的搅拌工艺具有长达 60～90s 的拌和时间，可使新集料、液态沥青、矿粉以及多种多样的再生料和添加剂得到充分的拌和，从而生产出搅拌质量优良的再生沥青混合料；④加热旧沥青产生的废气排放前会进入烘干筒内进行二次燃烧，不会造成污染；⑤双滚筒沥青搅拌设备保持了滚筒式搅拌设备的优点，它没有热料提升机，也没有庞大的搅拌塔楼，结构简单、质量轻、安装维修方便，大大提高了设备工作的可靠性，减少了安装和维修作业的工作量。

连续式拌和楼生产过程中因其自身的特点，除了按规范进行生产管理外，还应特别注意以下问题：①连续式拌和楼不存在集料热筛分，没有采用热料仓集料进行生产配合比设计的过程，目标配合比与连续式拌和楼最终成品料的差别在于拌和楼除尘后的差别，应通过试验确定除尘系统的功率与新集料 0.3mm 以下颗粒损失的关系。②碎石、石屑的级配不可避免地会出现波动，根据筛分试验的结果，调整各种材料的配合比使它靠近生产验证确定的级配。③集料的含水率试验是连续式拌和楼生产前必须完成的试验，把不同集料含水率输入到主控电脑中，拌和楼会自动扣除水分，这样才能得到正确的油石比。

6.2 就地热再生技术

就地热再生技术（Hot In-Place Recycling）是指利用专用的就地热再生设备，对沥青路面进行现场加热、翻松，掺入一定数量的新集料、新沥青、再生剂等，经混拌、摊铺、碾压等工序，一次性实现对表面一定深度范围内（一般不超过6cm）旧沥青混凝土路面再生的一种技术。

现场热再生技术施工工艺简单，施工时间短，适用于交通繁忙的路段。由于使用专用机组进行连续机械化施工，此方法不适用于小型修复工程及难以确保连续机械化施工的工程；而且这种再生方法是以沥青路面面层为施工对象，当路面损坏涉及到基层以下时，原则上不适用。就地热再生技术多用于基层承载能力良好，面层出现疲劳损坏的路段。

6.2.1 就地热再生技术特点

就地热再生技术可以100%再生利用现有路面材料，节省新混合料的用量，降低修复成本，保护资源和环境，不需要搬运废料及废弃物堆放场地，大大减少了材料的运输量；由于现场热再生工艺使得新旧料相互融合，没有明显的接缝，结合强度高，平整度好，避免车道接缝所产生的纵向开裂。可根据需要只进行单车道再生，显著降低维修费用。与其他修复方法相比，该方法施工进度快，施工周期短，施工路段在完工后随时可开放交通。

就地热再生技术的不足之处在于这种方法虽然将旧沥青层全部利用，但加上新集料搅拌重铺后会改变原路面的高程，不符合原高速公路的纵断面标准。此外，旧沥青混合料的再生质量往往难以达到高速公路沥青面层的要求。因此，现场热再生路面主要用于路基完好，路面破损深度小于6cm的沥青混凝土路面维修。此外，此方法是在现场加热旧沥青路面，施工容易受气候的影响，寒冷季节一般不宜施工。

就地热再生技术的难点：

(1)废料的变异性问题。废料的沥青含量、沥青老化程度以及集料级配的变异性一般均较大，直接影响再生沥青混合料的质量控制。

(2)再生沥青混合料的拌和工艺。在不烧伤旧沥青的前提下,保证拌和温度并使新旧沥青均匀混合是技术关键。

(3)再生沥青混合料的配合比设计及其抗裂性能和耐久性能评价。再生沥青混合料的抗裂性和耐久性是确保其性能不低于普通沥青混合料的关键。

(4)再生剂的研制和使用。专门的再生剂研制需要在掌握沥青化学理论和再生机理的基础上进行,并且需要进行长期的试验、检测和评价才能应用于实际生产。

6.2.2 就地热再生混合料的配合比设计

再生沥青混合料因其中掺加了一定比例的旧料和再生剂,故其配合比设计与普通的新拌沥青配合比设计有所不同,但是其基本设计思路与普通沥青混合料设计相一致。再生沥青混合料配合比设计在本章第一节已有详尽的阐述,本节只针对就地热再生沥青混合料配合比设计的特点作出阐述。就地热再生沥青混合料的配合比设计要求如下。

(1)不能简单地看作室内材料设计,其组成材料的比例、性能特点等受到诸如旧料性状、设备状况等工程条件的制约和影响,必须综合考虑。

(2)进行配合比设计之前,必须首先对旧路性能和旧路材料进行详尽的评价,结合就地热再生设备的实际作业条件,并充分考虑施工组织特点。

(3)应考虑到施工的方便性,易于生产、拌和以及摊铺压实。

由于就地热再生技术100%的利用旧路面的沥青混合料,导致新料的掺量较少,因此处理前后沥青混合料的变化基本不大,级配方面调整的余地较小,主要是针对旧料细化的状况在新料中给予弥补,所以原路面的混合料类型基本确定了再生沥青混合料的类型。

由于就地热再生施工中基本上100%利用原路面的旧料,新料的加入量受到就地热再生设备能力的限制,一般小于30%。通常就地热再生设备拥有新料的计量添加装置,可以稳定地添加定量的新混合料;也可以在预热旧路面之前,先将预先设计确定的定量新集料散铺在路面上再进行就地热再生,同样可以比较准确地控制新混合料或新集料的定量添加。就地热再生技术中新料的掺加量通常根据原路面的平均车辙深度、处理旧路厚度以及再生路面高程来估计。

6.2.3 就地热再生施工工艺与质量控制

6.3.2.1 就地热再生施工方案

根据路面破损情况的不同和对修复后路面质量等级的不同要求,就地热再生的施工方案主要有以下三种：整型再生法，重铺再生法，复拌再生法和复拌＋罩面法。

1)整型再生法

整型再生法是由加热机对旧沥青路面加热至一定温度后，用复拌机将路面翻松，并在复拌机上的搅拌器中把翻松的材料拌和均匀(可同时加入适量的添加剂恢复沥青性能)，然后摊铺到路面上，用压路机碾压成型。这种方法适合修复破损不严重、破损面积较小的路面，修复后可消除原路面的车辙、龟裂等病害，恢复路面的平整度，改善路面性能。整型前后的道路表面横断面如图 6-6所示。

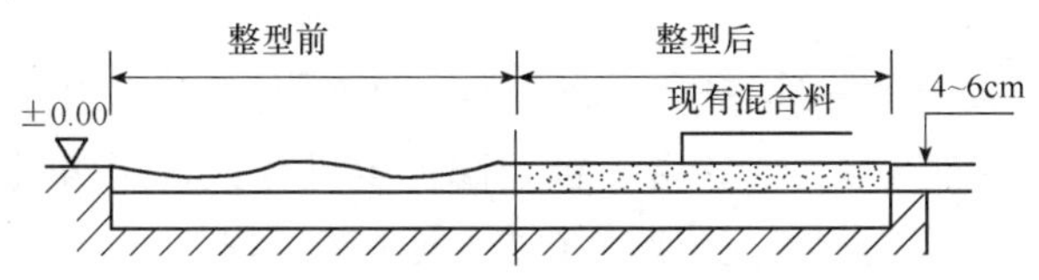

图 6-6 整型前后的道路表面横断面

2)重铺再生法

重铺再生法是用复拌机在整型再生法施工的基础上，把旧路面材料翻松、搅拌均匀并整平后作为路面下面层，同时在其上面再铺设一层新的沥青混合料作为磨耗层，形成全新材料的路面，最后用压路机碾压成型，其作业流程如图 6-7 所示。这种方法适用于破损较严重路面的修复翻新和旧路升级改造施工，修复后形成与新建道路性能完全相同的全新路面。重铺后的道路表面横断面如图 6-8 所示。

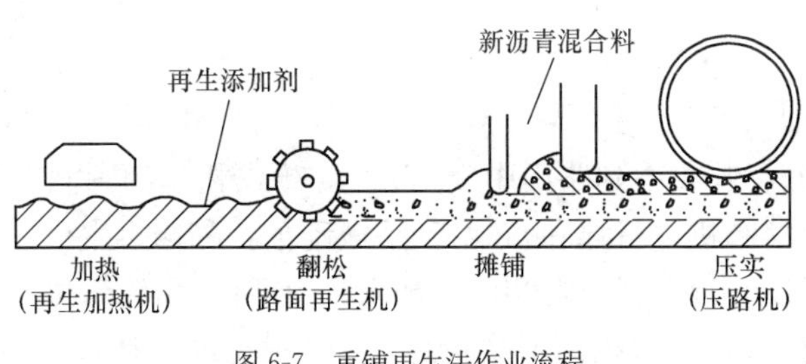

图 6-7 重铺再生法作业流程

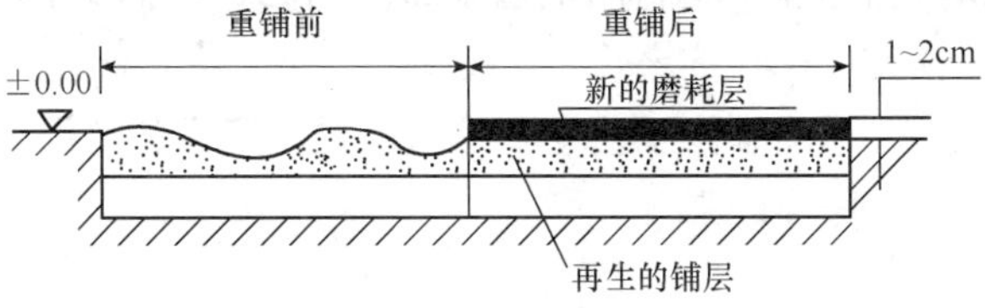

重铺前
重铺后
±0.00
1~2cm
新的磨耗层
再生的铺层

图 6-8 重铺后的道路表面横断面

重铺再生法分两种工艺：

(1)加热—整型—压入碎石工艺

若原沥青路面基本平整，但经长期行车作用，路面受到磨损，附着系数降低，影响行车安全。可采取表面修整的方法，以恢复路面的粗糙度。做法是先用加热器将路面加热，加热深度为2.5～3cm，接着用加热耙松机边加热边翻松，再摊铺整平，然后将少量沥青处治过的5～10mm的沥青碎石均匀地撒布在整平过的路面上，并立即用钢轮压路机压入。所用碎石应坚硬而富有棱角，以提高路面的粗糙度。

(2)加热—整型—罩面工艺

当旧沥青路面具有足够厚度，可供进一步利用时，为恢复其平整度和断面形状，可采用这种路面修整法。它由一台翻修再生机和数台压路机组合施工。翻修再生机在一次行程内就可完成路面修复，其工艺过程如下。

①加热软路面

翻修再生机利用机器内的红外线加热器加热路面，使路面软化，根据气温、风速、风向、路表温度以及混合料的含水率，调整自己的工作状态，保证路面的加热温度。一般情况下，面层下1cm深处的温度可达100～130℃，加热深度可达40mm。尽管加热温度很高，但由于时间短，旧路面内的沥青不致因温度太高而老化。

②翻松路面

翻修再生机上安装有翻松机。当面层经加热软化后，镶有硬质合金尖齿的翻松带就压入路面中，机器在行走过程中将路面翻松。由于路面被加热，因而路面内集料不会产生破碎。翻松的路面材料由装在刮刀前面的螺旋式推进器收集到路面中间。

③拌和整型

翻松的路面材料集中到路面中间后，由旋转式乳化沥青洒布机洒布一层乳化沥青，接着由拌和机进行拌和，并由刮平板刮平。翻修再生机前面装有一只集料斗，新拌制的沥青混合料由自卸汽车卸入集料斗内，由输送机将新混合料运送到下面的摊铺整平板。根据所需要的路拱、摊铺宽度和摊铺厚度(考虑松铺系数)，把新混合料摊铺在经过整平的旧料上，然后进行碾压，即形成平整、密实的路面。

这种加热、整型、罩面维修工艺主要是为了提高路面的抗滑能力，修正车辙，改善路拱和提高沥青路面的强度。

3)复拌再生法

复拌再生法是使路面就地热再生机组依次驶过破损的路面，首先由路面加热机对路面进行加热，使路面温度达到100～130℃，接着由复拌机再次加热路面，使路面温度上升到140～160℃，同时翻松旧路面。新沥青混合料由自卸车卸入复拌机前部的料斗中，再经刮板输送机送至复拌机中部的搅拌器中，翻松切削下来的旧材料与新混合料在搅拌器中被拌和均匀，经螺旋布料器均匀铺开，由熨平板整平并预压，最后由压路机碾压成型。这样整个沥青路面修复工作在行进中一次完成。其作业流程如图6-9所示。这种方法适用于修复中等破损程度的路面，修复后可以恢复沥青路面的原有特性。复拌后的道路表面横断面如图6-10所示。

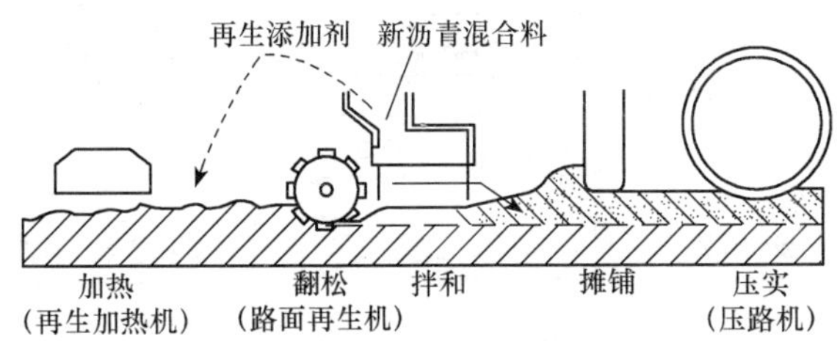

图6-9　复拌再生法作业流程

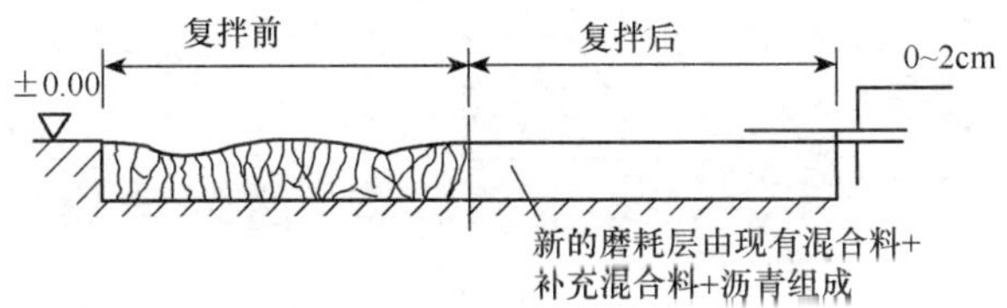

图6-10　复拌后的道路表面横断面

4)复拌＋罩面法

复拌＋罩面法是在复拌再生法的基础上，加罩一层新的沥青混合料作为磨耗层，用来改变路面的级配，提高路面的承载力和路用性能。此法适用于重交通、上面层损害较严重、承载力下降的旧路面大中修工程。

6.2.3.2　就地热再生施工工艺

就地热再生工艺：先对旧路进行病害调查并取样分析，确定施工方案，将现有沥青路面烤热软化，再将旧沥青层收集起来输送到该机组中的双卧轴连续搅拌机上添加新集料，补充新沥青，搅拌后排到机组的摊铺器上，摊铺、捣实、熨平，再用压路机碾压，铺成一条新路。其施工工艺流程如图6-11所示。

就地热再生施工摊铺、碾压过程应注意以下几点：

(1)摊铺应匀速进行，施工速度宜为1.5～5m/min。

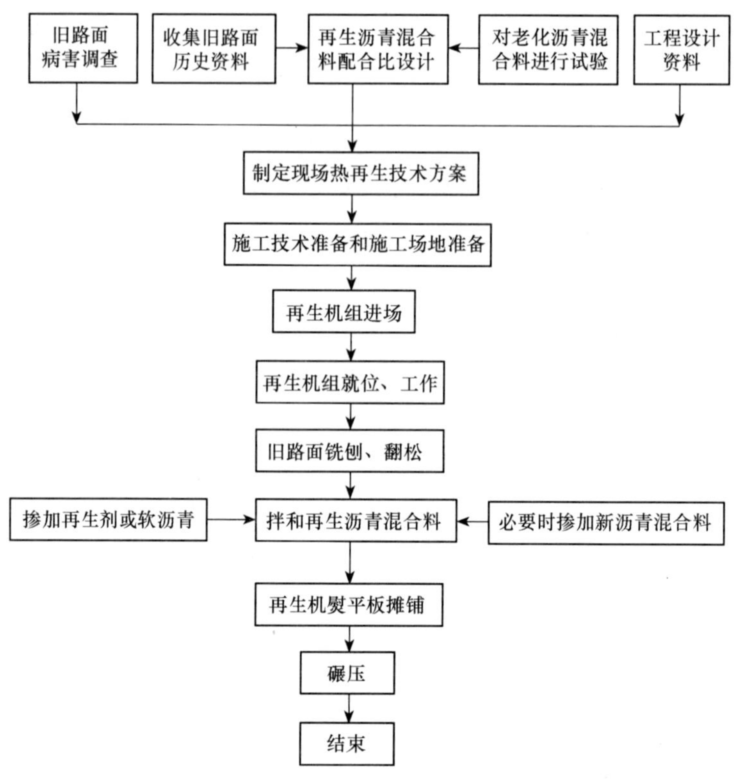

图 6-11　就地热再生施工工艺流程

(2)应根据再生层厚度调整摊铺熨平板的振捣功率,提高混合料的初始密度,减少热量损失。

(3)再生混合料的摊铺温度宜控制在 120～150℃。

(4)压路机应紧跟再生机,以保证碾压时有足够高的温度。

(5)接缝处应首先进行碾压,因为温度高时两种材料容易黏结。

(6)当需要碾压的路段位于纵坡上时,应从坡底向坡上碾压。

(7)转向时,应关掉压路机振动器,以免形成很难消除的压痕。

(8)压路机的速度应逐步增减,以防止路面上出现鼓包。

(9)压路机前进和后退应保持在同一个碾压带上,禁止在热混合料上转向。

再生后的沥青混合料路面要满足《沥青路面施工技术规范》(JTG F40—2004)的要求。再生沥青混合料也必须满足所有规范的要求,沥青混合料质量是靠抽样检查的方法控制的。当需要添加新混合料时,新料必须经过单独的检验,抽样的频率和数量应与常规施工一样。施工完工后,要在路面上抽取试样检查厚度、密实度和压实度。

6.3 厂拌冷再生技术

厂拌冷再生(Cold Recycling)技术是将旧沥青路面铣刨后运到沥青混合料拌和厂,通过破碎、筛分(必要时),并根据旧料中沥青含量、沥青老化度、集料级配等指标,掺入一定数量的新集料、再生结合料(乳化沥青、泡沫沥青等)、再生剂(必要时)进行常温拌和,使混合料达到规定的各项指标,按常温沥青混凝土的施工工艺重新铺筑,形成路面基层或者下面层的一种技术。

6.3.1 厂拌冷再生技术特点

厂拌冷再生的优点:可用于修复面层和基层病害,可用于消除反射裂缝,不改变路面几何特性,改善行驶质量,节省原材料,节约能源、减少空气污染,适宜于进行旧路拓宽工程。

厂拌冷再生限制条件:气候条件要求高——需要相对温暖、干燥的施工条件;再生后路面水稳定性差,易受水分的侵蚀和剥落;路面通常需要两周的养生时间;维修路面等级一般比较低;混合料的运输费用较高。

6.3.2 泡沫沥青厂拌冷再生技术

泡沫沥青又叫膨胀沥青,是将一定的水注入热沥青中使其体积发生膨胀,形成大量的沥青泡沫,经过很短的时间沥青泡沫破裂。这一过程只是沥青的物理变化,没有发生化学反应。当泡沫沥青与集料接触时,沥青泡沫瞬间化为数以百万计的“小颗粒”,散布于细集料(特别是粒径小于0.075mm细料)的表面,形成黏有大量沥青的细填缝料。经过拌和压实,这些细料能填充湿冷粗料之间的空隙并形成类似砂浆的作用,使混合料达到稳定。

泡沫沥青冷再生工艺是将旧沥青面层(有时连同少量基层)铣刨破碎处置后,加入一定量的新集料并通过专门设备喷入泡沫沥青,经过拌和、碾压成型的施工过程。泡沫沥青冷再生工艺是一种节能环保、经济简便的先进道路修复手段,在美国、加拿大、南非、澳大利亚和欧洲都有着成功的先例。

6.3.2.1 泡沫沥青

(1)发泡机理

沥青的发泡过程实际上是在膨胀腔内完成的(图6-12)。在膨胀腔上部,高温(通常在140℃以上)状态下的沥青在液压泵的推动下不断循环流动,而水压和气压的喷入阀门在膨胀腔的右侧。当发泡指令下达后，热沥青和水压、气压阀门同时开启，三种状态、温度差异悬殊的物质在膨胀腔内发生如下物理变化：首先高压水流在高压蒸汽的冲击作用下均匀分散成众多均匀的细微水体颗粒，这些细微水体颗粒在极短的时间内喷入高温沥青之中，由于温度相差悬殊，众多细微水体颗粒在极短时间内几乎同时汽化。它们被具备一定黏度的高温沥青裹覆后，就形成了众多蜂巢状的膨胀空气室。此时汽化水体外侧的沥青薄膜表面张力与汽化水体、压缩空气共同形成的内部气压之间达到短暂的相对平衡状态。体积不断膨胀的三相混合体从沥青喷嘴中喷射而出，即形成宏观状态上的泡沫沥青。

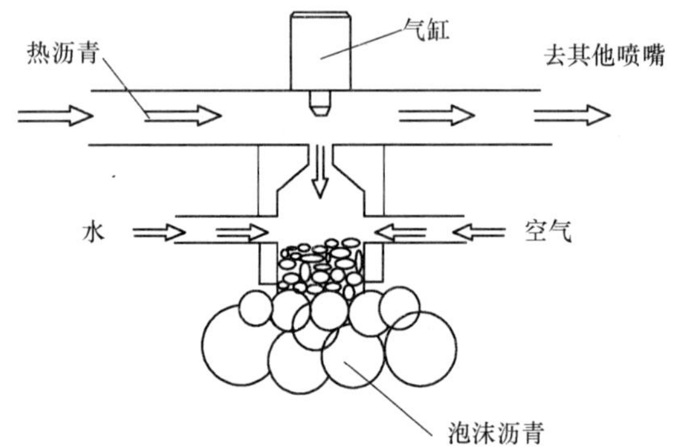

图 6-12　泡沫沥青形成过程示意图

由于热沥青内部所分散的水体微粒大小不一，分布不均，形成的蜂巢状膨胀空气室体积、表面沥青膜厚度各异，且泡沫沥青喷出后沥青膜温度骤降而黏度增加，因此该平衡状态极不稳定，很容易被打破。在宏观上表现为泡沫沥青在达到最大膨胀体积后会很快衰减，迅速恢复原有体积。一般而言，泡沫沥青在几十秒内即可完成体积的膨胀和衰减过程。

(2)评价指标与最佳发泡条件

发泡效果用于评价沥青发泡效果的优劣，具体是指沥青在发泡过程中所呈现的最大倍数和衰减速度。目前，评价沥青发泡效果的主要技术指标为膨胀比和半衰期。膨胀比是指沥青发泡时能够达到的最大体积与沥青原体积的比值。沥青的体积膨胀倍数越大，施工和易性越好，在最终成型的混合料中泡沫沥青的分散均匀性越高。半衰期是指沥青发泡状态达到最大体积时刻至泡沫消散至最大体积一半时所需的时间(以 s 计)。半衰期越长，沥青泡沫衰减越慢，施工中能提供的有效拌和时间越长。

因此,需要选择膨胀比较大、半衰期较长的发泡条件来制作泡沫沥青。某沥青得到最优良发泡效果时所采用的发泡条件称为最佳发泡条件。最佳发泡条件一般由沥青温度和发泡用水量组成,最佳发泡条件下的发泡效果称作最佳发泡效果。通过国内外相关文献调研,最佳发泡条件的确定方法总结如图6-13所示。

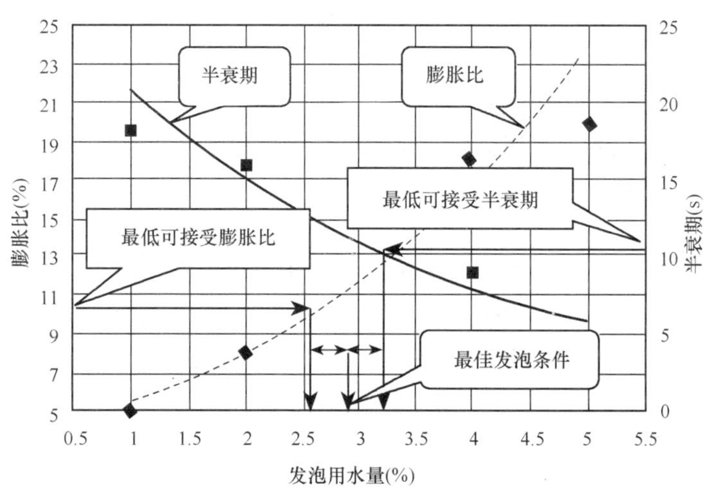

图6-13 最佳发泡条件

(3)发泡效果影响因素

沥青发泡效果主要取决于气压和水压、沥青品种、沥青温度、发泡水温和发泡用水量等。基于沥青发泡原理,增加冷水和空气输送管道压力可以改变水汽的分散状态,从而改变发泡效果。发泡试验机水压和气压的参数推荐设定为0.5MPa和0.4MPa。

沥青种类和来源对发泡效果影响较大,由于其化学组分的不同,导致有些沥青能够形成较大的膨胀比或稳定的半衰期,而有些沥青并不适合发泡。在沥青发泡过程中,提高沥青温度有两个作用:一是增加沥青的流动性;二是提供水相汽化所需要的热能。

发泡试验中发泡用水的温度也会影响沥青的发泡效果。当冷水喷入热沥青中时,细微水滴瞬间汽化膨胀;如果发泡用水的温度不同,必然导致汽化速度发生变化,从而最终影响发泡效果。发泡用水量是影响沥青发泡效果的重要因素,一般来说,随着发泡用水量变大,泡沫沥青体积膨胀倍数和衰减速度都会成正比增加。

6.3.2.2 泡沫沥青再生混合料级配设计

1)设计原则

根据泡沫沥青再生混合料的强度形成机理和材料组成特征,再生混合料初期强度较低，压实后空隙率较高，吸水率较大，水稳定性是泡沫沥青再生混合料的薄弱环节。此外，泡沫沥青再生料主要作为道路基层，需要具有一定的强度和承载能力。其设计原则为：

(1)泡沫沥青混合料的组成设计主要考虑其水稳定性和强度。

(2)选择铣刨料级配进行泡沫沥青再生混合料的材料级配设计和现场施工级配控制。

(3)如果铣刨料级配中粗料部分在设计目标级配范围内，而通过抽提前后重复筛分试验，9.5mm 以上粗集料的铣刨料级配和真实级配差值不大(小于 5%)，则认为粗料部分的黏结块料在施工中的变化可以忽略不计，也不必另外加入粗集料。

(4)在控制铣刨料级配范围的前提下，施工过程中应当加入一定数量的新细集料，以保证再生混合料初期强度的顺利形成。

(5)对于铣刨过程中产生的巨粒黏结块料，必须经过过筛、破碎处理后才能重新回收利用。

2)设计指标与要求

《沥青路面再生技术规范》(JTG F41—2008)规定了冷再生泡沫沥青的技术要求及泡沫沥青冷再生混合料的设计级配范围，具体要求见表 6-7 及表 6-8。

泡沫沥青技术要求 表 6-7

项　目	技术要求	项　目	技术要求
膨胀率(%)，不小于	10	半衰期(s)，不小于	8

泡沫沥青冷再生混合料工程设计级配范围 表 6-8

筛孔(mm)	各筛孔通过率(%)		
	粗粒式	中粒式	细粒式
37.5	100	—	—
26.5	85～100	100	—
19	—	90～100	100
13.2	65～85	—	90～100
9.5	—	60～85	—
4.75	25～65	35～65	45～75
2.36	30～55	30～55	30～55
0.3	10～30	10～30	10～30
0.075	6～20	6～20	6～20

泡沫沥青冷再生混合料设计指标应满足表 6-9 要求。

泡沫沥青冷再生混合料设计技术要求　　表 6-9

试验项目		技术要求
劈裂试验(15℃)	劈裂强度(MPa),不小于	0.40(基层、底基层) 0.50(下面层)
	干湿劈裂强度比(%),不小于	75
马歇尔稳定度试验(40℃)	马歇尔稳定度(kN),不小于	5.0(基层、底基层) 6.0(下面层)
	浸水马歇尔残留稳定度(%),不小于	75
冻融劈裂强度比 TSR(%),不小于		70

注:任选劈裂试验和马歇尔稳定度试验之一作为设计要求,推荐使用劈裂试验。

3)设计步骤

国内外研究对泡沫沥青冷再生工艺的材料设计有相似的设计流程论述,即分别依次确定最佳发泡条件、最佳拌和用水量、最佳级配方案与最佳沥青用量。总结各个文献中现有泡沫沥青再生混合料配合比设计流程如图 6-14 所示。

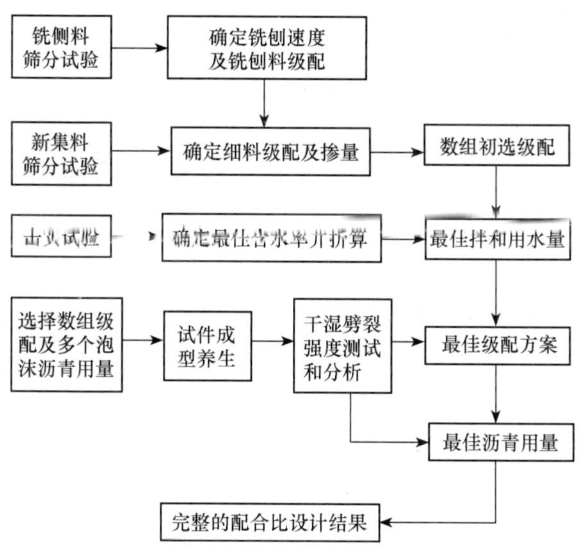

图 6-14　泡沫沥青再生混合料配合比设计流程图

(1)材料的选择与准备

①配合比设计的各种矿料、回收沥青路面材料(RAP)、水泥等必须按照相关规定,从工程实际使用的材料中取有代表性的样品。

②使用泡沫沥青作为再生结合料时，应首先进行泡沫沥青的发泡试验，确定最佳发泡温度和最佳发泡用水量。

③配合比设计所用材料，其质量应满足规范的技术要求。当单一粒径规格的泡沫沥青冷再生混合料配合比设计方法某项指标不合格，但不同粒径规格的材料按照级配组成集料混合料指标符合规范要求时，允许使用。

(2)矿料级配设计

①测得回收沥青路面材料(RAP)、新集料等各组成材料的级配。

②以回收沥青路面材料(RAP)为基础，掺加不同比例的新集料，使合成级配满足工程设计级配的要求。

③合成级配曲线应平顺。

(3)确定最佳含水率

①参照现行《公路土工试验规程》(JTG E40—2000)T 0131 的方法，对合成矿料进行击实试验，确定最佳含水率。

②使用泡沫沥青时，泡沫沥青试验用量可定为 3%，变化含水率进行击实试验。获得最大干密度时，其混合料的含水率即为最佳含水率 OWC。

(4)确定最佳泡沫沥青用量 OAC

①以预估的沥青用量为中值，按照一定间隔变化形成 5 个泡沫沥青用量，保持最佳含水率 OWC 不变，制备马歇尔试件。

②测定试件的毛体积相对密度 y，宜采用现行《公路工程沥青及沥青混合料试验规程》(JTJ 052—2000)T 0707 蜡封法，用其他方法测定试件的毛体积密度前应对该试验方法进行验证。

③将各组油石比试件进行 15℃劈裂试验、浸水 24h 的劈裂试验(或者是马歇尔稳定度和浸水马歇尔稳定度试验)。

④根据劈裂强度试验和浸水劈裂强度试验结果(或者是马歇尔稳定度和浸水马歇尔稳定度试验结果)，结合工程经验，综合确定最佳泡沫沥青用量 OAC。

6.3.2.3 泡沫沥青再生混合料施工工艺

1)施工条件与要求

(1)泡沫沥青冷再生施工应采用专用的路面铣刨和再生设备。

(2)泡沫沥青冷再生施工宜在气温较高时进行，当气温低于 10℃时不宜进行施工，不应在雨天施工。

(3)沥青发泡温度宜为 150～180℃，膨胀率不小于 10 倍，半衰期不小于 10s。

(4)泡沫沥青应在混合料中需充分分散，一旦发现混合料中存在明显沥青团或沥青丝时，必须立即停止生产，查明原因加以解决后方可继续生产。已经生产的存在沥青团或沥青丝的混合料不得使用。

(5)当泡沫沥青冷再生混合料中含有水泥等活性填料时,从添加活性填料开始至混合料碾压完成的时间间隔不得超过活性填料的初凝时间。

(6)泡沫沥青冷再生层碾压完成后即可开放交通,但应限制重载车辆行驶。一般宜在再生层完工 2d 后(再生层含水率以低于拌和时含水率的 40%以下为宜)及时加铺封层。

(7)泡沫沥青冷再生施工前应设专人负责设置路挡和标志牌,控制与疏导通车半幅的车辆行驶。

2)工艺流程

泡沫沥青厂拌冷再生施工工艺流程如图 6-15 所示。

在正式摊铺泡沫沥青冷再生混合料之前需先铺筑试验路段。试验段应当位于施工路段之内,长度控制在 100～200m。试验路段内可根据不同的施工组合方式,确定 2～3 个试验分段。通过试验路段应当确定以下内容。

(1)验证现场材料的级配和确定实际生产配合比。

(2)热沥青的出厂温度。

(3)沥青的发泡性能。

(4)冷再生材料的最大干密度、最佳含水率和添加的水量。

(5)摊铺的厚度与速度以及再生层的松铺系数。

(6)不同压实组合下的压实度。

(7)泡沫沥青冷再生混合料的性能指标。

(8)检验各种施工机械的效率及组合方式是否匹配。

3)再生混合料的拌制

厂拌冷再生的拌和器通常采用双轴强制搅拌系统。破碎好的回收料、外加集料、泡沫沥青和水等按照设计比例加入拌和器中。在连续拌和设备中,必须装有可以自动调节材料比例的控制系统。沥青计量泵通过即时测定沥青流速系统,不断调整和控制沥青的添加量。皮带秤可以即时称量添加集料的质量,这样更加有利于沥青添加量的控制。

在厂拌冷再生设备上还有两个重要的添加系统,即水泥和外加水的添加系统。水泥添加系统通常采用螺旋输送器将水泥添加在集料中,在集料比较潮湿的情况下,应尽量选择边搅拌边添加的方式,并且注意拌和后水泥的分布是否均匀。外加水添加系统通常有流量泵控制,添加的过程要求均匀连续。此外,还应注意以下几点。

(1)如果厂拌设备料仓数量所限,添加的石屑、碎石可以预先按设计比例混

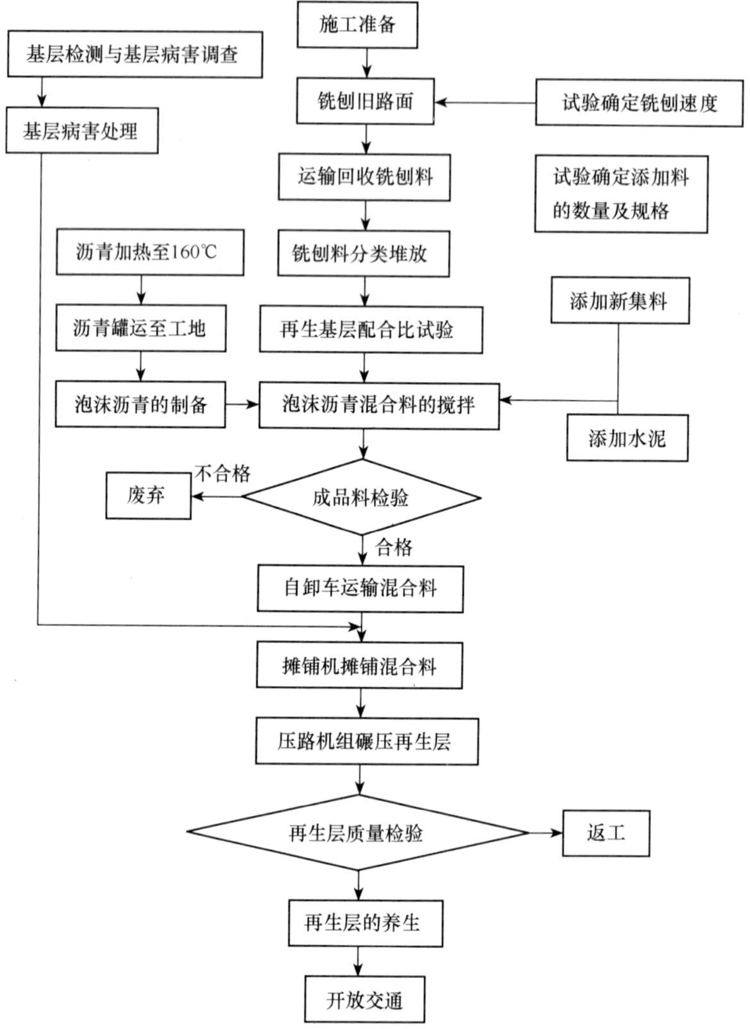

图 6-15　泡沫沥青厂拌冷再生施工工艺流程

和均匀后，再将其混合物装载到料仓。

(2)应当经常观测拌和是否均匀，一旦发现沥青出现条状或结团现象，必须立即停止生产。

(3)再生混合料取样应符合现行试验规程的要求。

(4)每个工作班结束时应打印出一个工作班材料用量和再生混合料拌和量的统计量，计算沥青、水泥及添加新材料的用量，与设计值及容许值的波动相比较，评定是否符合要求。如果不符以上要求时，宜对设定值进行适当调整。

(5)再生材料拌和完成后，应当尽快运输至现场进行摊铺和压实。

4)再生混合料的运输

运输车辆要保持干净清洁，运送前在车厢板均匀喷洒肥皂水溶液。运输车辆在装料过程中前后移动，分几堆装料，以减少泡沫沥青冷再生混合料的离析。运输车辆的数量应满足拌和与摊铺需要并略有富余，以保证生产的稳定性。运输过程中，运料车辆均有篷布覆盖并扣牢。

5)再生混合料的摊铺和碾压

(1)摊铺再生混合料前，先用大型吹风设备把原路面的尘土吹干净并冲洗路面。洒铺完黏层油后开始摊铺再生混合料。

(2)厂拌冷再生混合料每层摊铺厚度最好不大于100mm(压实后的厚度)，再生沥青混合料的松铺系数一般为1.1～1.4。若需要多层铺筑，则铺上一层前需养生一段时间(好的养生条件下2～5d)。雨天不能摊铺，若气温低于10℃也应停止摊铺。

(3)采用传统热拌沥青混合料的摊铺机械和工艺。这与传统摊铺稍有不同，摊铺冷再生沥青混合料时摊铺机熨平板不必预热，以防止混合料中水分散失过快而影响混合料的和易性。

(4)碾压工艺可参照普通沥青混合料的碾压工艺。

6)养生

冷再生层在加铺上层结构前必须进行养生，养生时间不宜少于7d。当满足下列两条件之一时，可提前结束养生。

(1)再生层可以取出完整的芯样。

(2)再生层的含水率低于2%。

养生方法：

(1)在封闭交通的情况下可进行自然养生，一般无需采取措施。

(2)在开放交通条件下养生时，再生层在完成压实至少1d后方可开放交通，但应严格限制重型车辆通行，行车速度应控制在40km/h以内，并严禁车辆在再生层上掉头和急刹车。为避免车轮对表层的破坏，可在再生层上均匀喷洒慢裂乳化沥青，喷洒用量折合纯沥青后宜为0.05～0.2kg/m^2。

6.3.3　乳化沥青厂拌冷再生技术

6.3.3.1　乳化沥青

1)沥青乳化机理

乳化沥青是将不溶于水的热融状沥青经机械作用，以细小的微粒状态分散于含有乳化剂的水溶液中，形成水包油型的沥青乳状液，沥青是分散相，水是分散介质。随着表面化学、胶体化学和物理化学等学科的发展，乳化理论日趋成熟，乳化剂的材料种类也越来越丰富，这些对乳化沥青的发展有着极为重要的推动作用。根据胶体化学对胶体的定义，乳化沥青严格意义上讲是以沥青为胶核的胶团在水中分散而成的乳浊液，乳化沥青是习惯上的名词。

从化学角度讲，沥青的乳化机理为：表面活性剂(乳化剂)的分子结构是易溶于沥青的亲油基团和易溶于水的亲水基团所组成的。这两个基团具有把油水两相连接起来不使其分离的特殊功能。在机械搅拌的作用下，向沥青与水的混合液中加入乳化剂，乳化剂的两个基团定向排列于沥青与水的两相界面之间，能够降低水的表面张力，牢固地吸附在沥青与水两相界面上，形成一个吸附层，从而把沥青和水连接起来，防止它们之间相互排斥。经过机械搅拌，沥青与水的接触面积增大，沥青就能以细小的微粒稳定地分散在水中。当沥青微粒周围吸附的乳化剂水溶液分子达到饱和时，在沥青微粒表面就会形成有一定强度的保护膜。当沥青微粒相互碰撞时，该保护膜能防止微粒的凝聚，一旦保护膜受损也能自动恢复，因而这种乳液是比较稳定的。

高度离散的多相性和热力不稳定性既是乳化沥青的主要特点，也是产生其他现象的根源，在研究乳化沥青体系的性质及其制备、稳定性与破乳时，应该从这些特点出发。高品质、高稳定性的乳化沥青是由高质量的基质沥青、匹配的乳化剂和添加剂通过高精度的胶体磨设备加工而成。

2)乳化剂的选择

乳化剂的选择应综合考虑以下三点：

(1)降低表面张力的作用：乳化剂可以降低水与沥青的界面张力，降低乳液的能量状态以提高乳液的稳定性。

(2)界面膜的稳定作用：在沥青与水的分散体系中，乳化剂吸附在沥青微粒的表面，定向排列而形成界面膜。此界面膜不仅可降低沥青与水之间的界面张力，而且对沥青微粒起着机械的保护作用，使沥青微粒在互相碰撞时不至于产生聚结。

(3)界面电荷的稳定作用：沥青乳液之所以能形成高稳定的分散体系，主要是由于乳化剂降低了体系的界面能、界面膜的形成和界面电荷的作用。

乳化剂在乳化沥青中所占的比例很小，一般为 0.3%～5%，但乳化剂对乳化沥青的生产、储存以及对混合料的施工性能都有很大的影响，用于冷拌沥青混合料的乳化沥青要求乳化剂破乳可调性强，与石料的裹覆能力强。

3)pH 值的确定

乳化剂水溶液的 pH 值一般要用 HCl 或 NaOH 溶液来调节，以使其处于合理的数值范围内。阳离子乳化剂水溶液大多数用 HCl 调节 pH 值至 2～7。随着 pH

值的减小，混合料的可拌和时间也在缩短，破乳速度加快。这主要是因为随着pH值的降低，乳化沥青胶粒表面电荷增加，从而使拌和时的电荷吸附作用增强。

4)乳化温度的确定

制备乳化沥青要求将沥青加热到流动性很好的状态，温度一般为110～150℃，沥青标号高时温度较低，标号低时温度较高。由于沥青乳化时放热使乳化剂水溶液沸腾发泡，造成乳化不良。为防止这种现象的发生，沥青和水溶液的温度应当严格控制。沥青加热到130～140℃，胶体磨流出的乳液温度在85℃左右可以获得较好的乳化效果，相对应的乳化剂水溶液温度通过公式(6-5)确定。

$$T_W = T_e + (T_e - T_a) \times \frac{C_a \times A}{C_W \times W} \tag{6-5}$$

式中：A——沥青用量，%；

W——乳化剂水溶液用量，%；

C_a——沥青的比热，kJ/(kg·℃)；

C_W——水的比热，kJ/(kg·℃)；

T_e——乳液的温度，℃；

T_a——沥青的温度，℃；

T_W——乳化剂水溶液的温度，℃。

6.3.3.2　乳化沥青再生混合料级配设计

1)设计指标与要求

根据《沥青路面再生技术规范》(JTG F41—2008)的规定，乳化沥青冷再生混合料设计级配范围宜满足表6-10的要求

乳化沥青冷再生混合料工程设计级配范围　　表6-10

筛孔(mm)	各筛孔通过率(%)			
	粗粒式	中粒式	细粒式A	细粒式B
37.5	100	—	—	—
26.5	80～100	100	—	—
19	—	90～100	100	—
13.2	60～80	—	90～100	100
9.5	—	60～80	60～80	90～100
4.75	25～60	35～65	45～75	60～80
2.36	15～45	20～50	25～55	35～65
0.3	3～20	3～21	6～25	6～25
0.075	1～7	2～8	2～9	2～10

乳化沥青冷再生混合料设计指标应满足表6-11的技术要求。

乳化沥青冷再生混合料设计技术要求 表 6-11

试验项目		技术要求
空隙率(%)		9～14
劈裂试验(15℃)	劈裂强度(MPa),不小于	0.40(基层、底基层) 0.50(下面层)
	干湿劈裂强度比(%),不小于	75
马歇尔稳定度试验(40℃)	马歇尔稳定度(KN),不小于	5.0(基层、底基层) 6.0(下面层)
	浸水马歇尔残留稳定度(%),不小于	75
冻融劈裂强度比 TSR(%),不小于		70

注:1. 任选劈裂试验和马歇尔稳定度试验之一作为设计要求,推荐使用劈裂试验。
2. 空隙率控制在12%以内。

2)设计步骤

乳化沥青再生混合料配合比设计步骤与泡沫沥青再生混合料配合比设计步骤相似,只有个别差异。

(1)在材料选择与准备阶段,使用乳化沥青作为再生结合料时,乳化沥青样品应满足表6-12的要求。

冷再生用乳化沥青质量要求 表 6-12

试验项目		单位	质量要求
破乳速度		—	慢裂或中裂
粒子电荷		—	阳离子(+)
筛上残留物(1.18mm 筛),不大于		%	0.1
黏度	恩格拉黏度 E_{25}	—	2～30
	25℃赛波特黏度 V_s	s	7～100
蒸发残留物	残留分含量,不小于	%	62
	溶解度,不小于	%	97.5
	针入度(25℃),	0.1mm	50～300
	延度(15℃),不小于	cm	40
与粗集料的黏附性,裹覆面积,不小于		—	2/3
与粗、细粒式集料拌和试验		—	平均
常温储存稳定性	1d,不大于 5d,不大于	%	1 5

注:1. 试验方法参照《公路工程沥青及沥青混合料试验规程》(JTJ 052—2000)。
2. 恩格拉斯黏度和赛波特黏度指标任选其一检测。

(2)在确定最佳含水率阶段，使用乳化沥青时，乳化沥青试验用量可定为4%，变化含水率进行击实试验，获得最大干密度时其混合料的含水率即为最佳含水率 OWC。

(3)在确定最佳乳化沥青用量阶段，对于乳化沥青混合材料，在成型马歇尔试件的同时，用现行《公路工程沥青及沥青混合料试验规程》(JTJ 052—2000) T 0711真空法实测各组再生混合料的最大理论密度。

6.3.3.3　乳化沥青设备

乳化沥青设备是用来生产乳化沥青的，在乳化剂的作用下，利用机械力将沥青破碎成微小颗粒，通过搅拌使其均匀地分散在水中，形成稳定的乳状液即乳化沥青。

根据沥青和乳化剂水溶液进入乳化机时的状态不同，乳化沥青设备可分为开式系统和闭式系统。开式系统的优点是设备结构简单，缺点是易使空气混入乳化机中而产生气泡，使生产率下降。闭式系统优点是不易使空气混入乳化机，便于自动化控制，乳液质量和产量较稳定。

根据设备的布局及机动性，乳化沥青设备可分为移动式、组合式和固定式。移动式沥青乳化设备一般为中小生产能力设备，用于工程分散、用量较小、频繁移动的公路工程中。组合式沥青乳化设备具有小、中、大生产能力，广泛应用于各种工程量的公路工程。固定式沥青乳化设备一般布置在大型沥青储存库或炼油厂附近，一般不需要迁移，形成一个有一定服务半径的乳化沥青生产基地。

6.3.3.4　乳化沥青厂拌冷再生施工工艺

乳化沥青厂拌冷再生施工工艺可参照泡沫沥青厂拌冷再生施工工艺。值得注意的是，以乳化沥青为再生剂的冷再生混合料碾压要在乳化沥青开始破乳时(乳化沥青的颜色由褐色变为黑色)进行。

6.4　就地冷再生技术

就地冷再生技术是指利用专用的就地冷再生设备，对沥青路面进行现场冷铣刨，掺入一定数量的新集料、再生结合料(乳化沥青、泡沫沥青、水泥、消石灰等)、再生剂(必要时)，经拌和、摊铺、碾压等工序，一次性实现对表面一定深度范围内的旧沥青路面再生，形成路面基层或下面层的一种技术。就地冷再生技术的优点是百分之百地利用旧路材料使现有铺层得到加强，其次有成本低、工期短、环保、交通干扰小等优点，是公路维修改造的优选方法。在旧路维修改造工程中大力推广应用现场冷再生基层和底基层技术具有多项优点。就地冷再生工艺使用的稳定剂有三种:水泥、泡沫沥青和乳化沥青。

6.4.1 就地冷再生工艺方案

1)水泥作为添加剂的就地冷再生方案

采用水泥做稳定材料时,水泥可以有以下三种添加方式:

(1)将固态粉状水泥撒布在再生机前的被再生路面上,当再生机经过时,可将其与被切削下的旧路铺层材料进行拌和。

(2)用专用水泥稀浆搅拌输送车将水泥与水拌和成稀浆状,水泥稀浆可以直接喷洒进再生机的拌和罩壳内。这样不仅可以保证水泥用量的精确性,同时也防止了因刮风而损失水泥材料。

(3)采用专用水泥撒布车布料,撒布车属于再生机组的一部分。

水泥冷再生时,其配套机组和施工工艺为:先由运料车预撒外加集料,再由平地机整平。随后,在供水车和热沥青罐车的配合下,由再生机完成旧路面的铣削及拌和,再由平地机完成再生料的整型,最后由各种类型的压路机完成压实工作。其中要注意的是,不论采用粉状方式还是稀浆方式添加水泥,水泥用量一般为2%~4%(质量百分比)。

2)乳化沥青作为添加剂的就地冷再生方案

乳化沥青主要由沥青、乳化剂、稳定剂和水组成,按破乳速度快慢可分为快凝型、中凝型和慢凝型三种,可根据不同的施工要求选择不同类型的乳化沥青。

乳化沥青冷再生时,随着设备的行走,铣刨装置将旧路面铣削并破碎,喷洒装置按照配比的要求喷入乳化沥青,同时,铣刨装置将各种材料搅拌均匀,经过分料螺旋在摊铺宽度范围内均匀分料,再经过熨平装置熨平,最后用压路机压实路面成型。

3)泡沫沥青作为添加剂的就地冷再生方案

采用泡沫沥青作为稳定剂时,同时加入少量(一般为1%~2%)水泥是有好处的。它可以使再生层获得所需强度的同时提高表层质量,以防止裂纹的发生。

用泡沫沥青冷再生工艺施工时,在铣刨破碎旧路面铺层的同时,应适量加入新集料和添加剂。在此过程中,安装在再生主机上的泡沫沥青生产装置同步启动,所产生的泡沫沥青直接喷入拌和罩壳内,与新旧集料充分均匀拌和,形成新铺材料。然后通过螺旋布料器布料重铺并压实成型,形成再生路面结构层,最后加铺磨耗层,即成全新路面。

6.4.2　三种再生方案比较

不同黏结材料在就地冷再生施工中的应用，拓宽了冷再生技术的应用范围，但其各有优劣。

(1)泡沫沥青

优点：①施工方便，沥青罐车与再生机相连后喷洒即可；②能将粗糙的颗粒黏结在一起，形成强度高的柔性路面，抗变形和抗疲劳性俱佳；③泡沫沥青使用标准的针入度级沥青，制造成本低，铺设压实后可立即开放交通；④无需担心材料的破乳时间或成活时间；⑤需要加入的沥青和水相对较少，从而使运输及材料费用降低。

缺点：①因必须要达到160℃的高温，需要专门的沥青加热装置和安全保护装置；②对0.075mm以下的粉料数量有最低要求，过多或者缺乏细料的材料都不适合用泡沫沥青处理。

(2)乳化沥青

优点：①用乳化沥青冷再生材料具有较好的黏弹性质，抗疲劳性好；②相对而言，乳化沥青应用较多已得到认可，现场常温下应用简单安全，有现成的标准试验方法和规范。

缺点：①乳化沥青需工厂化专门加工生产，生产过程需要严格的质量控制。乳化剂很贵，不仅要运输沥青，同时要运输水；②含水率太高的路面材料，加入乳化沥青后养生需要较长的时间，强度形成受水分散失速度的影响。

(3)水泥冷再生

优点：①与沥青相比，水泥价格非常便宜，供应方便；②水泥在建设领域使用普遍，有现成的标准试验方法和规范；③能提高大多数材料的抗压强度；④可提高材料的抗水能力。

缺点：①收缩裂缝不可避免，但可以减少至最小；②增加了刚度，但降低了疲劳特性；③需要适当养生，不能早期开放交通，否则会损坏路面。

6.4.3　就地冷再生混合料配合比设计

(1)就地冷再生混合料配合比设计流程

就地冷再生沥青混合料的配合比设计可分为三部分：一是旧沥青混合料的级配及油石比检验；二是旧沥青检验及添加再生剂后沥青的检验；三是再生沥青混合料的设计。

在设计合适的新沥青混合料配合比过程中，不仅要做一系列的室内试验来研究结果，还必须结合现场路况调查，对旧路面产生病害的原因进行分析，从而确定配合比。因此，每一次冷再生工程的实施都需要重新设计混合料，真正达到量身定做。配合比设计流程见图 6-16。

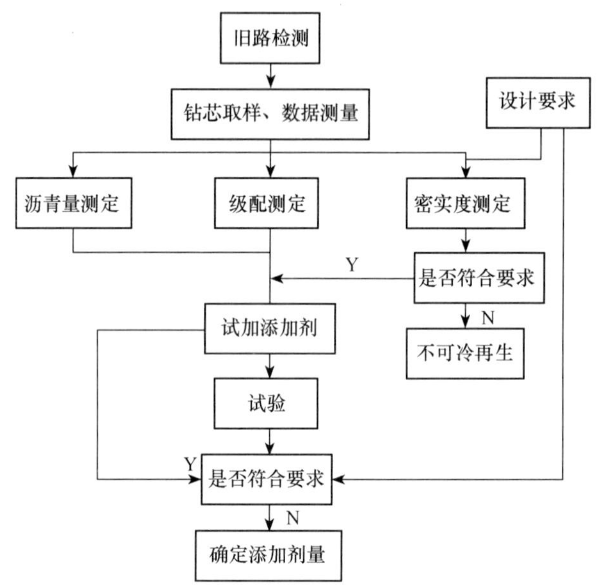

图 6-16　就地冷再生混合料配合比设计流程

(2)乳化沥青及泡沫沥青冷再生混合料配合比设计

参见 6.3 节。

(3)水泥冷再生混合料配合比设计

以水泥做稳定剂的冷再生混合料，按照现行《公路路面基层施工技术规范》(JTJ 034—2000)水泥稳定土混合料设计方法进行混合料设计。表 6-13 为水泥做稳定剂冷再生混合料的级配范围。

用于高速公路和一级公路基层时，再生混合料级配宜满足表 6-13 中 1 号级配范围要求，用于底基层时宜满足表 6-13 中 2 号级配范围要求；用于二级及二级以下公路时，再生混合料级配宜满足表 6-13 中 3 号级配范围要求。

水泥做稳定剂冷再生混合料级配范围　　　表 6-13

筛孔尺寸(mm)	通过各筛孔的质量百分率(%)		
	1 号	2 号	3 号
37.5	—	100	90～100
31.5	100	—	—
26.5	90～100	—	66～100

续上表

筛孔尺寸(mm)	通过各筛孔的质量百分率(%)		
	1号	2号	3号
19	72～89	—	54～100
9.5	47～67	—	39～100
4.75	29～49	50～100	28～84
2.36	17～35	—	20～70
1.18	—	—	14～57
0.6	8～22	17～100	8～47
0.075	0～7	0～30	0～30

级配设计确定的水泥做稳定剂冷再生混合料的性能应满足表6-14的要求。

水泥做稳定剂冷再生混合料技术要求　　表6-14

检测项目		水泥	
		高速公路和一级公路	二级及二级以下公路
无侧限抗压强度(MPa)	基层,不小于	3～5	2.5～3
	底基层,不小于	1.5～2.5	1.5～2.0

6.4.4 就地冷再生混合料施工工艺

1)就地冷再生施工一般规定

(1)施工前应准备符合要求的新填集料、水泥(泡沫沥青、乳化沥青)、石灰、水等材料,并应提供相应的材料质量检验报告单,经过检验合格后方可使用。

(2)施工前应清除路面上的泥土和杂物,以免影响再生料的配合比和性能。

(3)采取必要的预防性维护保养手段,以确保机械设备的完好率。

(4)添加剂的加入量要精确,以保证再生层的性能。

(5)施工中严格按再生料施工配合比进行施工,随时检测水泥(泡沫沥青、乳化沥青)用量,以保证再生基层(底基层)的材料、力学指标满足要求。

(6)相邻再生作业面间的最小重叠量为10cm。通常路面越厚,重叠量越大;材料粒度越粗,重叠量越大。当采用水泥类稳定剂且相邻作业间隔12h以上时,重叠量应增加。

(7)施工过程中应密切关注天气变化,避免在雨天进行再生施工。

(8)施工时根据再生料含水率情况,及时调整再生机设定的用水量。

(9)压实应依据先轻后重、先慢后快、先高幅低频后低幅高频、先边缘后中间的原则。

2)就地冷再生施工工艺

首先准备旧路面的再生材料包括破碎和翻松旧路,其次加入添加剂和水并加以拌和,然后是成型和压实,最后在再生的路面上加铺磨耗层。为了增强补强作用,还可以加铺黏结层和结构层。再生层在采用振动压路机压实前,先用平地机整型,最后再用轮胎压路机完成最终压实,从而获得良好的表面特性。图 6-17 为沥青路面现场冷再生施工工艺流程图。就地冷再生机械配置和施工现场如图 6-18和图 6-19 所示。

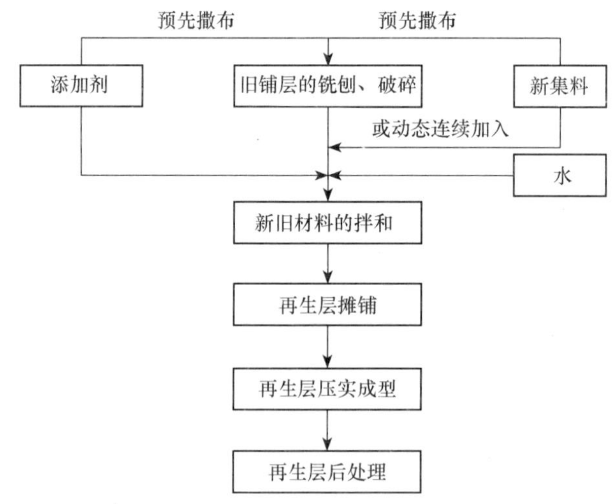

图 6-17　沥青路面现场冷再生工艺流

图 6-18　就地冷再生机械配置

3)就地冷再生施工质量控制

(1)旧路病害预处理控制

需要进行冷再生处治的沥青混合料路面,都会存在不同程度、不同种类的病害,如果直接在上面应用冷再生机处治,势必会影响到再生后的整体质量。又由于旧路的不同段落结构层存在不同的情况,如干湿状态、破损程度、弯沉大小等,

图6-19　就地冷再生施工现场

这就要求在设计和施工时，根据各路段的不同特点，进行详细的调查和方案调整。对于坑槽，如果只是沥青部分破损，基层相对完好，可将此部位清理后重新添加符合二灰级配的0～20mm连续级配碎石；如果坑槽较深，已经影响到基层且经常积水，就要求将此部位彻底挖除，重新回填二灰碎石或水稳碎石到旧路高程，然后进行冷再生。对于沉陷，如深度较小（小于5cm），可回填符合二灰级配的碎石后进行冷再生，再生时相应增加拌和深度和水泥剂量；如果沉陷深度较大，应对此部位先进行冷再生处治，刮除部分再生料，回填大于10cm厚的二灰碎石或水稳碎石，与其他路段同期再进行冷再生。对于较小拥包的可不处理，但宜相应增加拌和深度和水泥剂量；较大则应先刨除，然后再进行冷再生。

（2）级配控制

施工过程中，应根据原路面不同情况的路段划分，及时检测冷再生料的级配，看是否与设计配合比一致。如果实测级配与设计级配有偏差，应分析原因，及时调整转子转速及再生机行走速度。

（3）拌和控制

冷再生机行车的速度、破碎拌和的转子转速直接影响拌和的均匀程度。行走速度慢转子转速快，破碎的混合料在拌和室内的拌和次数就多，拌和就均匀，反之则相反。因此，操作人员必须在保证施工进度和混合料的均匀程度上设定适合的行走速度和转子转速，做到既保证施工进度，又保证混合料达到最佳均匀度。另外，水泥摊铺均匀是水泥在混合料中分布均匀的前提。只有在平整和具有一定密度的集料层上，人工摊铺水泥才能均匀，因此原摊铺的砂砾层就必须平顺并用光轮压路机碾压。若是在旧路上直接进行冷再生，那么原路面必须用级配范围内的砂砾整平碾压后才能摊铺水泥，对混合料拌和的均匀程度尤为重要。

(4)含水率控制

含水率的大小直接影响冷再生基层的压实度及强度,因此冷再生施工基层时操作人员一定要根据试验数据设定含水率。一般情况下首先测定原砂砾或旧路料内的含水率值,设定值应为最佳含水率减去原材料中含水率数值再提高0.5%~1.5%(根据气候确定)。这样在各道工序消耗的水量就能弥补,从而保证达到要求的含水率。

(5)再生深度控制

冷再生施工时,再生深度一定要控制准确,严格按设计厚度施工。厚度不均匀时,除厚度指标不能满足设计要求外还影响到其他指标,如添加剂剂量、压实度等。若超厚度时,添加剂量就会减少,较难达到压实度。若厚度不足时,相应的添加剂量就会增大,超出规范要求的值也会影响基层的质量。此外,很关键的一点是厚度设定不准在拌和层底部就可能留下夹层,夹层不但使上下层间不能黏结,减少水稳的厚度,而且明显减弱路面整体抵抗行车载荷的能力。因此冷再生时厚度一定要设定标准,在冷再生设备施工行走过程中一定要有稳定的标准厚度。

(6)高程控制

冷再生机施工基层或底基层时最难控制的是高程。不同于摊铺机摊铺基层可一次成型,高程容易掌握,冷再生施工是冷再生后用平地机刮平,这样控制高程比较困难。因此冷再生稳压后必须由技术人员及时放出高程线,平路机操作人员要在专人指挥下按照放出的高程线进行刮平,刮高填低,以保证达到设计高程,使平整度和路拱都符合要求。刮平时还应设一人工小组负责在平地机刮平整形后,将粗集料铲除换以新的拌和均匀的混合料。在刮平过程中严禁形成薄层贴补现象,薄层贴补容易脱落和被推移,因此不能在光滑的表面低洼处填补新料。

(7)接缝控制

冷再生施工中很重要的一环就是处理好接缝,无论是纵向接缝还是横向接缝一定要采用搭接方式,不能垂直对接。垂直对接不容易掌握,容易产生空档,这样接缝处就会成为一条薄弱带,薄弱带上容易产生破损,影响基层的整体质量,因此接缝一定采用搭接方式。在纵缝上,每幅冷再生必须重复搭接至少20cm,横缝搭接至少重复1m以上。如果采用两幅施工法(在交通不能完全中断的情况下,先按基层宽度的一半进行施工,当这半幅成型后再施工另半幅),摊铺水泥是也必须搭接到成型的另半幅上。冷再生机行走工作时严格按灰线破碎,确保做到路中、线中不能出现空档,以免影响冷再生施工的基层质量。

(8)碾压控制

碾压的遍数、碾压时的含水率及碾压的速度等均影响碾压的质量。因此碾压时应严格控制碾压遍数和碾压速度，一定按照要求进行碾压。碾压时应控制混合料的含水率，这是为了弥补碾压过程中水分的损失。含水率过大既影响混合料可能达到的密度和强度，又会明显增大混合料的干缩性，使结构层容易产生干缩裂缝；而含水率过小，也会影响混合料可能达到的密度和强度。碾压结束后立即开始养生，养生期一般为 7d。

(9)时间控制

操作的过程中要尽量避免无故停机，减少整平的时间，把握好时间，保证在水泥初凝前完成所有工序。

6.5 小　结

(1)对于沥青路面冷再生技术和热再生技术，它们使用的技术不同，适用的对象不同、场合不同，有各自的优缺点并且互相不能替代。就地热再生技术主要解决路面功能性改善，无论厂拌冷再生还是就地冷再生主要用来解决路面结构性问题，也就是说冷再生用来改善路面结构，可以对路面结构进行调整。国内津沈高速、梨温高速、昌九高速等曾采用就地冷再生技术进行路面结构调整。厂拌冷再生国内应用实体工程较多，京港澳 G4 安阳至新乡段、郑州至漯河段都曾局部采用。

(2)广佛高速公路改扩建项目曾采用厂拌热再生技术。采用厂拌热再生技术，经过严格的配合比设计，能确保再生沥青混合料技术指标不低于使用全部新料拌制的沥青混合料，路用性能满足高级路面的使用要求。但是截至目前，厂拌热再生回收沥青路面材料的利用率偏低，一般不超过再生沥青混合料质量的 30%。随着再生设备技术性能的提高，可以适当提高废旧路面材料的利用率。

(3)在改扩建旧路改善连续病害处治设计时，首先需要结合病害类型和程度，确定旧路病害处治的目的是功能性改善还是结构性调整，然后选用合理的再生技术。在确定施工段落时，必须结合再生技术的施工工艺合理划分连续病害段落长度。

第7章　改扩建旧路改善设计其他问题

高速公路改扩建旧路改善设计除了解决旧路病害处治和旧路整体补强设计两个主要问题以外，还要结合改扩建加宽方案以及旧路自身特点，考虑一些其他需要解决的问题。本章重点介绍单侧加宽、分离式路基路段旧路中央分隔带封闭车道划分方案以及改扩建新旧路面拼接方案设计等几方面内容。

7.1　中央分隔带封闭车道划分

郑洛高速改建方案由双侧加宽、单侧加宽整体式路基和分离式路基组成。其中单侧加宽整体式路基路段长约80.6km，占路线总长的75.8%。对于单侧加宽及分离式路基路段，由于仅对互通立交、服务区前后一定路段的旧路中央分隔带进行封闭，以满足车辆上下高速变换车道的需求，其他路段不封闭，仍为单向四车道路幅组成，存在小车道硬路肩布置在左侧或右侧两种车道划分方案。

(1)左侧硬路肩方案

保持现有路幅宽度及车道划分情况不变，原南幅的右侧硬路肩变为左侧硬路肩，符合规范八车道的设计要求。即在小车道左侧设置2.5m宽的硬路肩，方便小型故障车辆临时停放，并在靠近分隔带处各设置不少于0.5m宽的路缘带。图7-1为单侧整体式加宽路段旧路四车道布置图。

优点：①工程量小，造价低；②工程实施难度小，工期短，利于保通；③变道车辆横向移动距离小，所需的变换长度短。

缺点：①由于旧路中央分隔带的存在，形成了单向两个车道相分隔的情况，通行能力稍差；②左侧设置硬路肩不符合行驶习惯；③变道宽度窄，不足一个车道宽度，变道车辆需要及时插入外侧车道，安全性不足。

(2)右侧硬路肩方案

图7-2为单侧整体式加宽路段旧路四车道布置图。

单向车流被分隔带两两分隔，从更符合驾驶习惯考虑，将南幅行车道布置在最内侧，在靠近旧分隔带处设右侧硬路肩，方便小型故障车辆临时停放，北幅大

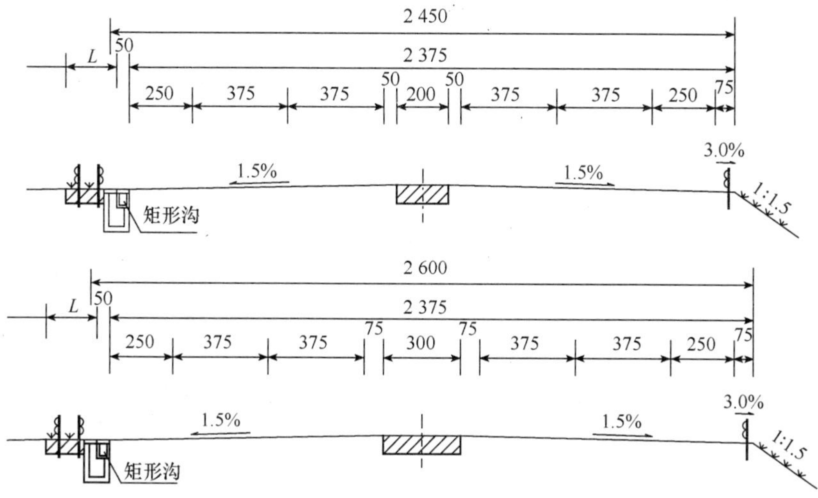

图 7-1 单侧整体式加宽路段旧路四车道布置(尺寸单位:cm)

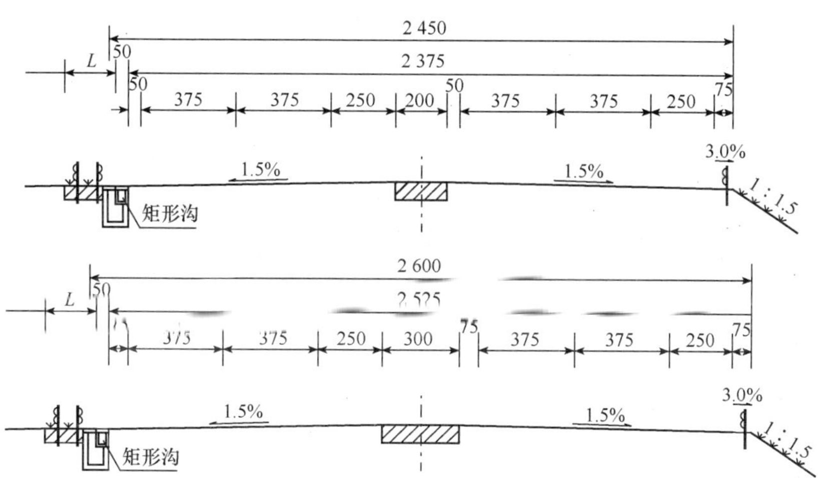

图 7-2 单侧整体式加宽路段旧路四车道布置(尺寸单位:cm)

型车道布置与左侧硬路肩方案一致。

优点:①工程量小,造价低;②工程实施难度小,工期短,利于保通;③右侧设置硬路肩,符合行驶习惯,利于行车安全;④变道宽度大,可以为变道车辆提供一个临时车道,待机插入外侧车道。

缺点:①由于旧路中央分隔带的存在,形成了单向两个车道相分隔的情况,通行能力稍差;②下路车辆横移值加大,增加中分带封闭长度;③紧急停车带(应急车道)在中分带封闭段落不连续,救援车道功能受到限制。

(3)分隔带部分封闭方案推荐车道划分方案

根据以上分析,不论南幅硬路肩放置在哪一侧,通行能力基本一致,从安全性考虑,将硬路肩放置在左侧时,虽然变道车辆横移距离较小,但变道宽度较窄,变道时会对第二车道形成较大干扰,影响行车安全,而南幅硬路肩放置在右侧较好地改善了这一缺点,利于行车安全。故将南幅硬路肩布置在右侧的路幅划分方案作为推荐方案。

7.2 中央分隔带路面封闭方案

对于单侧加宽及分离式路基的中央分隔带封闭路段,需要先拆除分隔带路缘石、护栏和绿化设施,然后挖除旧路中央分隔带内绿化土,拆移通信管线。考虑到分隔带封闭后有行驶车辆的功能,分隔带内应进行路面封闭。

原分隔带内未设置中央分隔带排水设施,但旧路已运营近 15 年,路基已基本稳定。根据目前旧路分隔带宽度,拟考虑以下三种方案进行封闭。各种方案详细信息如图 7-3～图 7-5 所示。

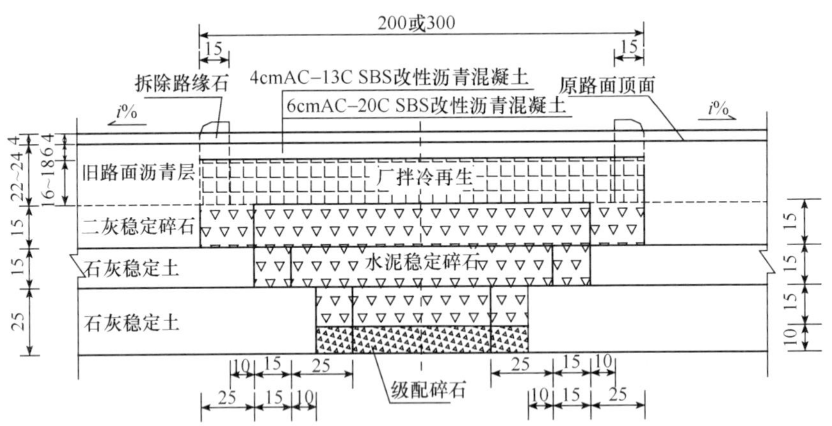

图 7-3　分隔带封闭方案一(尺寸单位:cm)

方案一:不论分隔带宽窄,对土基进行压实处理后设置 10cm 级配碎石,便于压实,也可以缓解其上水泥稳定碎石层模量大对基层的不良影响。分层铺筑 15cm 水泥稳定碎石,其上铺筑 16～18cm 厂拌冷再生混合料,养生后达到一定强度时铺筑 6cmAC-20C＋4cmAC-13C。主要缺点是:分隔带宽度为 2m 的路段,水泥稳定碎石施工面狭窄,实施困难。

方案二:结合分隔带宽度 3m 襟边情况,考虑到摊铺机宽度一般不小于 2.5m

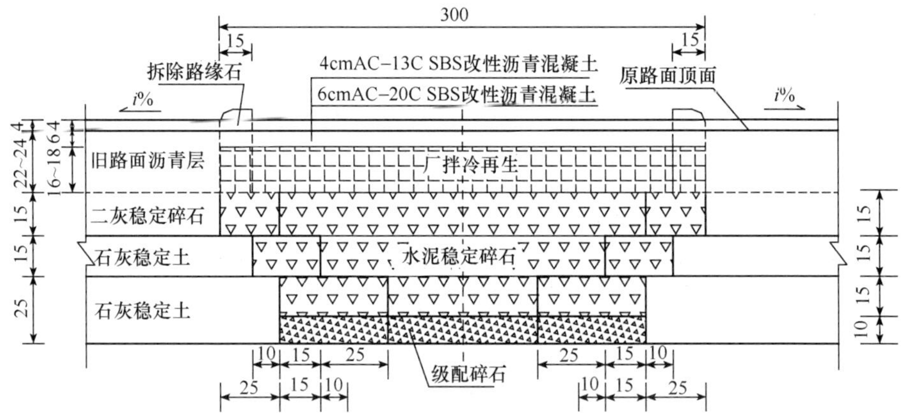

图 7-4 分隔带封闭方案二(尺寸单位:cm)

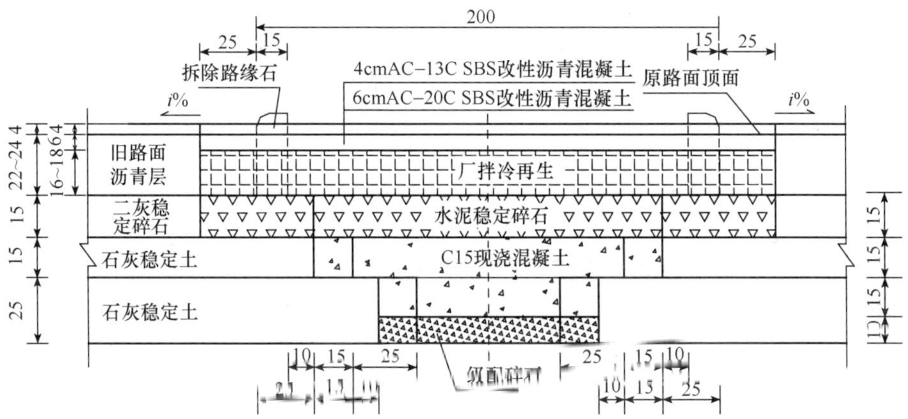

图 7-5 分隔带封闭方案三(尺寸单位:cm)

的实际状况及 C15 现浇混凝土较水泥稳定碎石层单价高近一倍的因素,底基层及基层襟边适当扩挖,保证最小宽度满足 2.5m。除垫层外,原基层、底基层厚度范围内均采用水泥稳定碎石铺筑,其上铺筑 16～18cm 厂拌冷再生混合料和 6cmAC-20C+4cmAC-13C。该方案结合分隔带较宽的特点,充分考虑施工便利和节约造价因素,有利于保证实施质量。

方案三:结合分隔带宽度 2m 襟边情况,经分析比较仅对原面层、上基层每侧拓宽 25cm,考虑造价、开挖转运等因素不再对下基层、底基层进行拓宽开挖。除垫层外,不满足机械摊铺宽度的铺筑材料采用 C15 现浇混凝土,满足 2.5m 摊铺宽度的上基层采用水泥稳定碎石,其上铺筑 16～18cm 厂拌冷再生混合料+6cmAC-20C+4cmAC-13C。

面层铺筑需结合旧路面加铺方案综合考虑，原则上在交通分流后，面层加铺与南北幅旧路面改善加铺统一进行。

综合以上分析，分隔带宽度 3m 路段采用封闭方案二，分隔带宽度 2m 路段及分隔带宽度渐变段采用封闭方案三，分隔带宽度 2～2.5m 渐变段的封闭方案同方案三，宽度 2.5～3m 渐变的封闭方案同方案二。

具体路段的加铺层厚还需结合病害情况、旧路面弯沉强度综合确定。

7.3 新旧路面拼接方案

新旧路面拼接部位是改扩建工程路面结构的薄弱环节，合理的拼接方案可以使新旧路面成为一个有机整体，保证路面结构的耐久性和使用寿命；反之，不合理拼接方案会使得路面结构存在安全隐患，降低路面耐久性，缩短路面的使用寿命。

新旧路面拼接方案的合理选定，首先要准确掌握新建路面和现有路面的结构状况，尤其是掌握现有路面结构状况；其次通过必要的检测手段，掌握旧路硬路肩部分路面的强度和整体性；再次要熟悉施工组织情况和施工工艺情况；最后多了解土工材料的性能和已有道路加宽的经验。

下面以郑州至漯河高速公路改扩建工程为例，介绍新旧路面的拼接方案。

7.3.1 郑漯高速改扩建新旧路面结构

京港澳国道主干线郑州至漯河段高速公路改扩建工程包括郑州至许昌高速改扩建段(长度 66.981km)和许昌至漯河高速改扩建段(长度 52.657km)。郑漯高速公路改扩建方案为两侧直接拼宽，双向四车道扩建为八车道。郑漯高速现有旧路面结构见表 7-1 和表 7-2，改扩建加宽车道设计路面结构见表 7-3。

郑州至许昌段旧路面结构表　　表 7-1

层　位	郑州至新郑段	新郑至许昌段
面层	4cm 中粒式沥青混凝土(2007 年加铺)	5cm 中粒式沥青混凝土(2007 年加铺)
	4cm 中粒式沥青混凝土(2004 年加铺)	4cm 中粒式沥青混凝土(2004 年加铺)
	5cm 中粒式沥青混凝土	5cm 中粒式沥青混凝土
	23cm 碾压式混凝土(RCC)	25cm 水泥混凝土(CCP)
基层	15cm 水稳碎石	20cm 水稳碎石
底基层	15cm 水泥石灰土	15cm 水泥石灰土
总厚度	66cm	74cm

许昌至漯河段旧路面结构表　　表 7-2

层　位	许昌至漯河段	漯 河 南 段
面层	4cm 中粒式沥青混凝土(2007 年加铺)	4cm 中粒式沥青混凝土(2007 年加铺)
	4cm 细粒式沥青混凝土(2005 年加铺)	—
	4cm 中粒式沥青混凝土 AC-16	4cm 中粒式沥青混凝土 AC-16
	6cm 粗粒式沥青混凝土 AC-25	5cm 粗粒式沥青混凝土 AC-25
	6cm 沥青碎石 AM-30	6cm 粗粒式沥青混凝土 AC-30
基层	25cm 水稳碎石	20cm 水稳碎石
底基层	35cm 石灰稳定土	36cm 石灰稳定土
总厚度	84cm	75cm

京港澳高速公路郑州至漯河段加宽车道路面结构表　　表 7-3

层　位	新建加宽部分行车道	层　位	新建加宽部分行车道
上面层	4cm 改性沥青玛蹄脂碎石 SMA-13	基层	36cm 水稳碎石
中面层	6cm 中粒式沥青混凝土 AC-20C	底基层	18cm 水稳碎石
下面层	12cm 密级配沥青碎石混合料 ATB-30	总厚度	76cm

从表 7-1 中可以看出，郑州至许昌段高速公路是复合式路面结构，行车道在 2004 年和 2007 年两次进行加铺罩面处理，硬路肩没有进行任何处理。从路面检测和土路肩开挖对比中了解到，硬路肩路面结构和主线路面结构一致，且状况良好。硬路肩混凝土板绝大多数完整，整体强度高，个别板存在断裂的情况，基层和底基层含水率较小，整体性好，个别存在松散状。从钻芯及室内抗压强度试验看，整体情况较好。图 7-6 所示为土路肩开挖后情况。

图 7-6　郑许段土路肩开挖后状况

从表 7-2 中可以看出,许昌至漯河段高速公路是半刚性基层路面结构,许漯段在 2005 年和 2007 年分别对双幅行车道和硬路肩进行罩面处理,漯河南段在 2007 年进行了加铺罩面处理。从路面检测和土路肩开挖对比中了解到,硬路肩和主线路面结构一致,但该段硬路肩情况不好,主要体现在基层和底基层压实度不够,松散状况普遍存在,土基含水率较高,土质松软。许漯段土路肩开挖后状况如图 7-7 所示。

图 7-7　许漯段土路肩开挖后状况

7.3.2　郑漯高速公路路面搭接方案

郑漯高速公路路面搭接方案的选择,经历了初步方案论证和实施方案确定两个阶段。初步方案论证是结合路面现状以及已有加宽路面的相关经验,从理论角度确定方案;实施方案确定主要是通过施工反馈,结合施工工艺和施工组织等,对方案进行适当调整,使方案在满足路面相关要求的前提下,更经济合理且更符合实际情况。

7.3.2.1　初步方案的论证

新旧路面搭接核心问题是尽可能保证搭接区即路面薄弱部位的强度和整体性。从已实施完成的改扩建工程可知,路面搭接的关键是合适选择搭接缝位置,合理搭接台阶形式的选择以及选用防水、抗裂的土工材料,以增强路面防水和整体强度。

基于上述思路,郑漯高速公路路面搭接确定了三条原则:①经济合理避免浪费,同时避免过多弃渣对环境造成污染;②搭接缝的位置选择,应避免路面行车轮迹线集中到新旧路面衔接部位;③尽可能往旧路面内侧进行切割,以便形成搭接台阶。上述原则中除要注重节约和避免污染外,第二条"避免路面行车轮迹线集中到新旧路面衔接部位”是选定搭接方案尤为关键的理论基础，这里涉及车道轮迹横向分布系数的概念。

车道轮迹横向分布系数指对于路面横断面上某一宽度（如轮迹宽度）范围内的频率，即该宽度范围内所受到的车辆作用次数与通过该断面总作用次数的比值。公路中行驶的车辆，由于行车速度、驾驶员心理及驾驶习惯等因素会对车辆的轮迹分布状况有一定的影响。但轮迹横向分布频率有一定规律可循，基本上可以划分为驼峰形曲线和正态形曲线两类。轮迹横向分布具体见图 7-8 所示。

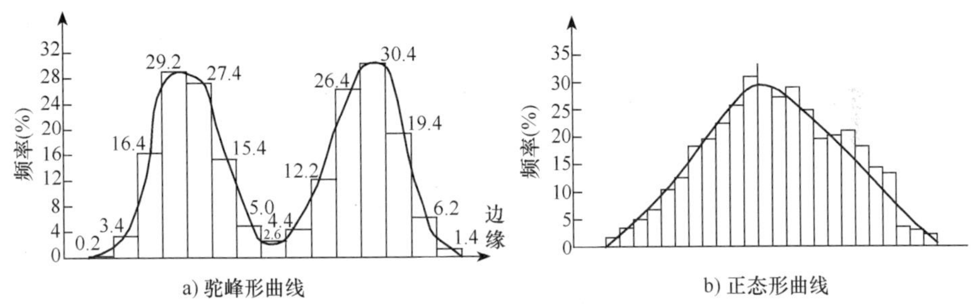

a) 驼峰形曲线　　b) 正态形曲线

图 7-8　轮迹横向分布图

图 7-8a) 是分车道行驶的公路，横向分布频率曲线呈驼峰状，其峰值大小随车道宽和车道分隔装置类型而定。图 7-8b) 是不分车道行驶的公路，其峰值大小随车道宽度的增加而减小。高速公路属于分道行驶，在一个车道的轮迹分布可以用驼峰形曲线表示。

基于郑漯高速路面搭接的原则，初步方案为新旧路面搭接缝位于硬路肩内侧 90cm 处，以保证面层和基层纵向接缝在第三车道轮迹线内侧，路面采用 20cm 一级台阶搭接。新旧路面搭接具体见图 7-9 和图 7-10 所示。

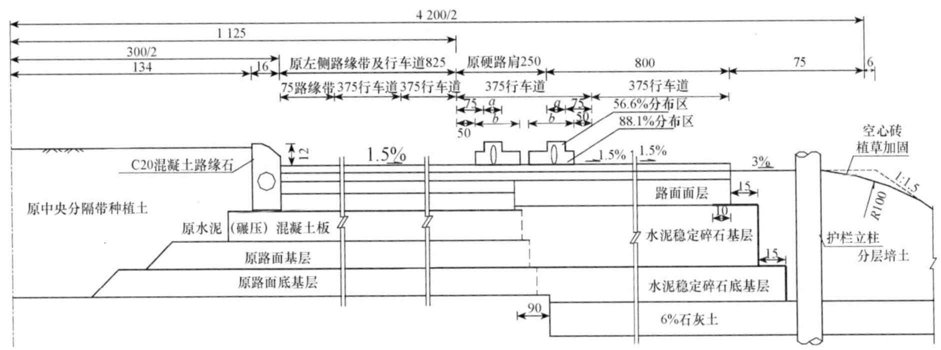

图 7-9　新旧路面搭接横断面图（尺寸单位：cm）

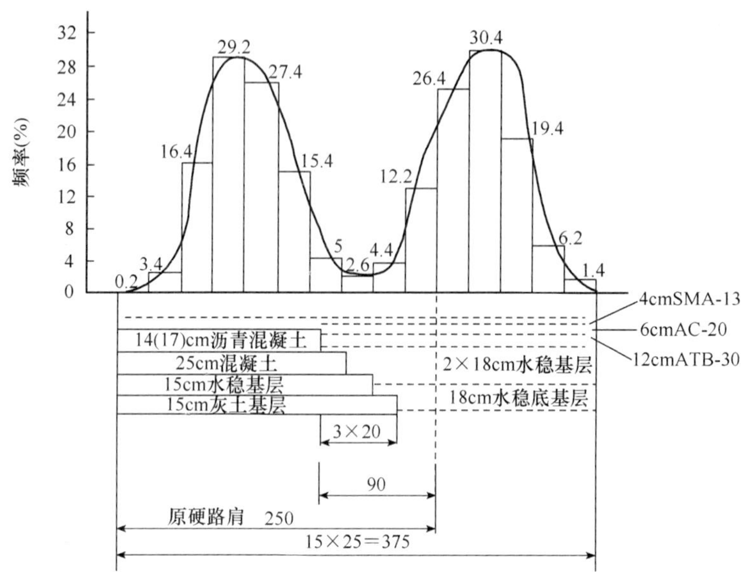

图 7-10 第三车道轮迹分布曲线与搭接部(尺寸单位:cm)

图 7-9 显示出搭接部位于第三车道,从硬路肩向旧路内侧 90cm 位置切除旧路面,沥青面层、混凝土面板、基层和底基层分别设置宽度 20cm 的台阶,从图中可以看到搭接缝处于第三车道车辆轮迹密布区的中间。图 7-10 更为直观地显示出第三车道轮迹分布与搭接部的关系。

初步拼接方案的优点为:①实现了搭接缝避开车道轮迹线分布密集区,避免了路面薄弱部位在车辆作用下出现早期病害;②经过切割后的基层、底基层顺直,保证新旧路面搭接的施工质量;③切割旧路面形成台阶,与新铺筑路面衔接,可抑制雨水下渗且保证路面的整体强度。

初步拼接方案的缺点为:第三车道内存在新旧两种路基和路面,路面强度不协调,易于出现路面差异沉降。

7.3.2.2 实施方案的确定

初步方案确定后,在郑许段和许漯段分别选取 3 个试验段进行施工,施工中发现了一些问题。结合此类问题,对初步方案进行优化调整。

1)郑州至许昌段路面拼接方案优化

从试验段施工情况看,郑许段的问题主要出现在施工操作性上。硬路肩混凝土板整体强度高、完整性好,按照初步方案,切割工作量巨大、施工周期长,台阶形成困难。

(1)水泥混凝土板切割困难,工期长

原道路水泥板厚度为23cm或25cm,切割进度缓慢,劳动强度大。从试验段统计情况看,每台切割机每小时切割3～4m,每天切割长度不超过40m;切割机经常损坏,每天多次更换锯片,造成误工。按照此进度,每个标段(约10km)使用20个切割机工作,路面切割完成至少需要2个月时间,影响工期。从开挖土路肩情况看,水泥混凝土板总体情况良好,较少出现断板情况。

(2)基层和底基层两层台阶难以形成

原水泥路面与基层黏结良好,切割后破除切割的水泥板时易扰动和破坏原基层,甚至到底基层,实施基层和底基层两个台阶很难实现。

(3)切割的水泥板难以清除

路面切割后,切割掉的水泥板人工难以清理,只能采用冲击破碎的方式进行清理,但易对旧路面各结构层造成破坏,给行车安全性留下隐患。水泥混凝土板切割施工详见图7-11。

a) 切割破处混凝土板

b) 清除切割掉的混凝土块

c) 清除作业对基层和底基层的破坏

d) 施工完成段落情况

图7-11　水泥混凝土板切割施工

综合以上因素,对初步方案进行优化,并确定施工方案:①硬路肩保留不再切割；②基层和底基层出露到混凝土板外的部分，由于受到扰动难以形成台阶，将其沿混凝土板切除；③搭接缝由于顺直，为防止雨水下渗同时保证搭接部整体性，在搭接区采用必要的连接措施。针对郑州至许昌段旧路为复合式路面的情况，最终确定新旧路面搭接施工方案如图 7-12 所示。郑许段路面的搭接施工如图 7-13 所示。

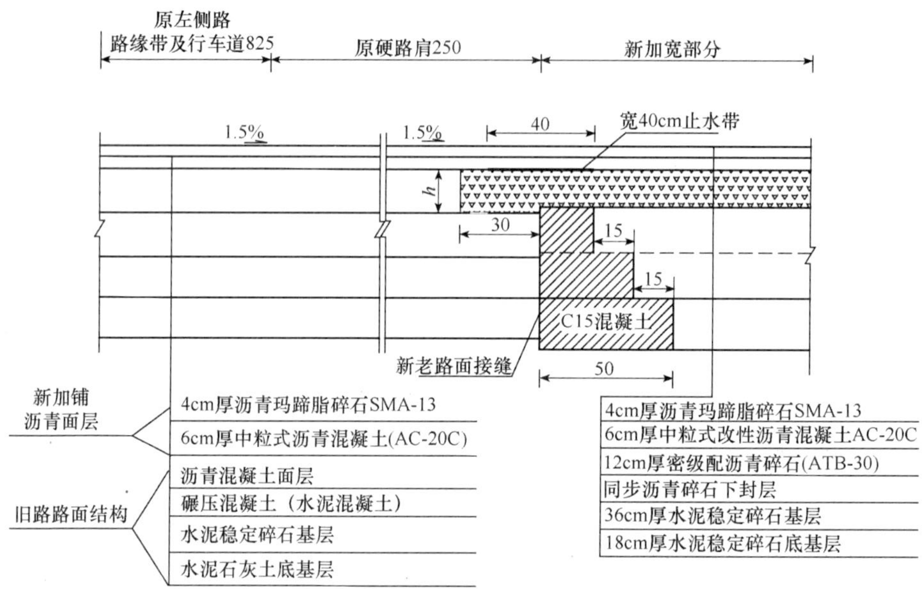

图 7-12　郑许段路面搭接方案示意图(尺寸单位：cm)

图 7-13　郑许段路面搭接施工

为保证新旧路面搭接协调，增强路面的整体强度，郑许段在搭接区采取了一些必要的连接措施。

(1)路面切割位置在搭接缝内侧 30cm 处。由于搭接缝处于轮迹分布密集区，该措施为了避免和基层、底基层形成通缝，提高接缝处抗压能力，同时也抑制雨水下渗。

(2)设置高强抗裂贴。在混凝土板和新搭接缝上粘贴 40cm 宽的高强抗裂贴，以吸收新旧路面不均匀沉降的势能，抑制反射裂缝过快向上发展，同时也抑制雨水下渗。

(3)设置现浇混凝土带。在旧路面和新建路面之间设置现浇微膨胀土混凝土带，自下而上宽度分别为 50cm、35cm、20cm，混凝土强度导致依次为 C15、C15 和 C30，以确保新建水泥稳定碎石基层与旧路面结构层的衔接质量。

2)许昌至漯河段路面拼接方案优化

许昌至漯河段高速公路由于施工质量和施工控制不足等因素，使得通车不久路面早期病害就表现出来。之后对该段行车道和超车道路面甚至路床都进行了彻底处理，而没有对硬路肩进行处治。在试验段施工中发现硬路肩基层和底基层强度不足，水稳层松散状况较为普遍，底基层厚薄不均，切割很难形成台阶。如果将硬路肩作为拓宽后的第三车道半个车道，将留下后患。许漯段硬路肩开挖详见图 7-14。

图 7-14　许漯段硬路肩开挖断面

经过权衡比较，确定施工方案为：①搭接缝设置在行车道内侧 60cm 的位置，将硬路肩整体切除；②面层、基层和底基层设置 20cm 的搭接台阶；③在搭接区采用必要的连接措施。许漯段半刚性基层路面新旧路面搭接施工方案如图 7-15所示。许漯段路面搭接施工如图 7-16 所示。

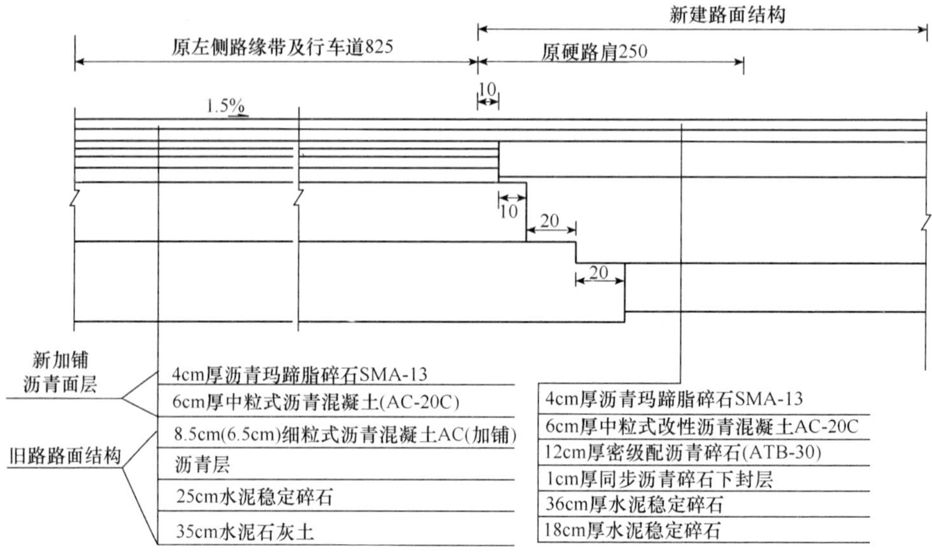

图 7-15　许漯段路面搭接方案示意图(尺寸单位:cm)

图 7-16　许漯段路面搭接施工

7.4　旧路中央分隔带护栏、路缘石、绿化带及排水等综合治理

中央分隔带综合治理对象主要包括护栏、路缘石、绿化带及中央分隔带内排水等。郑漯高速公路经过十多年运营,中央分隔带整体情况良好,但也存在诸如护栏防护性能降低,绿化带防眩效果差以及路缘石断裂等状况。治理中央分隔带主要面临问题是施工空间受限,大型机械难以进场施工。中央分隔带的治理还有破坏大,废弃大,投资大的特点,治理措施的论证和选定都需要谨慎。

(1)护栏治理

郑漯高速运营已有十多年，调查情况显示护栏的整体状况较好，个别段护栏出现锈蚀、螺丝脱落等状况，其防护性能相应降低，此类病害只需局部整修就行。但早期护栏的立柱直径均为11.4cm，护栏栏板为3mm，这与现行规范要求新建高速公路护栏立柱14cm以及护栏板厚度4mm的要求相悖，理论上护栏是应该更换的。工可在方案论证中建议对护栏进行更换。

护栏的治理实施方案论证中主要有两种意见，一种全部更换，理由是改扩建是新建路，护栏采用应该符合规范要求。另一种不用更换，只是局部整修，理由有三点：①规范针对的是新建高速，对于旧路改扩建并没明确要求；②大范围进行中央分隔带护栏拆除更换，施工空间受限，施工难度大，更换费用昂贵，废弃料巨大；③施工工期长，由于郑漯高速属于国家主干道，不允许断行施工，且工期要求严，施工周期尤为敏感。

综合多种情况，在实施中不再全部更换护栏，只针对局部损坏护栏进行更换整修，并重新进行油漆涂装。

(2)路缘石治理

在工可研究阶段路缘石治理方案，建议根据路面高程对路缘石高程进行调整。调查显示路缘石仅有少部分发生破损和断裂，绝大部分仍然完整，可以重新利用。但很快发现初步方案实施很困难，首先开挖路缘石困难，施工界面受限，大型机械无法派上用场；其次，路缘石和周边结合紧密，经过机械扰动，原本完整的路缘石出现了宽裂缝，甚至断裂；第三，开挖路缘石过程中对绿化带出现附带的破坏。

为了降低施工难度，节约不必要的投资，实施中对初步论证方案进行调整，即借助加铺路面高程抬高的情况，中分带直接培土至旧路面高程，并且不再加设路缘石，原路缘石直接掩埋于土下不再挖除。

(3)绿化带治理

郑漯高速中央分隔带绿化带内种植冬青、塔柏等植物。由于时间较长，植物干长的很高。特别对于冬青类植物，由于后期不断的修剪，出现了目前枝叶稀疏、枝干很长、防眩效果较差的情况。治理措施主要针对防眩效果差的绿化带进行局部更换。

(4)中央分隔带排水治理

调查显示郑州至许昌段全线未设置中央分隔带排水设施，甚至在K717＋000～K720＋000超高段未设置超高段排水。在多雨季节，该段由于路面积水严重，常常导致车辆制动不及，造成严重事故。工可阶段建议对全线重新设置中央分隔带排水，对于K717＋000～K720＋000按照规范要求设置超高段排水。

施工方案论证时认为全线重新设置中央分隔带排水是不必要的。首先从郑许段多年运营情况看，虽然未设置中央分隔带排水设施，但并未因此造成路面整体强度降低，从超车道钻芯样分析可以印证这一点；其次郑许段大部分路堤采用的是填砂路基，中央分隔带收集雨水可以较为顺畅地下渗，对路面损害较小；第三重新设置中央分隔带排水设施，必然要破坏现有的绿化带甚至护栏等，破坏大且施工作业面小，投入大，工期长。因此郑许段没有全线重新设置中央分隔带排水。

K717＋000～K720＋000 段重新增设超高段排水是有必要的，主要包括集水槽、集水井和横向出水管等的设置。为了保证横向管顺利设置，横向管采用铸铁管，并利用专门的顶进设备施工。从通车后反馈的信息看，治理后该段出水顺畅，未再发生路面积水的情况。

7.5　桥头路面顺坡的处理

郑漯高速改扩建工程旧路面平均加铺 10cm，路线纵坡进行调整，旧路旧桥的设计高程均需要提升。从旧桥梁板承载能力考虑，施工图设计原则是对普通空心板桥梁进行顶升，而桥面连续刚构桥与 T 梁桥高程不变，通过桥头附近调坡实现路面加铺。全线有长葛北互通（K34＋574 跨线桥、K35＋037 匝道桥）等互通内连续刚构桥以及 K101＋228 颍河大桥等预应力 T 梁，共计 10 座旧桥梁需要考虑桥头顺坡。

桥头路面顺坡设计主要使用两个指标进行控制。其一是顺坡长度，结合类似项目经验和施工工艺，一般顺坡长度为 100m 左右，施工中可按照顺坡两端的高程适当调整顺坡长度，但不小于 50m；其二，从线形平顺角度以及车辆行驶舒适性和安全性上，要求顺坡范围内的纵坡不大于 0.1%。

顺坡施工中铣刨环节尤为重要，铣刨的精细度关系着顺坡段内路面的平整度和铺筑质量。顺坡段铣刨厚度在桥头端以平均加铺厚度控制，由于铣刨区是个楔形体，铣刨施工有一定困难，因此必须进行严格控制。桥头路面顺接设计如图 7-17 所示。

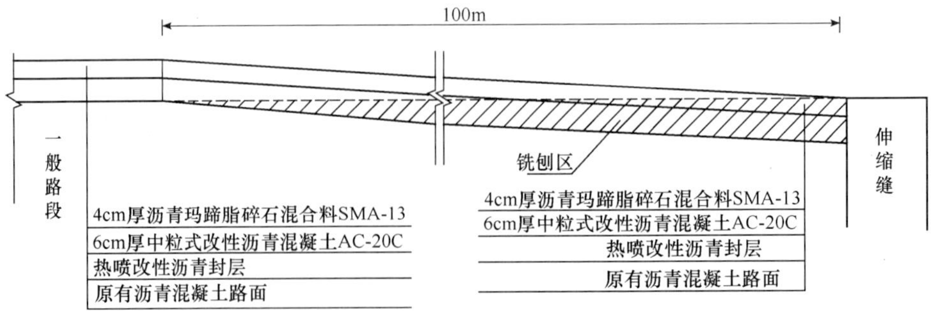

图 7-17　桥头路面顺接设计

第 8 章　高速公路改扩建旧路改善设计实例

本章以京港澳 G4 高速公路郑州至漯河段改扩建工程为例，介绍半刚性基层沥青路面和复合式路面改扩建旧路改善的方案设计，并对改扩建旧路改善施工图设计文件编制进行总结，提出施工图设计文件单独成册编制办法。

8.1　项 目 概 况

京港澳 G4 高速公路郑州至漯河段高速公路（简称郑漯高速）是国家高速公路网规划及河南省公路网主骨架的重要组成部分。改扩建路段起于新郑国际机场以南，接席庄至薛店六车道高速公路设计里程桩号 K11＋800；向南经新郑东、长葛东、许昌东、临颍东、漯河东，止于漯河东南的枢纽立交以南，在漯河至驻马店高速公路设计里程桩号 K3＋705.7 到达改扩建项目终点。路线全长 119.638km，其中郑州市境内 21.74km，许昌市境内 45.24km，漯河市境内 52.66km。

郑漯高速公路自 1998 年建成运营以来，交通量以较快的速度递增。交通量总体规模保持在较高的水平，公路服务水平逐渐下降，路面纵横缝较多，路况较差，目前实际服务水平基本处在三级，已不能满足发展的需要。从郑漯通道中长期交通需求预测结果分析，2011 年本路段交通量将达到 47 316 辆/d（小客车），2030 年将达到 98 650 辆/d。为了满足迅速增长的交通量的需要，对京珠高速公路郑漯段实施改扩建，由现有的双向四车道双侧拼宽为双向八车道高速公路。

该项目区位于黄淮冲积平原中西部，自北向南为黄河二级阶段地和黄河冲积平原两大地貌区，分界里程大致在 K20＋485。纵观全貌，除北部局部地段分布砂岗、砂丘外，间有洼地，地形微起伏，由北向南微倾斜。受第四纪全新世晚期黄河泛滥影响，北部地形起伏较大，多见砂丘和砂地景观，南部地势平坦，地面海拔高程为 65.5～158.5m。

该项目区属温带半湿润气候区，冬寒夏热，四季分明，光照充足，降雨偏少。

其主要特点是春季干旱风沙多，夏季炎热雨水丰，秋季晴和日照足，冬季寒冷雨雪少。历年平均气温为14.2～14.7℃，一年中7月份气温最高，1月份气温最低。历年平均降水量为646.1～730.0mm，最多年降水量1 041.9mm，最少仅为443.0mm，降雨多集中在夏季，7～9月份降水量可占全年的70％。四季风向多受高空气流控制，春、夏、秋季以偏南风为主，冬季则以西北风为主，年平均风速为1.5～3.0m/s。全年无霜期217d。

8.2 旧路状况评价

8.2.1 旧路路面结构及养护

1)旧路路面结构

郑许段：郑许高速公路原建设时分为机场～新郑(K0＋000～K21＋628)和新郑～许昌(K21＋628～K66＋982)两个项目。其中机场至新郑段原施工图设计为5cm沥青混凝土，23cm碾压式混凝土(RCC)，1cm沥青砂封层，15cm水泥稳定碎石基层，15cm水泥石灰稳定土底基层。路面结构总厚度为58cm。当前，该段受超载车辆及雨水侵蚀等因素的影响，路面出现纵横向反射裂缝、局部沉陷、唧泥等病害。

新郑至许昌段1996年12月建成通车。原设计路面结构为5cmAC层，25cm水泥混凝土(CCP)，20cm水泥稳定碎石，15cm水泥石灰土。路面总厚65cm。新许高速公路自建成通车至今已有近13年，路基路面比较稳定。路面病害主要表现为局部水泥混凝土板碎裂、反射裂缝、局部翻浆、坑槽、麻面等。

许漯段：许漯高速(K66＋982～K115＋844)于1998年12月建成通车，截至目前已运营近11年。由于各种因素的影响，出现了不同程度的翻浆、大面积网裂、坑槽以及底基层强度不足等路面病害。

漯河南段(K115＋844～K119＋554)于2001年9月建成通车，经过8年多的通行使用，目前路基状况稳定。路面出现的主要病害为横向裂缝，未进行专项治理。2007年东西半幅进行大修，精铣刨并加铺4cm沥青层。

2)旧路养护历史

(1)郑许段的日常养护和大修养护

郑许段运营至今，日常养护的主要工作是裂缝的修补和灌缝，其他则是对翻浆、沉陷、坑槽等部位进行局部处理。从总体路况来看，路面大量裂缝给养护工作增加了巨大的工作量，而且没有很好的修补措施，一年之内需要进行多次灌缝。全面的大修养护主要有。

郑新段：2004 年对路面进行全面大修，并在原路面基础上加铺 4cm 的沥青混凝土。2007 年再次对西半幅路面采取了大修，精铣刨 1cm 沥青层并加铺 4cmAC-16；东半幅进行局部零星整修加铺。

新许段：2001 年对西半幅路面进行大修，并在原路面基础上加铺 4cm 的沥青混凝土。2004 年对新许路东、西两半幅进行专项维修，均加铺 4cmSMA＋1.5cmSBS 胶砂应力吸收层。2007 年再次对该路西半幅进行专项维修，精铣刨 1cmAC 并加铺 5cmAC-16；东半幅 2007 年进行局部零星加铺。

(2)许漯段的日常养护和大修养护

许漯段 1998 年通车运营一年后，路面出现了纵裂、沉陷、翻浆、龟裂等病害，分别在 2000 年、2001 年和 2002 年进行了路面专项修补。

2000 年主要处理漯河北站(K797＋000～K798＋000)上、下匝道处发生的路面病害，但修复效果不太理想。

2001 年路面维修主要是处理路面破损病害和桥头跳车，其中路面沉陷、翻浆、严重裂缝病害处治已经铣刨到底基层。重新铺设 C10 水泥混凝土底基层(厚度＞40cm)和 C15 水泥混凝土基层(厚度 26cm)，然后铺筑 6cmAC-25I 粗粒式沥青混凝土和 4cmAK-16I 中粒式抗滑表层。但经过 2001 年冬季雨雪天气后，路面又出现大面积的翻浆、沉陷和错台等病害。特别到 2002 年夏季过后，在施工纵缝处又出现了大量的严重车辙、纵缝、网裂等病害。

2002 年下半年，对许漯高速公路进行第三次维修。针对严重翻浆、大面积网裂、坑槽、底基层破坏或强度明显不足以及路基弹簧等情况，开挖相应的面层、基层和底基层，重新铺筑 C15 水泥混凝土回铺基层或底基层，最后铺筑两层 AC-25I 沥青混凝土。对于路床则用级配碎石进行铺筑补强。但路面维修后，使用不久又出现了大面积车辙和不同程度的翻浆，横向施工缝出现了沉陷和断裂。许漯段经过三次维修治理后路面使用情况仍不能从根本上得到改善。

2003～2004 年的修复比较彻底，先后对整个路段的东、西幅进行了修复并罩面 4cm 沥青层，2007 年西半幅再次进行大修，精铣刨 1cmAC 并加铺 4cmAC-16；东半幅 2007 年进行局部零星加铺。目前路面状况良好，但局部存在网裂、纵横缝、车辙及坑槽等病害。

(3)目前现有旧路路面结构状况

郑许段和许漯段高速公路路面结构现状如表 8-1 和表 8-2 所示。

郑许段路面结构现状一览表(cm)　　表 8-1

结构层		郑州至新郑段	新郑至许昌段
后期加铺层	2007 年	西半幅精铣刨并加铺 4cmAC-16;东半幅局部处治	西半幅精铣刨并加铺 5cmAC-16;东半幅局部处治
	2004 年	东、西半幅 4cm-AC	东、西半幅 4cmAC+东、西半幅 4cmSMA+1.5cm 应力层
	沥青面层	5cm-AC	5cmAC 层
	刚性基层	23cm-RCC	25cmCCP
	连接层	沥青下封层	沥青下封层
	基层	15cm 水稳碎石	20cm 水稳碎石
	底基层	15cm 水泥石灰土	15cm 水泥石灰土
现有路面结构总厚度		66cm(62cm)	78.5cm(74.5cm)

注:现路面总厚度括号外数字适用于西半幅路面,括号内适用于东半幅路面。2007 年东半幅除个别段落精铣刨 1cm,加铺 5cmAC-16 外,其余间断性采用了 1cm 表处层,为方便统计及确定路面高程,东半幅不计该年养护加铺值。

许漯段路面结构现状一览表(cm)　　表 8-2

结构层		许昌至漯河段	漯河南段
后期加铺层	2007 年	西半幅精铣刨并加铺 4cmAC-16;东半幅局部处治	东、西半幅精铣刨并加铺 4cmAC-16
	2005 年	东、西半幅 4cmSMA+1.5cmSBS 应力层	—
原设计路面结构	上面层	4cmAC-16	4cmAC-16
	中面层	6cmAC-25	5cmAC-25
	下面层	6cmAM-30	7cmAC-30
	连接层	沥青下封层	沥青下封层
	基层	25cm 水稳碎石	20cm 水稳碎石
	底基层	35cm 石灰稳定土	36cm 石灰稳定土
现有路面结构总厚度		85.5cm(81.5cm)	76cm(76cm)

注:现路面总厚度括号外数字适用于西半幅路面,括号内适用于东半幅路面。东半幅除个别段落精铣刨 1cm,加铺 5cmAC-16 外,其余间断性采用了 1cm 表处层,为方便统计及确定路面高程,东半幅后加铺取平均值 1cm。

8.2.2 路基现状评价

路基检测主要有路基填土含水率检测、填土土性检测、填土强度检测等。通过检测对现有路基评定如下。

1)郑许段

(1)路基填土含水率检测结果

沿路线方向看，路基填土层含水率从郑州至漯河方向有逐渐增大的趋势；从纵向看，总体表现为自路面而下含水率逐渐增大。

边坡 1/2 处路基填土，整体表现为 0.5m 深度含水率小于基底含水率。沿路线自北向南含水率逐渐增大。

坡脚处地基土，整体表现为 1.0m 深度地基土含水率小于 2.0m 深地基土含水率，含水率保持在 15%左右。路线自北向南含水率逐渐增大。

(2)路基填土土性检测结果

土性从郑州的粉砂、粉土，到许昌逐渐过渡为黏性土。

(3)路基填土强度检测结果

沿路线方向标贯击数总体趋势为自北向南逐渐变小。沿路基深度标贯击数表现为自上而下逐渐减小。

2)许漯段

(1)路基填土含水率检测结果

通过路基钻探对道路深层物理力学性能进行了解，含水率统计结果表明整个路段部分路基含水率较大，上路床最大达到 17.6%。在右幅行车道 K96＋000～K97＋000 段，基底含水率最大在左幅行车道 K73＋000～K74＋000 处，达到 19.9%。

(2)路基填土土性检测结果

土性表现为黏性土。

(3)路基填土强度检测结果

通过路基钻探对道路深层物理力学性能进行了解，许昌至漯河高速公路的路基承载力最小为 170kPa，最大为 290kPa，路基基本能符合道路使用要求。

8.2.3　路面现状评价

1)路面破损状况

采用 ZOYON-RTM 型车载智能路面自动检测车对郑漯高速旧路双幅行车道、超车道进行检测。依据《公路技术状况评定标准》(JTG H20—2007)，以 1 000m作为路面评定单元。

(1)郑州至许昌段路面 PCI

郑州至许昌段路面 PCI 如图 8-1 所示。

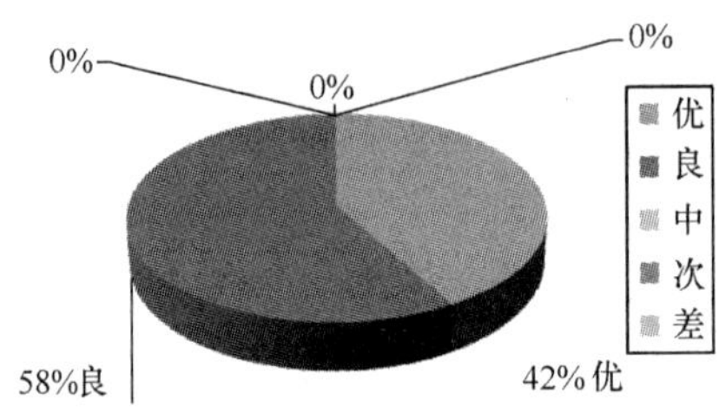

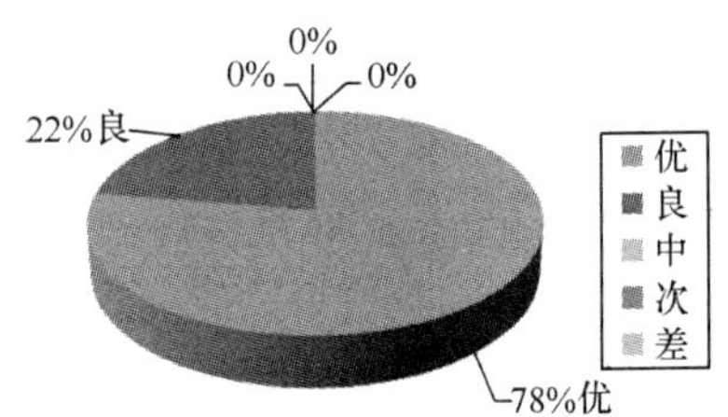

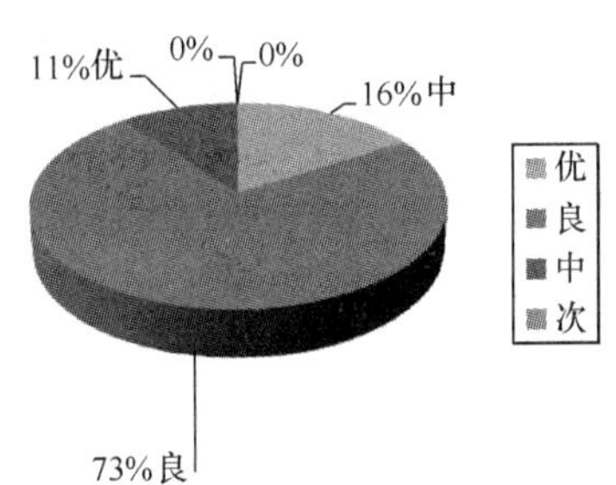

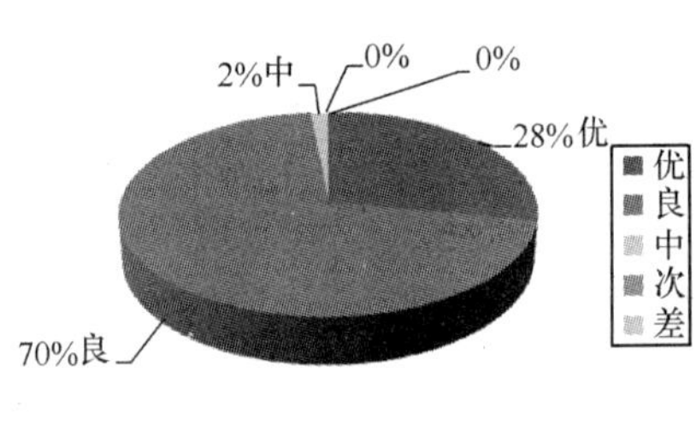

图 8-1　郑州至许昌段路面 PCI

评价结果显示：郑许段西半幅行车道和超车道路面 PCI 为优的路段百分率为 42%和 78%，PCI 为良的路段百分率为 58%和 22%，优良率均达到 100%；东半幅行车道和超车道路面 PCI 为优的路段百分率为 11%和 28%，PCI 为良的路段百分率为 73%和 70%，PCI 为中的路段百分率为 16%和 2%。东半幅较西半幅差，行车道较超车道差。大修中西半幅比东半幅多进行了一次罩面，因此路面裂缝要明显少于东半幅。

(2)许昌至漯河段路面 PCI

许昌至漯河段路面 PCI 如图 8-2 所示。

评价结果显示：许漯段西半幅行车道和超车道路面 PCI 为优的路段百分率为 60%和 98%，PCI 为良的路段百分率为 36%和 2%，PCI 为中的路段百分率为 4%和 0%；东半幅行车道和超车道路面 PCI 为优的路段百分率为 70%和 92%，PCI 为良的路段百分率为 28%和 8%，PCI 为中的路段百分率为 2%和 0%。东半幅较西半幅路面状况评价稍差，行车道总体评价均较超车道差。西半幅经过两次罩面维护，东半幅局部只进行了一次罩面。

许昌至漯河段西半幅行车道路面PCI

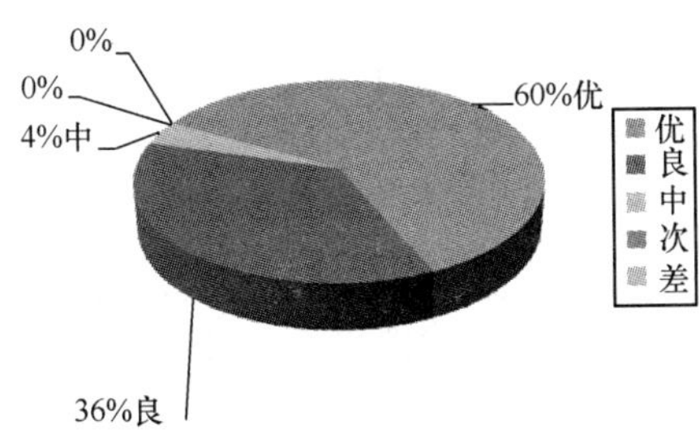

许昌至漯河段西半幅超车道路面PCI

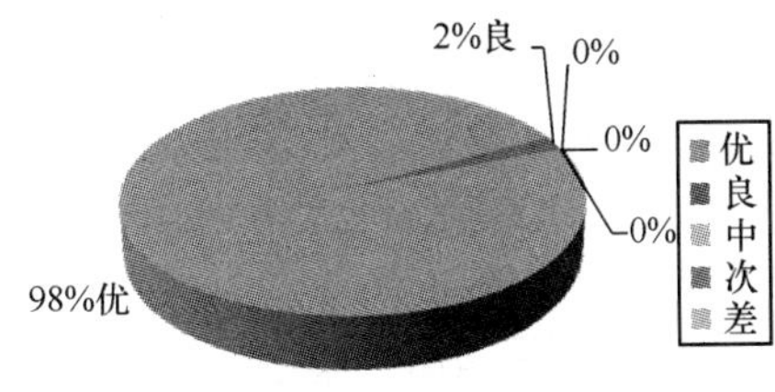

许昌至漯河段东半幅行车道路面PCI

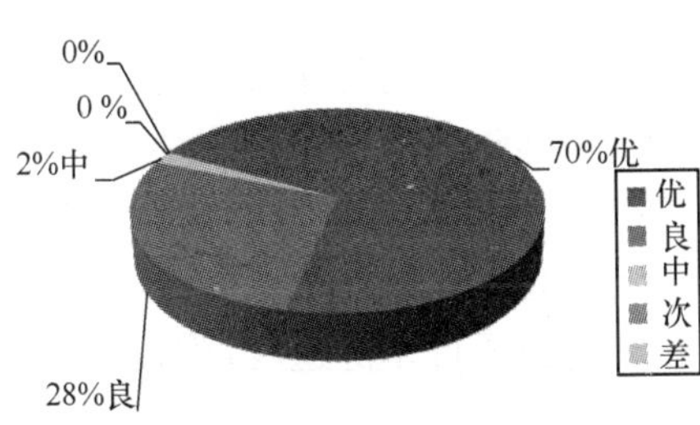

许昌至漯河段东半幅超车道路面PCI

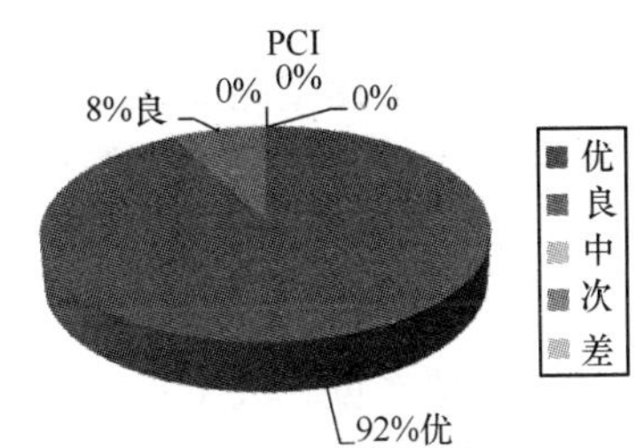

图 8-2　许昌至漯河段路面 PCI

2)路面车辙

采用 ZOYON-RTM 型车载智能路面自动检测车对郑漯高速旧路双幅行车道、超车道进行路面车辙检测。依据《公路技术状况评定标准》(JTG H20—2007),以 1 000m 作为路段评定单元。郑漯高速西半幅、东半幅路面车辙深度如图 8-3 和 8-4 所示。

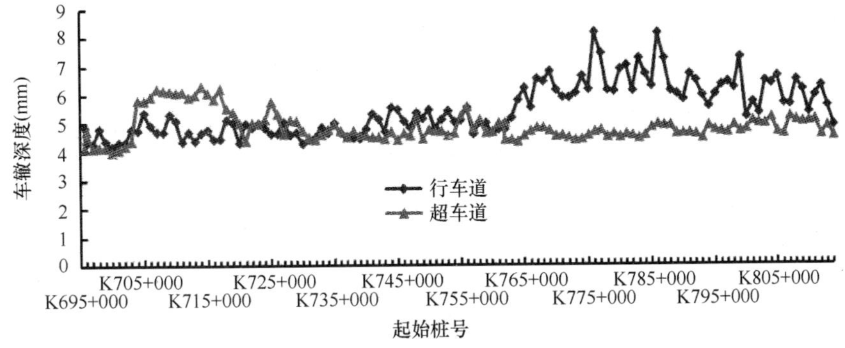

图 8-3　郑漯高速西半幅路面车辙深度

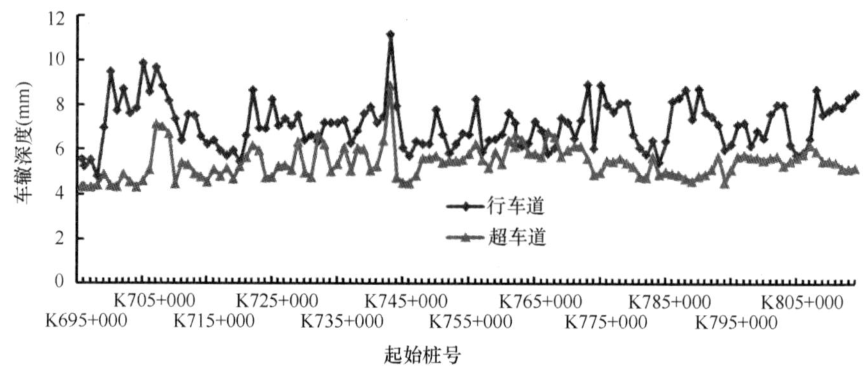

图 8-4　郑漯高速东半幅路面车辙深度

车辙深度是衡量路面状况的重要指标，车辙严重时会对行车安全造成隐患。当车辙深度大于 4cm 时，车辆颠簸严重，乘客明显感觉不舒服。调查结果显示：郑漯高速路面车辙并不严重，以 1 000km 为评定单位，全线 RDI 优良率高达 99.8%，说明全线车辙深度较小。相比而言，行车道车辙比超车道严重，东半幅车辙比西半幅严重。大于 1.5cm 的车辙已经影响到了行车舒适度，为提高路面服务质量，需对大于 1.5cm 的车辙及时治理以恢复路面平整度。

3)路面弯沉

(1)郑许段板间弯沉差

郑许段路面结构为复合式沥青路面，典型病害为横向裂缝，其形成机理为混凝土板块接缝处沥青面层底层在荷载作用下产生应力集中，并向上发展，最终在接缝对应位置处形成上下贯通的反射裂缝。为了给旧路路面改扩建横向裂缝处治提供设计依据，本次采用落锤式弯沉仪对复合式路面横向裂缝处进行弯沉差检测，以了解混凝土板块接缝处脱空状况及板间传荷能力。

从弯沉差检测结果可以看出，无支缝、缝壁无破碎的轻度横向裂缝弯沉差均较小，一般在 0.05mm 以内；有支缝或缝壁有破碎的重度裂缝弯沉差较大，一般大于 0.06mm。说明轻度横缝裂缝宽度较小，缝壁两侧石料嵌合较紧，接缝传荷能力及板底支撑较好。重度裂缝板底由于受水的侵蚀及缝壁两侧咬合较差，两侧传荷能力降低。

依据美国沥青协会(AI)水泥混凝土加铺沥青层设计标准，轻度横向裂缝由于接缝处弯沉差较小(<0.06mm)，仅灌缝处治后便可直接加铺；重度横向裂缝由于接缝处弯沉差较大(>0.06mm)，建议对重度横向裂缝进行处治，如板底注浆、裂缝切缝后贴抗裂贴或土工植物等。

(2)许漯段路面弯沉

本次采用落锤式弯沉仪(FWD)对许漯高速(K762＋000～K815＋000)双幅超车道、行车道、硬路肩进行检测(郑许段为复合式路面,不进行弯沉检测)。本次落锤式弯沉仪落锤质量为 200kg,冲击荷载为 50kN,承载板直径为 30cm,弯沉传感器为 9 支,各传感器距测点中心分别为:0、203mm、305mm、457mm、610mm、914mm、1 219mm、1 524mm、1 829mm。依据《公路路基路面现场测试规程》(JTG E60—2008),以每 1 000m 为一评定路段,计算评定路段的平均值、标准差、变异系数及代表值。同时针对我国沥青路面设计体系为静态弯沉的现状,将 FWD 测定的动态总弯沉换算成静态回弹弯沉。许漯高速西半幅、东半幅路面弯沉如图 8-5 和图 8-6 所示。

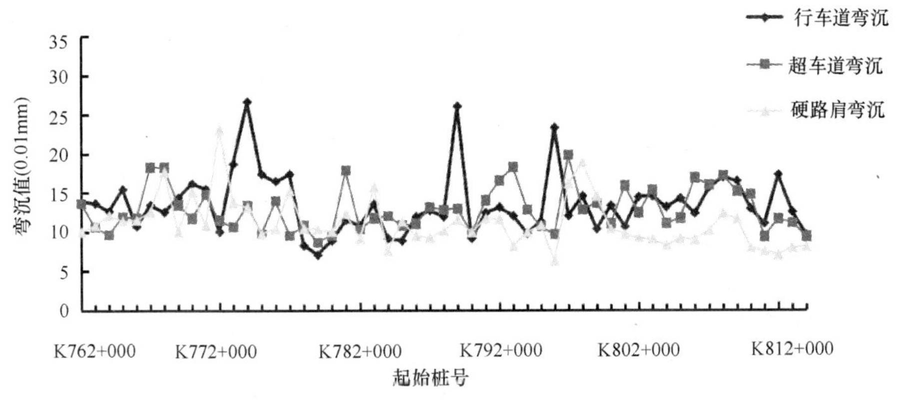

图 8-5　许漯高速西半幅路面弯沉

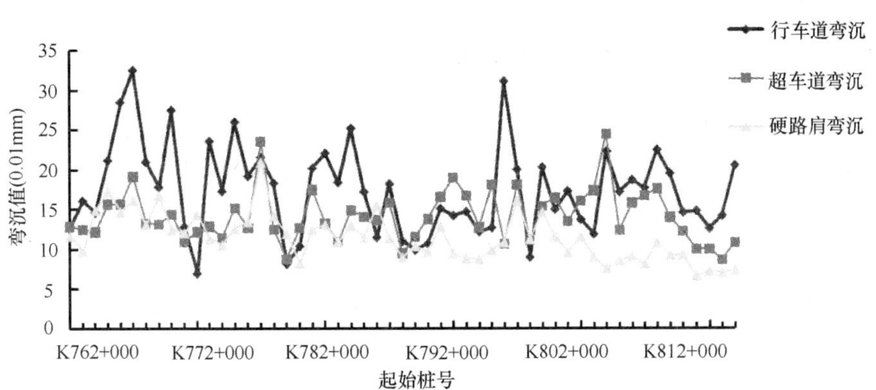

图 8-6　许漯高速东半幅路面弯沉

从弯沉检测结果可以看出，硬路肩平均弯沉值小于超车道，超车道平均弯沉值小于行车道，西半幅弯沉值小于东半幅。总体来看绝大部分路段代表弯沉值较小[FWD弯沉值小于20(0.01mm)]，说明该旧路经过近十年的运营及后期的维修养护，路基已沉降稳定，路面结构整体具有较强承载能力。个别路段代表弯沉值较大[大于25(0.01mm)]。检测过程中发现，其主要是因该路段个别检测点落在病害处所致，通过对病害的处治，可提高该路段的代表弯沉值。

4)路面取芯分析

路面钻芯检测是检测路面结构层厚度、探明病害发生层位及破坏机理的最直观手段。本次采用全线均布钻芯和典型路段钻芯相结合的方式进行检测，检测深度至路面结构层底部。

全线均布钻芯选择在路面状况较好的位置布孔，主要检测路面各结构层厚度，各层胶结状况及芯样各结构层力学性能。考虑到路面改扩建后，行车道和硬路肩(作为第三车道)行驶重车较多，而超车道主要行驶小车，全线均布钻芯仅对行车道、超车道和硬路肩进行检测。典型路段钻芯选择在路面破损较重的典型路段内，主要检测分析病害发展层位及破损机理。其中对于裂缝类病害进行骑缝钻芯，对车辙病害分别在波峰和波谷处钻芯以及对沉陷类病害钻芯等。

取芯分析主要结论：

(1)郑许段

从取芯情况来看，郑许段路面纵、横向裂缝绝大部分都是从下至上的反射裂缝，裂缝位置主要集中在水泥混凝土板块接缝处。

(2)许漯段

从取芯情况来看，造成裂缝等病害的主要原因为：面层间黏结力不足，部分层位混合料级配不良，基层反射裂缝引起面层开裂。

大部分芯样上面层孔隙较多，外表面粗糙，存在不同程度的中下面层黏结力不足、局部下面层松散等问题。在病害位置取出的芯样绝大部分不完整，通常下面层断裂。大部分龟裂发生在沥青上面层，也有部分影响到了沥青中面层，少量下面层松散。横向裂缝位置取芯结果表明，裂缝一般为反射裂缝，从下往上发展，下宽上窄，少量为温度裂缝，裂缝仅存在于面层。纵向裂缝位置取芯结果表明，裂缝一般为温缩裂缝，从上往下发展，上宽下窄，极少量为疲劳裂缝。

针对车辙处钻芯分析，车辙发生层位绝大部分(近97.5%)在上面层，极个别发生层位为上、中面层。沉陷处钻芯显示沥青面层情况完好情况下，基层、底基层已经松散变形，病害多由于基层、底基层松散或强度偏低造成的。郑漯高速路面钻芯结构层厚度检测汇总于表 8-3。

郑漯高速路面钻芯结构层厚度检测汇总　　表 8-3

路段	路幅	结构层名称	路面结构层厚度				
			设计及养护资料	检测值			
				样本数 n	平均值(cm)	标准差	变异系数
郑州至新郑段	西半幅	沥青面层	5+4+4	16	16.5	2.43	14.7%
		RCC 厚度	23	16	24.1	2.97	12.3%
	东半幅	沥青面层	5+4	16	14.9	1.05	7.0%
		RCC 厚度	23	14	24.4	2.70	11.1%
新郑至许昌段	西半幅	沥青面层	5+4+4+4	28	14.8	1.51	10.2%
		PCC 厚度	25	28	26.3	1.84	7.0%
	东半幅	沥青面层	5+4+4	26	12.2	1.87	15.4%
		PCC 厚度	25	23	24.5	2.64	10.8%
许昌至漯河段	西半幅	沥青面层	16+4+4	30	24.2	2.59	10.7%
	东半幅	沥青面层	16+4	30	20.5	2.96	14.4%
漯河南段	西半幅	沥青面层	16+4	4	19.3	3.06	15.9%
	东半幅	沥青面层	16+4	6	21.2	1.41	6.6%

5)路面雷达检测分析

根据现场检测得到的地质雷达剖面图，经过对雷达图像显示异常（包括幅度和相位的变化）的细致分析，发现本次检测的基层缺陷主要表现为基层脱空、基层疏松、松散，以及局部换填、沉陷和破碎等。总体上东半幅稍差于西半幅；行车道最差，超车道次之，硬路肩稍好。地质雷达剖面图如图 8-7～图 8-12 所示。

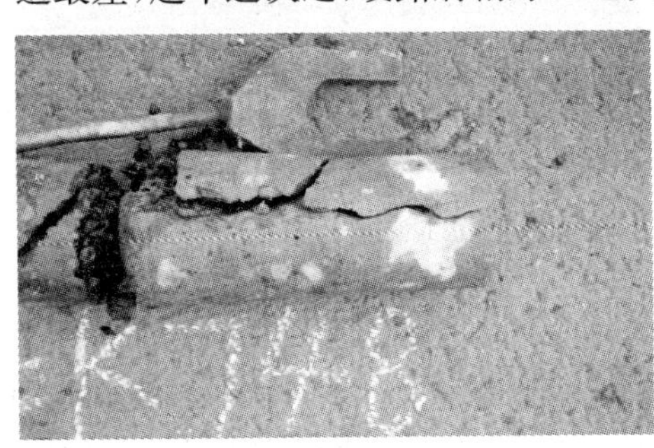

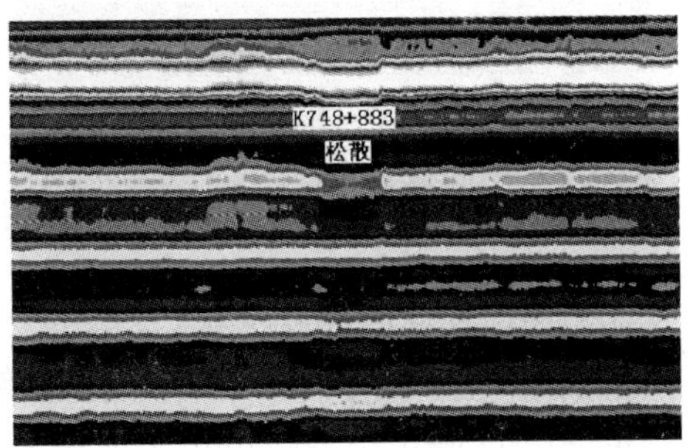

图 8-7　右半幅行车道 K748+883 基层松散(开裂)

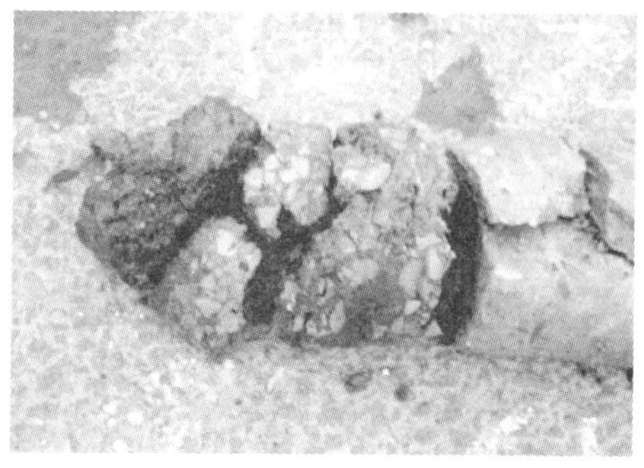

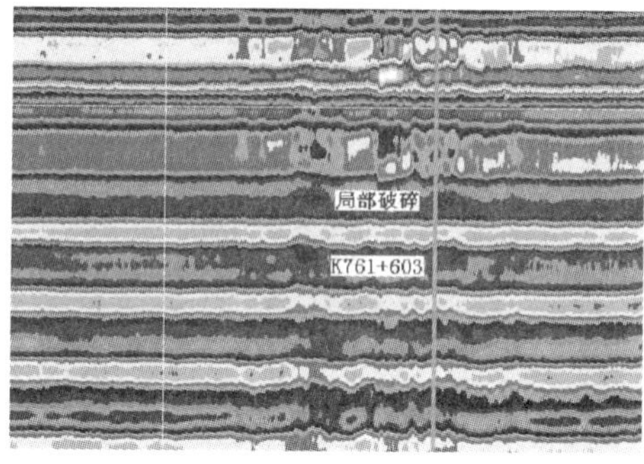

图 8-8　右半幅行车道 K761＋603 面层破碎

图 8-9　左半幅超车道 K710＋000 基层疏松

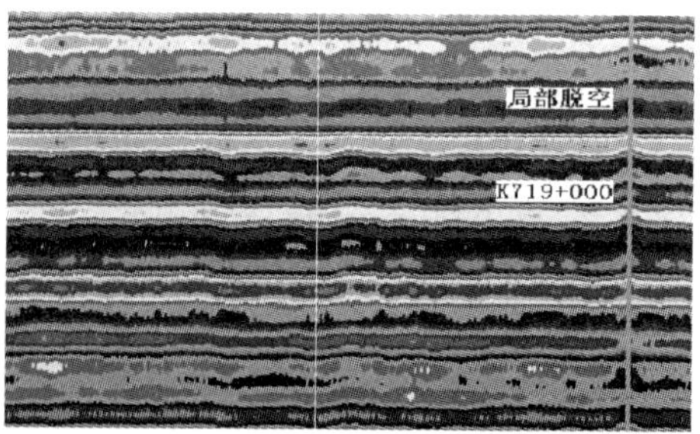

图 8-10　左半幅超车道 K719＋000 水稳脱空

6)路面现场混合料性能

通过对旧路路面各结构层现场取样,进行室内相关试验。车辙试验结果:动稳定度值 DS＝3 185 次/mm,上面层油石比 4.60％。车辙试验如图 8-13 所示。各层材料力学性能汇总于表 8-4。

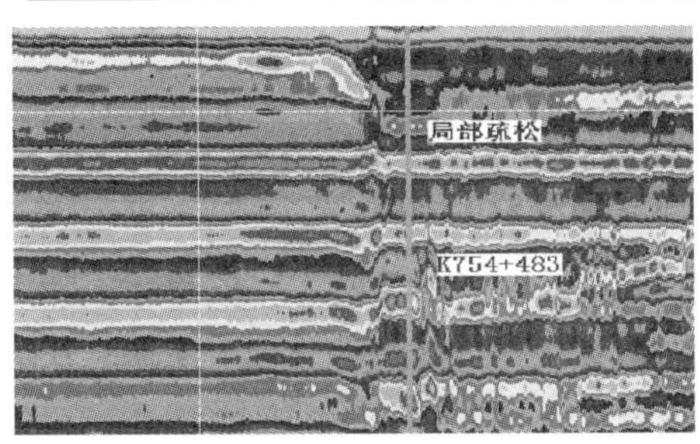

图 8-11　左半幅超车道 K754＋483 下面层疏松

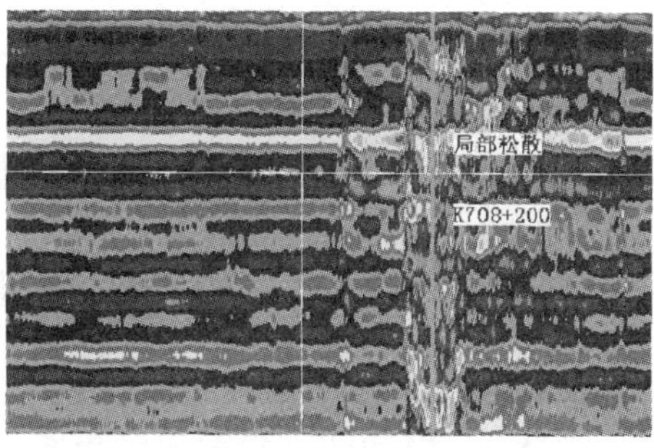

图 8-12　右半幅超车道道 K708＋200 局部松散

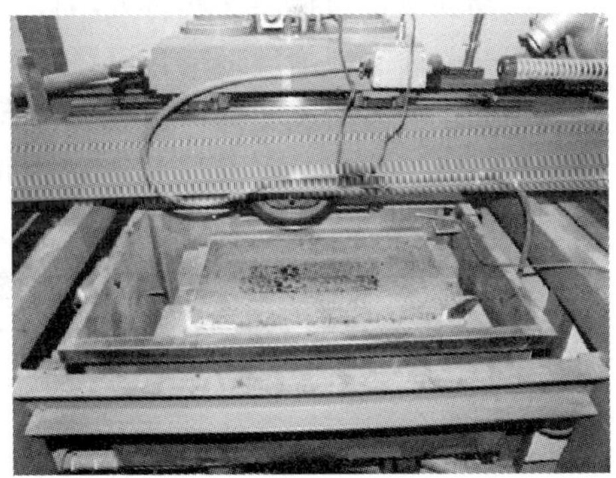

图 8-13　现场取样车辙试验

郑漯高速芯样各层材料力学性能汇总表　　表 8-4

结构层名称	抗压强度			
	样本数 n	平均值(MPa)	标准差	变异系数(%)
RCC	30	39.0	6.71	17.2
PCC	30	41.4	4.36	10.5
水泥稳定碎石	20	10.8	3.00	27.9

从力学强度试验结果看，沥青混凝土、水泥混凝土的力学性能较好。但水泥混凝土由于刚度很大，容易产生温缩裂缝。若水泥混凝土底面脱空，形成薄弱面，在超重车辆的反复作用和冲击下，也容易发生错动，产生裂缝。

水稳碎石层的力学性能不稳定，尤其在其上下结合面处较为松散、破碎（顶面较底面严重），分析其原因是由于水损破坏所致。由于路面有大量的横裂缝，大部分裂缝从路表贯通至水稳碎石层。雨水沿缝隙渗透到结构层间，在高速行车尤其是超重车辆的反复作用下，产生高压的水作用力。由于水稳碎石层水稳定性比水泥混凝土弱的多，因此在结合面处水稳碎石开始疏松、破碎，部分脱空。

根据现场调查统计，郑许段以横向裂缝为主，横向裂缝密集段落东半幅多于西半幅，局部路段出现纵向裂缝及连续修补；水泥混凝土板底局部出现松散、脱空，并出现少量断板。许漯段以路面裂缝类（纵横裂缝、龟裂）病害为主，局部路段出现连续修补、车辙及沉陷；基层局部出现松散、脱空。

8.3 旧路沥青路面改善方案

8.3.1 路面病害处治总体思路

旧路面改造包括旧路病害处治以及路面整体加铺罩面处治两大部分内容。本次旧路路面病害治理是结合道路改扩建实施的，属于彻底的旧路病害治理，包括路面面层病害治理和基层、底基层、路基病害治理等内容。

路面面层病害治理宏观上分为路面连续病害的处治和孤立零散病害的处治两部分，连续病害治理的原则是将病害发生密集的路段，进行面层整体性治理，将现有面层重新铺筑。依据处治措施的不同，连续病害治理可分为长段落连续病害处治（段落长度不小于500m，采用冷再生处治）和短段落连续病害处治（段落长度小于500m，处治采用连续铣刨重铺沥青层），即不存在孤立裂缝治理的情况。而对于路面整体状况较好，但局部存在孤立病害的路段（裂缝、车辙、坑槽）则采用针对性的处治措施进行治理。

基层、底基层及路基病害主要是松散、脱空（复合式路面）、沉陷等状况。依据实际调查，从弯沉检测结论看，目前路基、基层及底基层均处于稳定状态，路面整体状况良好。结合多次专家讨论意见及建议，考虑加宽项目保通组织的实际困难，确定了基层、底基层和路基病害处治少开挖、不开挖的处治原则，对于松散、脱空及沉陷等病害，以注浆处治措施为主，极个别段辅以开挖换填。

复合式路面段存在混凝土板断裂并伴随局部沉陷的病害类型。结合数次养护经验，混凝土板断裂必须予以换板治理，否则断板位置将不断出现沉陷病害。本施工图在断板病害调查的基础上，均进行了换板的处治设计。

对于面层优劣评定，目前多以日常养护中的路面损坏状况指数（PCI）衡量。根据检测结论，PCI 值全线绝大部分为优、良等级，极少数为中、次等级。分析原因主要由于本项目病害多以裂缝为表现形式，同时日常养护不断，路面多进行了修补，但由于道路已接近使用期限，路面病害却呈现前修后坏的状况。为了能延长道路使用期限，使旧路面和新路寿命协调，本次路面治理有别于日常养护的处治思路，尽可能彻底对路面病害进行治理。结合本项目的实际特点，在路面破损率的基础上提出了路面优劣评定指标——修补率，并以 10%作为路面优劣的量化指标。

修补率是对路面道路状况的间接反映。修补即补丁，是指原有路面因破损或病害挖除后，换之以相同的或不同的材料修铺的一块路面。它反映了路面曾经损坏并已采取过修理措施的面积。对修补直接量测其面积（m^2），按平行于道路中线的外接矩形面积计算。以修补率 L_r 来表征路面修补状况。

$$L_r = \frac{R}{A} \tag{8-1}$$

式中：R——修补总面积，m^2；

A——评价路段路面面积，m^2。

对于裂缝、龟裂、坑槽、车辙、沉陷等路面病害，本设计在计算其修补率时均以该种孤立型病害处治的面积为准。对于单位路段（100m）修补率大于 10%的路段，即可判断该段路面面层损坏严重，连续多段修补率大于 10%，即可归入连续病害路段治理。为方便大型机械施工及管理，设计时将一些病害不严重的小段落一并进行处理。

8.3.2　加铺计算分析

针对郑许段和许漯段两种路面结构，利用计算软件 BISAR 3.0 和 GAMES 分析旧路加铺 10cm 沥青面层前后，路面各结构层剪应力和拉应力分布状况。

计算说明：

（1）各结构层模量均取为规范中值，土基模量取 30MPa。

（2）结构层间均按照连续接触状态。

（3）所加荷载为标准轴载。

（4）原路面结构中有混凝土板的，拉应力和剪应力只计算到混凝土板以上结构层。

(5)计算采用弹性层状体系理论,计算软件为 BISAR 3.0 和 GAMES(对比进行,结果基本接近)。

1)剪应力分析结果

(1)机场路和新许路由于原路面中有混凝土板,最大剪应力较大,均出现在面层以下 4~6cm 范围内。加铺后最大剪应力大约减小 10%,最大值范围仍在加铺后面层以下 4~6cm 范围内。

(2)许漯路原路面最大剪应力约为 0.25MPa,大于 0.2MPa 的剪应力范围在顶面以下 2~10cm 内。考虑基层、底基层破碎后,沥青面层所受剪应力无明显变化,加铺后路面结构所受剪应力情况亦无明显变化(对基层破碎也加以计算),说明当沥青面层较厚时,基层模量对面层所受剪应力影响较小。

(3)漯河南段路面结构内部剪应力分布与许漯段基本相同,加铺后所受剪应力变化不明显。

(4)郑漯加宽路面结构的剪应力计算结果,与原路面未采用刚性基层的路面结构基本相同。表明原路面加铺后,沥青层虽然有所加厚,但所受剪应力变化不大。

(5)整个剪应力计算结果表明,沥青路面结构内部在 2~10cm 内产生的剪应力最大,即在中上面层部位所受剪应力较大,应加强其抗车辙性能。同时注意做好加铺层的层间结合,避免层间的剪应力过大导致加铺层推移破坏。

2)拉应力分析结果

(1)机场路和新许路由于原路面中有混凝土板,上部沥青面层均处于受压状态,加铺后沥青层厚度增大,但仍未出现受拉区。

(2)许漯路原路面最大拉应力约为 0.8MPa,最大拉应力出现在基层和底基层底面。沥青面层所受拉应力较小,出现在 10~20cm 深度范围内,最大约为 0.037MPa。考虑基层、底基层破碎后模量降低,沥青层所受拉应力明显增大,且基层破碎越严重(模量值越低),沥青层所受拉应力越大。计算分为三种情况:基层水稳碎石模量分别取 300MPa 和 600MPa,基层、底基层模量均取 300MPa。沥青层所受拉应力以基层底基层完全破坏(模量均取 300 MPa)状态下为最大。具体结果见表 8-5。

拉应力分布　　表 8-5

基层情况 / 沥青层拉应力计算结果	基层完好	基层不完全破碎(600MPa)	基层破碎(300MPa)	基层、底基层均完全破碎(300MPa)
最大拉应力(MPa)	0.037 3	0.073 7	0.115 4	0.131 6
增大比例(%)	0	98	209	253

加铺后沥青面层所受拉应力变化不明显，但基层及底基层层底所受拉应力明显减小，最大拉应力约为 0.654MPa，较原路面结构降低约 20%。但如考虑原路面基层及底基层破坏，沥青层受拉应力仍然较大，最大约为 0.103 8MPa，较正常路面结构增大约 2 倍。说明如果半刚性基层破损严重，仅靠加厚沥青面层对改善结构层受力效果并不明显。

(3)漯河南段路面结构内部拉应力分布与许漯段基本相同。加铺后由于沥青层厚度增大，沥青层中所受拉应力有所增大(最大值大约增大 10%，但绝对值仍很小)，半刚性基层及底基层受拉应力减小(由原来 0.101MPa 降低为 0.08MPa，降低约 20%)。

(4)郑漯加宽路面结构的拉应力计算结果表明沥青层基本处于受压状态，最大拉应力出现在底基层。与原来的半刚性基层沥青路面相比，由于全部采用水稳碎石，整体刚度较大，故沥青层基本处于受压状态。

8.3.3　直接加铺路面设计

根据项目交通量预测结果，在设计年限内一个车道累计标准轴载当量轴次 $N_e=2.56\times10^7$ 次，计算得到加宽路面设计弯沉值 $L_d=19.8$(0.01mm)，竣工验收弯沉值为 19.3(0.01mm)。改扩建加宽路面结构见表 8-6。

路面结构层厚度表　　　　表 8-6

上面层	4cm　SMA-13 改性沥青玛蹄脂碎石混合料
中面层	6cm　AC-20C 中粒式改性沥青混凝土
下面层	12cm　ATB-30 密级配沥青碎石
下封层	(1cm)　同步沥青碎石下封层
基　层	36cm　水泥稳定碎石
底基层	18cm　水泥稳定碎石
总厚度	77cm

结合旧路状况调查结果，利用旧路当量回弹模量进行旧路补强设计。最终考虑新旧路面使用寿命协调一致原则，确定对原有旧路整体加铺两层沥青混合料：4cmSMA-13＋6cmAC-20C 进行补强，加铺补强后路面高程理论上整体抬高 10cm。直接加铺路面设计适用于路面状况良好(修补率＜10%)，路面仅存在孤立、零散的病害路段。首先对直接加铺路段路面进行精铣刨(或拉毛)处理，然后对局部病害处采取针对性处治措施，病害处理完善后喷洒热改性沥青黏层油，加铺 4cmSMA-13＋6cmAC-20C。

加铺罩面设计原则上在原路面高程基础上整体抬高 10cm，但由于路面设计高程与现有高程差值 δh 分布在 4～22cm，极个别处达到 26cm，必须通过铣刨后加铺或多层加铺等调整措施，实现加铺改造后达到路面设计高程的目的。

(1)$\delta h \leqslant 10$cm

当 $\delta h \leqslant 10$cm 时，为保证 10cm 沥青层罩面厚度的要求，先铣刨原沥青层厚度 $h$cm(h 是铣刨面层厚度，是变量)，喷洒热改性沥青黏层油，加铺 4cmSMA-13＋6cmAC-20C。

(2)10cm＜$\delta h \leqslant 14$cm

当 10cm＜$\delta h \leqslant 14$cm 时，为了满足高程协调以及施工路面结构层厚度的要求，AC-20C 的铺设厚度调整为 8cm(或 10cm)。先铣刨原沥青层厚度 $h$cm，喷洒热改性沥青黏层油，加铺 4cmSMA-13＋8(10)cmAC-20C。

(3)14cm＜$\delta h \leqslant 18$cm

当 14cm＜$\delta h \leqslant 18$cm 时，为了满足高程协调以及施工路面结构层厚度的要求，加铺一层 8cm 厚的 AC-25C。先铣刨原沥青层厚度 $h$cm，喷洒热改性沥青黏层油，加铺 4cmSMA-13＋6cmAC-20C＋8cmAC-25C。

(4)18cm＜$\delta h \leqslant 22$cm

当 18cm＜$\delta h \leqslant 22$cm 时，为了满足高程协调以及施工路面结构层厚度的要求，AC-25C 的铺设厚度调整为 10cm(或 12cm)。先铣刨原沥青层厚度 $h$cm，喷洒热改性沥青黏层油，加铺 4cmSMA-13＋6cmAC-20C＋10(12)cmAC-25C。

(5)δh＞22cm

极个别路段 δh＞22cm，为了满足高程协调以及施工路面结构层厚度的要求，可在中面层 AC-20C 下分层铺设 AC-25C 调平层来实现。

上述五种高程与加铺协调的设计是针对同幅各个车道均为直接加铺路段，对于同幅相邻车道为冷再生或铣刨重铺的情况，原则上以直接加铺车道加铺设计为准则，通过调整冷再生层厚度，保证同幅加铺层的一致性。

8.3.4 连续病害的处治设计

连续病害治理可分为采用冷再生处治措施的长段落连续病害治理(段落长度不小于 500m)和采用连续铣刨重铺沥青层处治措施的短段落连续病害治理(段落长度小于 500m)。

(1)复合式路面连续病害处治

复合式路面路况差(修补率大于 10％)的路段连续 500m 以上，属长段落连续病害，采用对现有沥青层路面冷再生之后加铺罩面的处治措施。冷再生实施前，首先标定好处治段落，处治宽带以一个车道为准，再生层厚度应依据路面设计高程及加铺层设计确定，处治深度要求至水泥混凝土顶面。冷再生处治完成后，喷洒热改性沥青黏层油，再加铺罩面层。

复合式路面路况差（修补率大于 10%）的路段连续 500m 以内，属短段落连续病害，采用对现有沥青层路面铣刨沥青层之后加铺罩面的处治措施。铣刨实施前，首先标定好铣刨段落，处治宽带以一个车道为准，铣刨深度要求至水泥混凝土顶面。铣刨完成后，先用空气压缩机将槽吹洗干净，在混凝土板缝上贴 40cm 宽的抗裂贴，然后喷洒热改性沥青封层。

（2）半刚性基层段路面连续病害处治

半刚性基层段路面路况差（修补率大于 10%）的路段连续 500m 以上，属长段落连续病害，采用对现有沥青层路面冷再生之后加铺罩面的处治措施。冷再生实施前，首先标定好处治段落，处治宽带以一个车道为准，再生层厚度应依据路面设计高程及加铺层设计确定。为保证再生层与基层间无夹层，处治深度要求至水泥稳定碎石基层顶面下 2cm，冷再生处治完成后，喷洒热改性沥青黏层油，再加铺罩面层。

半刚性基层段路面路况差（修补率大于 10%）的路段连续 500m 以内，属短段落连续病害，采用对现有沥青层路面铣刨沥青层之后加铺罩面的处治措施。铣刨实施前，首先标定好铣刨段落，处治宽带以一个车道为准。铣刨深度要求一次性铣掉上面两层，若不存在大面积病害则不再向下铣刨，否则继续以层为单位向下铣刨。铣刨完成后，先用空气压缩机将槽吹洗干净，喷洒热改性沥青黏层油，再加铺罩面层。

8.3.5　直铺路段路面面层局部病害处治

直接加铺路段路面面层病害处治是一个极其重要的关键环节，其主要目的是为新铺筑的罩面层提供一个稳定而平整的下承层，只有将原路面上所有病害处治后才能铺筑罩面层。一般情况下，为保证加铺的沥青层与现有路面层的结合，在病害处治前原则上需对原沥青路面精铣刨 1cm，施工中的具体铣刨深度结合新旧路面高程调整。病害处治完成后，铺设新沥青层前需喷洒一层改性沥青黏层油。

1）裂缝处治

轻度裂缝表现形式为有规则的一道裂缝，有支缝但无破损或破碎松动，一般采用热沥青灌缝处治。重度裂缝表现形式为多道裂缝并存，缝间沥青面层多呈块状且松动，因路面结构不同处治方案分为复合式路面结构和半刚性基层路面结构两种。

(1)复合式路面裂缝处治

图 8-14 为复合式路面轻度处治设计图。

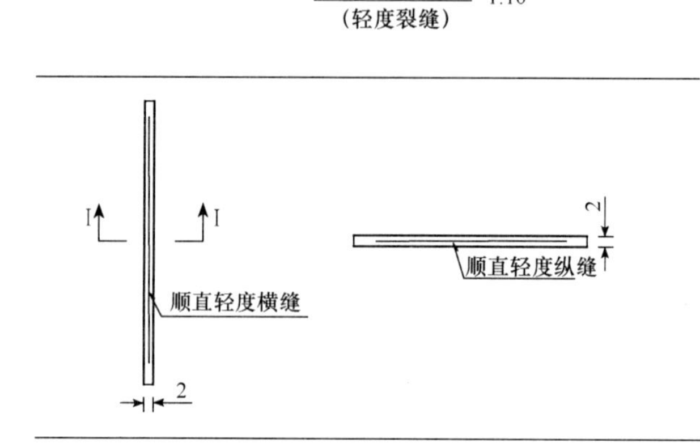

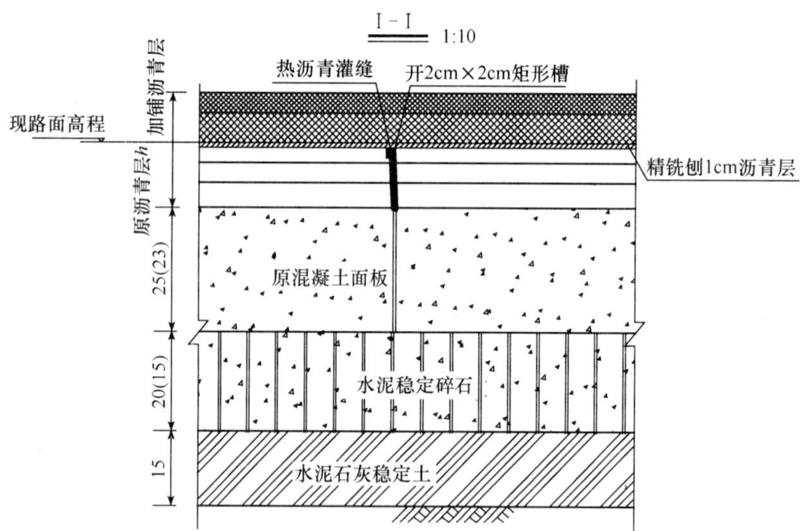

图 8-14 复合式路面轻度裂缝处治设计图(尺寸单位:cm)

如图 8-14 所示,复合式路面轻度纵横向裂缝可采用热沥青灌缝处治。先使用沥青路面开槽机凿出宽度为 2cm,深宽比不小于 1∶1 的矩形槽,槽长以损坏长度为标准,然后采用空压机将槽缝吹洗干净后,再用热沥青灌缝。

图 8-15 所示的是复合式路面重度裂缝处治设计。采用的方法是沿着裂缝开窗处治,开窗长。以损坏长度为标准。处治时需注意:

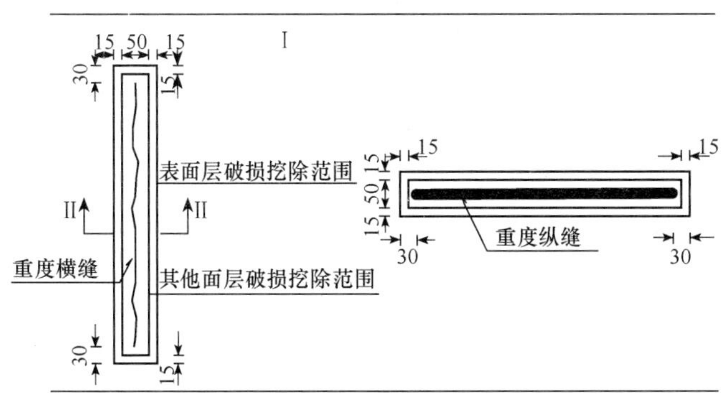

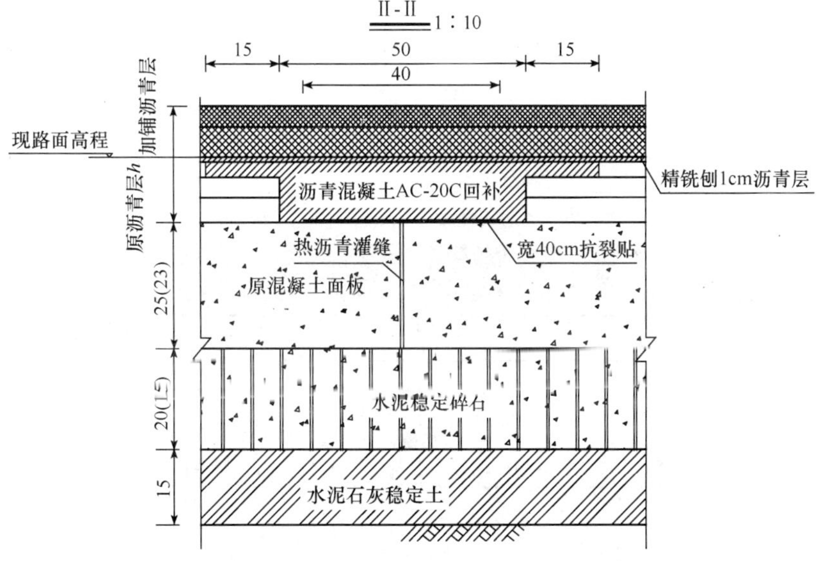

图 8-15 复合式路面重度裂缝处治设计图(尺寸单位:cm)

①开窗时切割表面层宽度为 80cm,其下宽度为 50cm 的矩形槽,开窗深度至水泥混凝土面板顶。

②用空压机将槽缝吹洗干净后,并将水泥混凝土板缝内清理干净,用热沥青灌满缝(横向裂缝上贴 40cm 宽的抗裂贴),槽底喷洒热改性沥青,侧壁均涂抹 3mm 厚的改性乳化沥青,分层用中粒式沥青混凝土 AC-20C 回填压实至顶。

(2)半刚性基层沥青路面裂缝处治

图 8-16 为半刚性基层路面轻度裂缝处治设计图。半刚性基层路面轻度纵

横向裂缝的处治方法与复合式路面轻度裂缝基本相同，均采用热沥青灌缝处治。先用开槽机凿出宽度 2cm，深宽比不小于 1∶1 的矩形槽，槽长以损坏长度为标准，然后采用空压机将槽缝吹洗干净，再用热沥青灌缝。

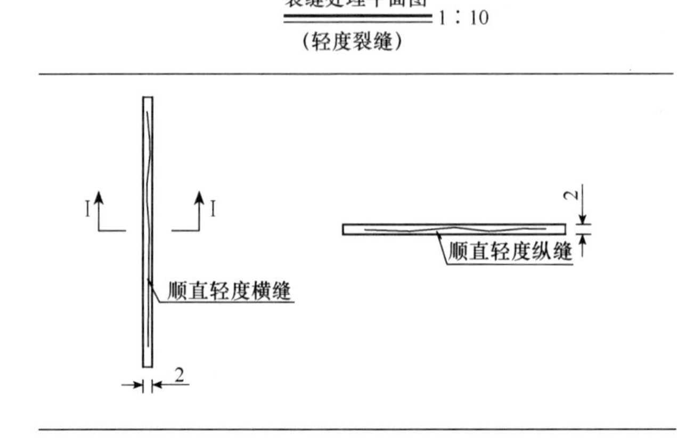

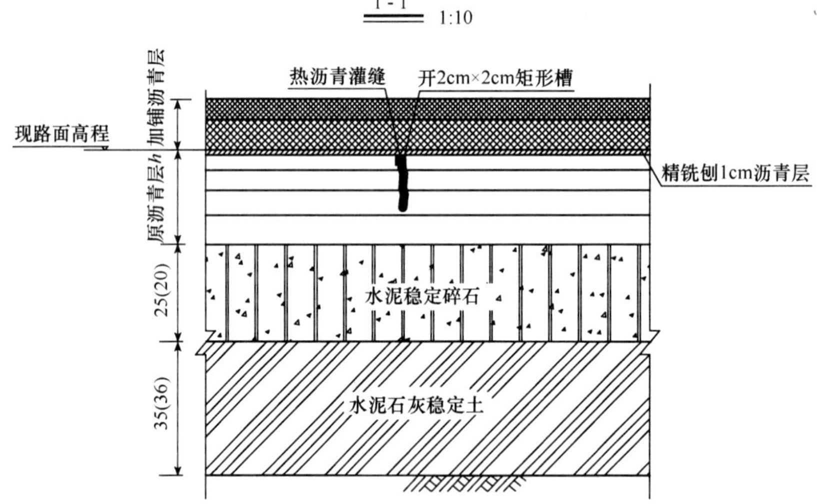

图 8-16 半刚性基层路面轻度裂缝处治设计图(尺寸单位:cm)

半刚性基层路面结构重度裂缝处治，如图 8-17 所示。采用沿着裂缝开窗处治，开窗长以损坏长度为标准。处治时需注意：

①开窗时切割表面层宽度为 80cm，其下宽度为 50cm 的矩形槽；开窗时要求一次性铣刨两层。若病害已不存在，则不再往下切，若病害仍有存在，则继续向

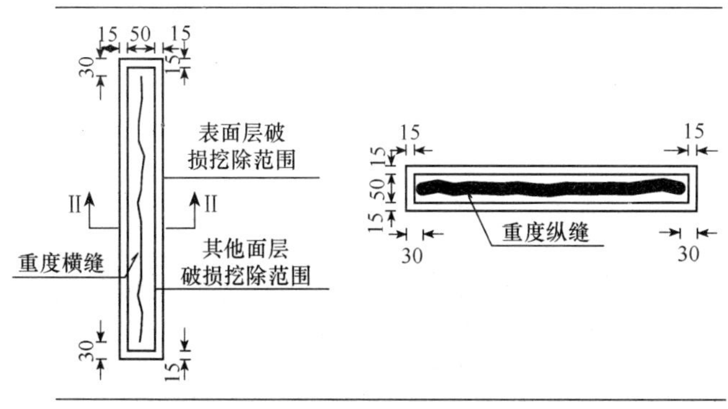

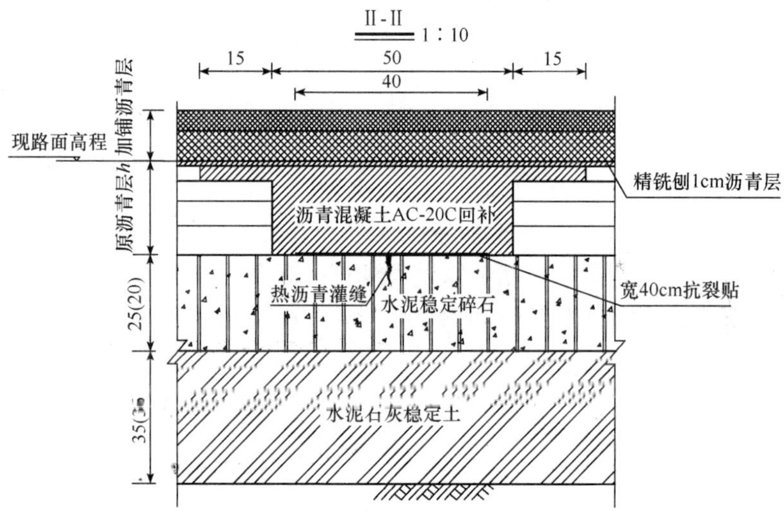

图 8-17　半刚性基层路面重度裂缝处治设计图(尺寸单位:cm)

下以层为单位铣刨沥青层,直至裂缝消失;若裂缝是由半刚性基层开裂反射产生,则铣刨至基层顶面。

②对于存在于面层的裂缝,达到铣刨深度后,先用空压机将槽吹洗干净,再在槽底洒热改性沥青层,侧壁涂 3mm 厚的改性乳化沥青层,最后用中粒式沥青混凝土 AC-20C 回填压实至顶即可。若是基层开裂反射裂缝,铣刨至基层顶后,用空压机将槽缝吹洗干净,将裂缝清理干净并用热沥青灌满,并在裂缝上贴 40cm 宽的抗裂贴,之后亦在槽底喷洒热改性沥青层,并用 3mm 改性乳化沥青涂抹侧壁,回铺中粒式沥青混凝土 AC-20C 至顶面。

2)路面龟裂处治

龟裂分中度、重度取芯(判断影响的层位)。根据现场对龟裂部位大量取芯观察及分析,大部分龟裂发生在沥青上面层,也有少部分影响到了沥青中面层。图8-18为旧沥青路面龟裂处治设计图。该方案适用于直接加铺路段面层有零散龟裂病害的处治。

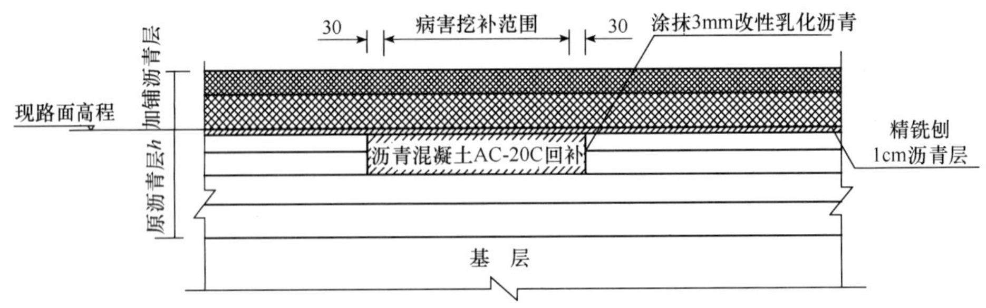

图8-18　旧沥青路面龟裂处治设计图(尺寸单位:cm)

路面龟裂病害处治时注意:

(1)按照“圆洞方补,斜洞正补”的原则进行局部开窗挖补。开窗范围以龟裂病害轮廓线外30cm为准,挖槽的纵横边线与车道平行或垂直;开窗时要求一次性铣刨两层。若病害已不存在,则不再往下切,若病害仍存在,则继续向下以层为单位铣刨沥青层,直至病害消失。

(2)开窗完成后,先用空压机将槽吹洗干净后,在槽底喷洒改性沥青层,侧壁均匀涂抹3mm厚的改性乳化沥青,然后分层用中粒式沥青混合料AC-20C回填压实至顶面。

3)路面沉陷处治

对于复合式路面结构,沉陷多由于基层唧泥脱空和水泥混凝土板断裂引起。首先应确认病害发生处断裂水泥混凝土板块位置,然后铣刨沥青层至板顶,更换水泥混凝土板后重新铺筑沥青层。复合式路面沉陷处治设计如图8-19所示。

对于半刚性基层路面,沉陷多由面层裂缝唧泥引起。首先应确认沉陷范围,标画病害轮廓线,对松散、唧泥裂缝处进行压浆处治,最后对裂缝进行针对性处治。半刚性基层路面沉陷处治设计如图8-20所示。

沉陷病害处治时注意:

(1)由于非唧泥引起的沉陷,或者经过修补但已经稳定的沉陷病害,不需要再进行针对性处治,通过新加铺中粒式沥青混合料AC-20C补平即可。

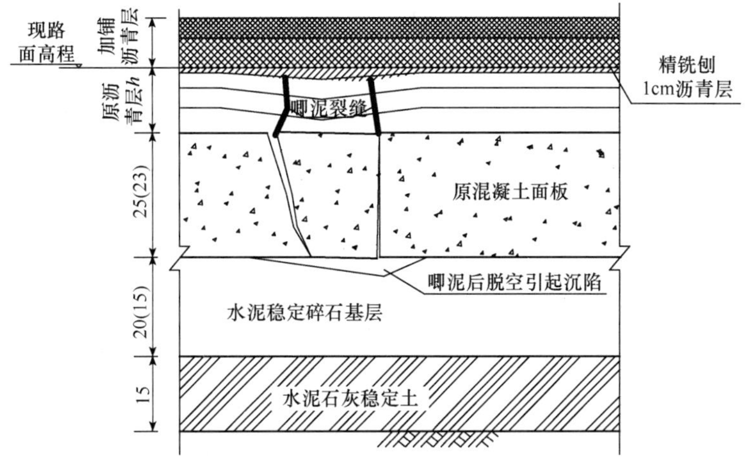

图 8-19　复合式路面沉陷处治设计图(尺寸单位:cm)

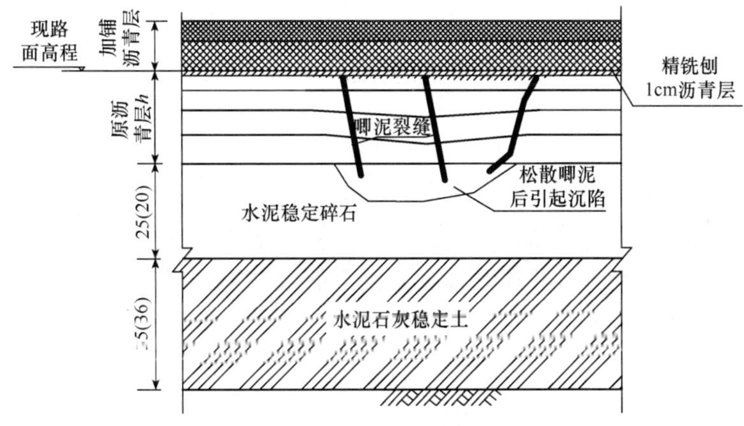

图 8-20　半刚性基层路面沉陷处治设计图(尺寸单位:cm)

(2)复合式路面水泥板断裂引起的沉陷病害,在确认断裂混凝土板块后,先铣刨沥青层至板顶,更换水泥混凝土板后重新铺筑沥青层,具体可以结合混凝土板断裂处治设计。

(3)半刚性路面由于基层松散唧泥引起的沉陷病害,在确定沉陷范围后,对松散、唧泥裂缝处进行压浆处治,然后对裂缝进行针对性处治,具体可结合裂缝处治设计。

4)路面车辙处治

车辙是沥青路面在车辆荷载反复碾压下,荷载应力超过沥青混合料的稳定极限,使流动变形不断积累成车辙。图 8-21 为路面车辙处治图。该方案适用于直接加铺路段面层有零散车辙深度大于 15mm 的病害处治。

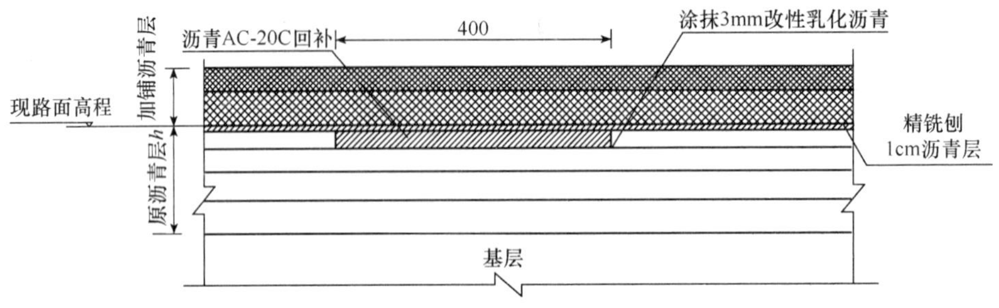

图 8-21 路面车辙处治设计图(尺寸单位:cm)

车辙处治时注意:

(1)采用局部开窗挖补方案处治车辙病害时,开窗宽度为 4cm,深度要求铣刨至车辙发生层,长度以车辙病害范围为准。

(2)开窗完成后,先用空压机将槽吹洗干净,在槽底喷洒改性沥青黏层油,侧壁均匀涂抹 3mm 厚的改性乳化沥青,然后分层用中粒式沥青混合料 AC-20C 回填压实至顶面。

5)复合式路面水泥混凝土板底脱空

路面病害调查中发现,在水泥混凝土面板完好的地段,车辆经过时板缝内有白色的浆或粉土冒出,判断可能是混凝土面板与基层之间形成脱空现象。从实地钻芯取样和勘察看,有些地方水泥混凝土面板基本完好,而基层、底基层已经开裂,同时伴随板底脱空。经过大量比对试验,对于板底脱空病害,设计采用深层压水泥浆的处理方案。具体的处治方案如图 8-22~图 8-24 所示。

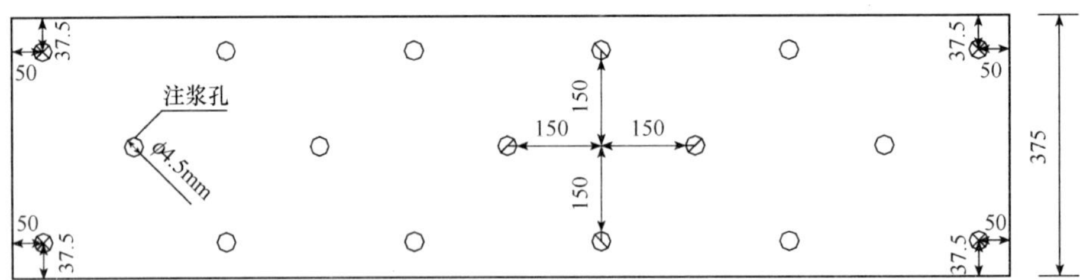

图 8-22 单车道注浆孔布置图(尺寸单位:cm)

采用压浆处理复合式路面板底脱空需注意:

(1)大面积压浆进行前要进行压浆试验;现场确认需注浆段的车道及段落后,标定注浆孔的位置,注浆孔要深入基层下 5cm。

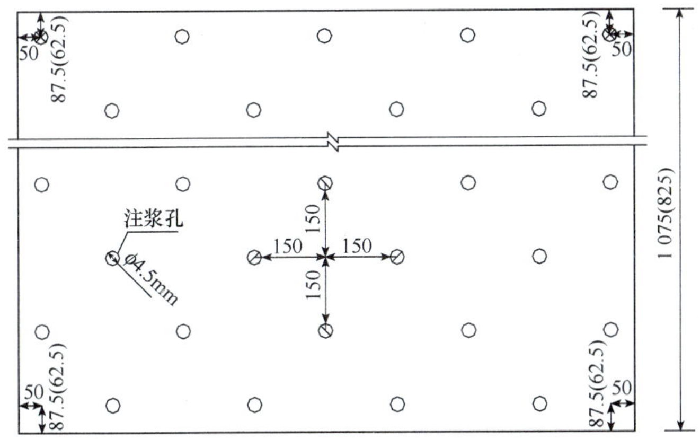

图 8-23　半幅路面注浆孔布置图(尺寸单位:cm)

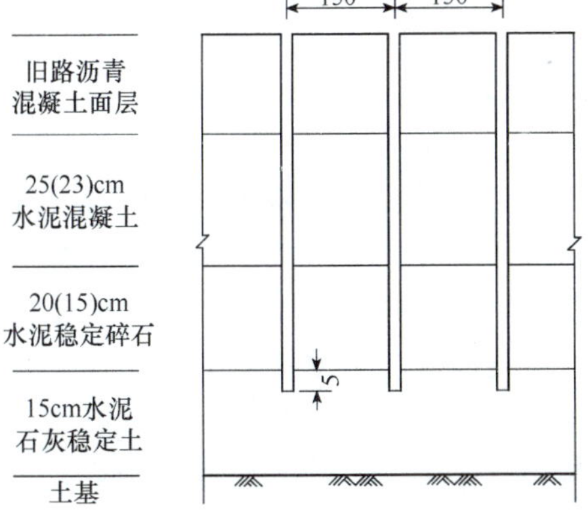

图 8-24　复合式路面板底脱空注浆深度图(尺寸单位:cm)

(2)水泥应选用强度等级 42.5 级普通硅酸盐水泥,压浆完成后立即用木塞将压浆空密闭封堵,封堵时间不小于 12h;压浆孔封堵后立即将洒落、溢流的浆液冲洗干净,严禁积水。

(3)压浆合格后,封堵木塞孔用 M10 砂浆填塞,捣实后铲平。

6)水泥混凝土板断裂

图 8-25 为适用于复合式路面水泥混凝土板断裂的处治方法。处治混凝土板断裂病害是将整块水泥混凝土板挖除,原位现浇同尺寸的 C30 水泥混凝土板。

断板处理时须注意:

(1)现场确认断板位置后,先标出整块板的准确位置,面层切除以半边外扩 30cm 位置切至混凝土板顶,并用空压机将槽吹洗干净;切除破损混凝土板时,必须采用小型切割机具,严禁使用气锤等大型机具破除。

(2)沿接缝处切除混凝土板至半刚性基层顶面,先用空压机将槽底槽壁吹洗干净,在槽底直接喷洒改性沥青,槽壁均匀涂抹 3mm 厚改性乳化沥青后,直接现浇同厚度的 C30 现浇混凝土。

(3)待混凝土强度达到 70%以上时,沿板接缝处粘贴宽度为 40cm 的抗裂贴,并在槽底喷洒改性沥青,沥青层侧壁均匀涂抹 3mm 改性乳化沥青后,采用中粒式沥青混合料 AC-20C 分层回补至顶。

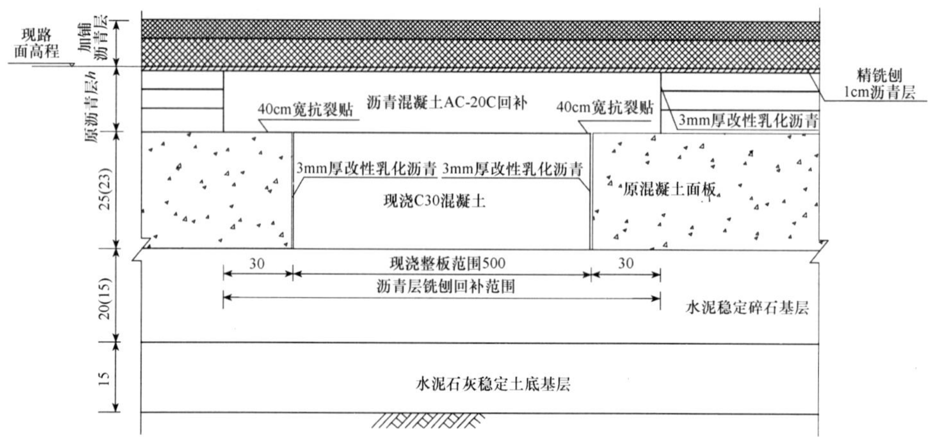

图 8-25　复合式路面水泥混凝土板断裂处治设计图(尺寸单位:cm)

8.4　改扩建旧路改善施工图设计文件编制

对于改(扩)建公路工程施工图设计文件编制,《公路工程基本建设项目设计文件编制办法》第 5.3.3 条只对路基、路面部分内容作了简要规定,并没有对旧路改善设计做详细规定。为了方便设计管理,同时总结郑漯高速公路改扩建项目的旧路改善施工图设计经验,建议高速公路改扩建旧路改善施工图设计文件编制单独成册。成册内容具体要求如下。

1. 设计说明

主要内容包括:(1)概述;(2)设计依据;(3)原有公路技术状况及现状描述;(4)旧路面病害调查与检查情况;(5)设计原则及思路;(6)方案设计;(7)材料及施工工艺要求等。

2. 路面病害一览表(分幅统计),见附表 1、附表 2。

3. 旧路面处治方案汇总表(分幅统计),见附表 3。

4. 直接加铺工程数量表(分幅统计),见附表 4。

5. 病害处治工程数量表(按病害种类分幅统计)。

6. 中央分隔带处治工程数量表。

7. 直接加铺设计图。

8. 各种病害处治设计图(分长段落病害处治及局部病害处治设计)。

9. 桥头顺坡设计图。

10. 中央分隔带处治图。

附表 1

路面面层病害一览表(西半幅)

郑漯高速公路改扩建工程旧路旧桥必建工程施工图设计　　　　第　页　共　页

序号	起讫桩号	1		2		3			4		5		6		7		8		9	备注
		纵裂(m)		横裂(m)		龟裂(m^2)			块状裂缝(m^2)		坑槽(m^2)		松散(m^2)		沉陷(m^2)		车辙(m^2)		修补	
		轻	重	轻	重	轻	中	重	轻	重	轻	重	轻	重	轻	重	轻	重	(m^2)	

编制：　　　　复核：　　　　审核：

附表 2

路面基层病害一览表（西半幅）

郑漯高速公路改扩建工程旧路旧桥必建工程施工图设计　　　　第　页　共　页

序号	起讫桩号	病害长度	病害位置	病害名称	备　注	序号	起讫桩号	病害长度	病害位置	病害名称	备　注

编制：　　　　复核：　　　　审核：

附表3

旧路面面层处治方案汇总表

郑漯高速公路改扩建工程旧路旧桥必建工程施工图设计　　　　第　页　共　页

序号	起 讫 桩 号	长度(m)	车道	路面状况	处治措施	具 体 方 案	备注
1	2	3	4	5	6	7	8

编制：　　　　　　　　复核：　　　　　　　　审核：

附表 4

直接加铺路面工程数量表

郑漯高速公路改扩建工程旧路旧桥必建工程施工图设计　　　　第　页　共　页

序号	起讫桩号	扣除桥梁长度（m）	车道	铺设长度（m）	铺设宽度（m）	设计高程和现路面高程差均值（cm）	1		2			3			4	5	备注
							铣刨		AC-20C			AC-25C			改性沥青黏层油	拉毛精铣刨1cm 沥青层	
							厚度（cm）	面积（m^2）	6cm（m^2）	8cm（m^2）	10cm（m^2）	8cm（m^2）	10cm（m^2）	12cm（m^2）	（m^2）	（m^2）	

编制：　　　　复核：　　　　审核：

附表 5

路面面层连续病害处治工程数量表

郑漯高速公路改扩建工程旧路旧桥必建工程施工图设计　　　　第　页　共　页

序号	起讫桩号	铺设长度	病害处治宽度	病害处治措施	设计高程和现路面高程差均值	病害车道铣刨		就地冷再生		铣刨回铺					改性沥青黏层油	加铺沥青层					
										回铺 AC-25C		改性沥青封层	抗裂贴	热沥青灌缝		AC-20C			AC-25C		
						厚度	面积	厚度	冷再生层体积	厚度	体积					6cm	8cm	10cm	8cm	10cm	12cm
		(m)	(m)		(cm)	(cm)	(m^2)	(cm)	(m^3)	(cm)	(m^3)	(m^2)	(m^2)	(m)	(m^2)	(m^2)	(m^2)	(m^2)	(m^2)	(m^2)	(m^2)

编制：　　　　　　复核：　　　　　　审核：

参考文献

[1] 中华人民共和国行业标准. JTG F40—2004 公路沥青路面施工技术规范[S]. 北京:人民交通出版社,2004.

[2] 中华人民共和国行业标准. JTG H20—2007 公路技术状况评定标准[S]. 北京:人民交通出版社,2008.

[3] 中华人民共和国行业标准. JTG D50—2004 公路沥青路面设计规范[S]. 北京:人民交通出版社,2004.

[4] 中华人民共和国行业标准. JTG D40—2002 公路水泥混凝土路面设计规范[S]. 北京:人民交通出版社,2002.

[5] 中华人民共和国行业标准. JTG H10—2009 公路养护技术规范[S]. 北京:人民交通出版社,2009.

[6] 中华人民共和国行业标准. JTG F41—2008 公路沥青路面再生技术规范[S]. 北京:人民交通出版社,2008

[7] 中华人民共和国行业标准. JTG F10—2006 公路路基施工技术规范[S]. 北京:人民交通出版社,2006.

[8] 黄晓明,张晓冰. 公路建设质量通病分析与防治[M]. 北京:人民交通出版社,2002.

[9] 沈金安. 沥青基沥青混合料路用性能[M]. 北京:人民交通出版社,2000.

[10] 陈拴发,陈华鑫,等. 沥青混合料设计与施工[M]. 北京:化学工业出版社,2005.

[11] 褚晨枫. 高等级公路改扩建旧路检测与评价技术研究[D]. 长沙:长沙理工大学硕士论文,2008.

[12] 曲向进. 沈大高速公路改扩建工程技术方案//中国公路学会 2003 年学术年会论文集[C]. 2003.

[13] 陈祥辉,华斌,等. 沪宁高速公路扩建工程路面工程技术研究[J]. 现代交通技术,2006,07.

[14] 任美龙,谭积青,等. 广佛高速公路沥青路面的结构大修[J]. 中外公路,2004,08.

[15] 廖朝华. 高速公路改扩建工程关键技术研究[D]. 武汉:武汉理工大学博士论文,2009.

[16] 河南省交通规划勘察设计院有限责任公司. 郑漯高速公路改扩建工程设计说明书[R]. 郑州:河南省交通规划勘察设计院有限责任公司,2010.

[17] 河南省交通规划勘察设计院有限责任公司.连霍高速公路郑州有限责任公司至洛阳段改扩建工程旧路检测报告[R].郑州:河南省交通规划勘察设计院有限责任公司,2010.

[18] 沙庆林.高速公路沥青路面早期破坏现象及预防[M].北京:人民交通出版社,2001.

[19] 王笑风.高速公路半刚性基层沥青路面预防性养护体系研究[D].西安:长安大学博士论文,2007.

[20] 王朝辉.高等级公路复合式路面养护维修技术研究[D].西安:长安大学硕士论文,2006.

[21] 邓学钧.路基路面工程[M].第三版.北京:人民交通出版社,2008.

[22] 王笑风.高速公路旧路改造方案[R].郑州:河南省交通规划勘察设计院有限责任公司,2009.

[23] 邓学钧,黄晓明.路面设计原理与方法[M].第二版.北京:人民交通出版社,2007.

[24] 徐培华.高等级公路路基路面养护技术[M].北京:人民交通出版社,2003.

[25] 高建立.高速公路沥青路面养护关键技术与工程实例[M].北京:人民交通出版社,2006.

[26] 徐强,等.高速公路改扩建工程技术与实践[M].北京:人民交通出版社,2010.

[27] 徐培华,王安玲.公路工程混合料配合比设计与试验技术手册[M].北京:人民交通出版社,2001.

[28] 张世英,陈元基.筑路机械工程[M].北京:机械工业出版社,1998.

[29] 中国公路学会筑路机械学会.沥青路面施工机械与机械化施工[M].北京:人民交通出版社,1999.

[30] 张辉.沥青路面热再生技术研究[D].西安:长安大学,2006.

[31] 范勇军.沥青混合料厂拌热再生技术研究[D].长沙:长沙理工大学,2007.

[32] 汤存占.旧路沥青混合料再生的应用研究[D].长春:吉林大学,2008.

[33] 王欣,刘先淼.厂拌热再生沥青混合料配合比设计[J].中外公路,2003,23(05):97-99.

[34] 季节,高建立,罗晓辉,王锐英.热再生沥青混合料的配合比设计[J].公路,2004,03:73-76.

[35] 杨林江,金海山.废旧沥青混合料厂拌热再生设备选择的探讨[J].施工技术,2008,09:116-118.

[36] 张昌波.沥青混凝土厂拌热再生技术研究[D].西安:长安大学,2006.

[37] 严金海.沥青路面冷再生设计方法及性能评价[D].南京:东南大学,2006.
[38] 王军,刘占广.沥青路面冷再生施工工艺[J].公路交通科技,2008,06,18-20.
[39] 曹翠星,何桂平,孙成仁.泡沫沥青冷再生技术[J].公路,2003,11,99-102.
[40] 栗关裔.泡沫沥青冷再生技术的应用研究[D].上海:同济大学,2008.
[41] 王海峰.乳化沥青混合料冷再生技术研究[D].长沙:长沙理工大学,2008.
[42] 肖杰.乳化沥青冷再生混合料设计方法与使用性能研究[D].湖南:湖南大学,2007.
[43] 侯睿.沥青抽提方法评价与就地热再生技术研究[D].南京:东南大学,2005.
[44] 王晓辉.沥青混合料就地热再生机械分析[J].山西建筑,2008,34(11),276-277.
[45] 任义军.沥青混凝土就地再生机械与施工研究[D].西安:长安大学,2005.
[46] 刘琳琳.沥青路面就地热再生工艺研究[D].大连:大连理工大学,2005.
[47] 刘占广,张崇高.沥青路面就地热再生配合比设计及施工工艺[J].公路交通科技,2008,06,24-27.
[48] 韩慧仙.沥青路面现场热再生技术的研究[D].西安:长安大学,2005.
[49] 姚辉.沥青混合料冷再生技术研究[D].长沙:长沙理工大学,2007.
[50] 范春娇.沥青路面就地冷再生技术研究[D].西安:长安大学,2008.
[51] 周洪飞.沥青路面现场冷再生基层技术的应用研究[D].长春:吉林大学,2006.
[52] 张远军.泡沫沥青在就地冷再生中的应用技术研究[D].西安:长安大学,2008.
[53] 李光颖.乳化沥青就地冷再生技术研究[D].重庆:重庆大学,2009.
[54] 刘宗柱,李华,裴树军.以水泥为稳定剂的旧路面现场冷再生技术探讨[J].山西建筑,2008,34(25),295-296.
[55] 黄琴龙,凌建明,唐伯明,等.旧路拓宽工程的病害特征和机理[J].同济大学学报:自然科学版,2004,32(2):197-201.
[56] 河南省交通规划勘察设计院有限责任公司,东南大学.高速公路改扩建旧路路况评定及维修方案选择研究[R].郑州:河南省交通规划勘察设计院有限责任公司,2010.
[57] 河南省交通规划勘察设计院有限责任公司.京珠国道主干线安阳至新乡高速公路改扩建工程第一合同段施工图设计[R].郑州:河南省交通规划勘察设计院有限责任公司,2008.
[58] 河南省交通规划勘察设计院有限责任公司.郑州至洛阳高速公路改建工程施工图设计[R].郑州:河南省交通规划勘察设计院有限责任公司,2008.
[59] 河南省交通规划勘察设计院有限责任公司.郑漯高速公路改扩建工程施工图设计[R].郑州:河南省交通规划勘察设计院有限责任公司,2007.

[60] 江苏省高速公路建设指挥部. 新老高速公路结合部处治技术研究[R]. 南京:江苏省高速公路建设指挥部,2004.

[61] 河南省交通规划勘察设计院有限责任公司. 连霍高速公路改建工程可行性研究报告[R]. 郑州:河南省交通规划勘察设计院有限责任公司,2005.

[62] 河南省交通规划勘察设计院有限责任公司. 郑漯高速公路改建工程可行性研究报告[R]. 郑州:河南省交通规划勘察设计院有限责任公司,2005.

[63] 河南省交通规划勘察设计院有限责任公司. 连霍国道主干线郑州至洛阳高速公路改扩建工程可行性研究报告[R]. 郑州:河南省交通规划勘察设计院有限责任公司,2006.